坏土豆 著

王朝之痒

历代王朝的两难境地

中国大百科全书出版社

图书在版编目（CIP）数据

王朝之痒 / 坏土豆著 . -- 北京：中国大百科全书出版社，2023.1

ISBN 978-7-5202-1275-5

Ⅰ.①王… Ⅱ.①坏… Ⅲ.①中国历史—古代史—通俗读物 Ⅳ.① K220.9

中国版本图书馆 CIP 数据核字（2022）第 236504 号

出 版 人	刘祚臣
策 划 人	赵 易 曾 辉
责任编辑	赵春霞
特约编辑	姚念强
责任印制	魏 婷
出版发行	中国大百科全书出版社
地 址	北京市阜成门北大街 17 号　　邮政编码　100037
电 话	010-88390969
网 址	http://www.ecph.com.cn
印 刷	玖龙（天津）印刷有限公司
开 本	710 毫米 ×1000 毫米　1/16
印 张	22.25
字 数	282 千字
印 次	2023 年 3 月第 1 版　2023 年 6 月第 4 次印刷
书 号	ISBN 978-7-5202-1275-5
定 价	68.00 元

本书如有印装质量问题，可与出版社联系调换

土地兼并,人才选拔
门阀政治,皇权与相权
农耕文明和草原文明的较量
人口的流失,变法与改革,中西对比

序　言

我自2020年12月写完第一篇历史评论文章，到今天已经过去了二十一个月。尽管多数时候会坚持每天一更，但中国历史系列也就完成了二十余篇，特别是南宋，我是非常抗拒去写的，因为这段历史太"丧"了，一直不知道怎么动笔。但是在写完之后，我却有了一种强烈的"代入感"，这种感觉让我沉浸和着迷。我想沿着南宋的这段历史，完成这本书的序言。

怎样做一个好皇帝，似乎是一件非常简单的事情。诸葛亮在《出师表》中说："亲贤臣，远小人，此先汉所以兴隆也；亲小人，远贤臣，此后汉所以倾颓也。"然而，无论是我们普通人，还是皇帝，都无法轻易辨别出谁是贤臣谁是小人。

我们认为皇帝分不清贤臣、小人，认为皇帝蠢，那是因为我们开了上帝视角而已。如果我们处于皇帝的地位或时代，或许我们也无法分清。

读完南宋的北伐后，我们脑海中可能浮现出这样的画面：宋孝宗赵昚茫然无措地瘫坐在龙椅上，而朝堂上的臣子们为主战主和争得面红脖子粗，就差没直接动手打架了，一个个都掏心掏肺地告诉赵昚应该怎么做。

赵昚的脸上不时地浮现出各种神情。一会儿兴奋，一会儿恐惧，一会儿痛恨，一会儿欣喜，一会儿充满信心，一会儿萎靡不振……朝会结束，赵昚依然茫然无措，不知道应该听主战派的，还是应该听主和派的，内心深处可能只有一句：我太难了。

但我们不能因此断定赵昚是昏君，在南宋的皇帝中，赵昚的能力绝对是数一数二的，如果用明朝的皇帝来比较，或许他毫不逊色于明孝宗。后人评价他："卓然为南渡诸帝之称首。"《宋会要辑稿》中载："惟孝宗哲文神武成孝皇帝以聪明不世出之资，奋恢复大有为之志，英武同符于艺祖，神器亲受于高宗。励精九闰之余，致治百王之上。"

赵昚是绝对的中兴之主和明君，无论是业绩还是人品，超过了绝大多数的皇帝。可即便这样，他也不知道谁是对的，谁是错的。主战有主战的道理，主和有主和的考虑。那么多建议，只让他感到心力交瘁。

赵昚连个县令都没有做过，做皇帝之前，他担任过防御使和节度使，不过这些更多的是荣誉与虚职，所以他几乎没有实操的经验，更别说掌管军权。不是他不想在登基前锻炼自己，而是因为如果表现得太积极，他爹就要收拾他了。

做皇帝前，他接触得最多的就是他的老师史浩。

史浩，学识渊博，品性纯良，对他忠心不二，可以说赵昚能登上皇位，史浩出力不少，是赵昚绝对可以信任的人。按照我们的标准，是绝对的忠臣。然而赵昚刚登基，史浩就给他出了个馊主意。

在与金国的交战中，西线宋军在吴璘的指挥下奋起反击，收复了包括德顺城在内的大片失地。随着战争的演进，川陕战场的地位越来越重要，而德顺的归属决定了双方西路战场形势。在这样的关键时刻，史浩居然力劝赵昚，放弃陕西一线，放弃德顺。吴璘被迫撤军，在撤退途中，遭到金军追击，损失惨重。最终，德顺之战在宋军占据优势的情况下，由于南宋高层的战略决策失误，以宋军的惨败而告终。

赵昚和老将虞允文沟通时，才知道自己犯了多么愚蠢的错误，苦闷地长叹一声：史浩误朕！

但史浩也不知道自己出的是个馊主意。因为史浩就是一个文官，就是一个读书人，他从来没打过仗，前线是什么样子他都不知道，他是在凭着自己的"忠心"出主意。

而且史浩是个三国迷，三国历史倒背如流，于是死搬课本，认为诸葛亮做的才是对的，应该"攻陈仓及郿，即今之凤翔"，这样，"得之，则可窥长安"，所以，史浩要放弃已经到手的德顺，转攻西安西部的宝鸡，进而占据长安。史浩认为这才是战略，才是大棋局。

史浩不懂，赵昚更加不懂，才做出错误的决策。

但即便这样，赵昚也开创了一个中兴的局面，胜过了大部分皇帝。

我不喜欢写南宋，是因为很多人不爱看南宋，因为南宋的历史读着一点都不爽，我们喜欢历史，更多喜欢的是那些读着爽的历史。或者说，我们把历史当网络爽文看了。这是我们读历史的第一个误区。

这种感觉，就如同看完了电视剧《琅琊榜》，就认为看懂了权谋。我们想通过《琅琊榜》来学习权谋，可惜我们没有男主的人脉、实力，这些权谋对我们来说根本遥不可及。而接近真实的《大明王朝1566》看的人就少多了，因为到结局都没解决最开始出现的问题：国库空虚，钱从哪里来？

我们每天都在为了生活而打拼，下班后自然想要放松一些，现在你再给我看一部大家都在为钱发愁的电视剧，我才不愿意看，何况看了《大明王朝1566》，我还是学不会挣钱。

我们读历史的第二个误区，就是把历史看成了荡气回肠的英雄成长史。每当读到皇帝或名将破釜沉舟、势如破竹、一往无前、所向披靡的时候，我们往往会肾上腺素飙升，这个时候有一种强烈的代入感，将自己假想为英雄，转而去思考他们的成功。很可惜，我们能看到的历史，绝非历史的常态，而是偶然事件，都是时也运也的小概率事件。

历史，没那么多热血，做英雄，是要付出代价的。

而多数时候，付出了代价，还是做不了英雄。

比如清朝段光清写过一本《镜湖自撰年谱》，非常真实地记录了当时的官民之间的生态。

其中一个故事,是宁波鄞县(今宁波鄞州区)的官员贪污腐败、鱼肉百姓,在税收上,百姓多缴税,大户少缴税,乡民们怨声载道。

鄞县的候补官员是个非常有同情心的人,虽然他也处于少缴税的特殊阶层,但他对这种不平等非常不满,找了当地的大户几次,要大家一起找衙门去请愿平粮税。结果人家根本不搭理他,找衙门让自己多交钱,嫌自己的钱多?

虽然结果不如意,但鄞县的农民们对这位候补官员的倡议非常感动,他的声望越来越高,百姓们推选他为"话事人",带领大家去官府请愿。

看到来了一大堆人包围了官府,县太爷非常紧张,不问情由就把候补官员抓了起来,关进了大牢。这下子乡民们不干了,在"一腔热血"的驱使下,冲进了牢房把候补官员给抢了出来,接着越来越上头,不仅把库房给抢劫一空,还放了一把火把县衙给烧了。

这个时候,候补官员就控制不了局面了,因为所有的乡民都认为自己代表了"正义的力量"。乡民们觉得县城的商人和市民缴税比自己少,他们都属于剥削自己的一分子,开始不分青红皂白代表正义在县城抢劫了。

现在事情性质变了,乡民们变成匪了,官兵们很快就来拿人了,这官兵可不是什么"人民的军队",他们就希望有这样的由头,可以到哪里烧哪里,走一路抢一路,所到之处,鸡犬不留。

正在乡民们惶恐不安的时候,朝廷派了经验更加丰富的官僚来平息事端。官僚问乡民们:"你们是要和这位候补官员一起造反吗?"乡民们吓破了胆,拨浪鼓一样地摇头,他们告诉官老爷自己绝对没有这个胆子,是听了候补官员的话,才进城请愿平粮价的。接着各乡争先恐后地向官府提交文书,说自己绝对是顺民,而且愿意按照惯例缴纳粮税。

如果说在最开始的时候,乡民们觉得候补官员是英雄,但这个时候,心态已经全变了。都怪你,不就是多缴点税嘛,你没事找事带我们去衙门干吗，都怪你！

这个时候，官府又来了个狠招，你们不是要平粮税吗，可以答应你们，以后老百姓的税和大户的税都一个标准，但是你们要把候补官员交出来。这下子，候补官员被孤立了，农民们嘴里不说，可他心里清楚得很，大家都希望他去投案。而且事情到了这个地步，投案只是时间问题，以后衙门再把悬赏拿出来，终有一日，乡民们会把他扭送到官府去。他走投无路，投案自首，最终被枭首示众。

此时乡民们虽然觉得对不起候补官员，但心中是高兴的，毕竟以后可以少缴税了，这是实实在在的收益。而这位候补官员，很快就会被遗忘。几年后，不会再有人记得他。

其实这样的案例非常多，如乾隆曾几次被人拦下来告御状，最后乾隆处理的方式是：经查属实，为民申冤，替百姓出头。但是告御状的人却被乾隆给处理掉了。

其中最知名的是彭家屏案。彭家屏替百姓出头，策划状告不法巡抚，最后巡抚被流放，百姓钱粮也被减免，但乾隆却找个由头把带头告状的乡民和彭家屏都给杀了。更狠的是，乾隆把彭家屏的田产分给了当地百姓，大家欢天喜地地分了田产，都觉得皇上做得好。

这才是历史的常态，而我们读历史，喜欢读历史的非常态，当最终的结局不如我们的预期，我们就不爱读。另外，我们在读历史的时候，往往更加关注成功者的故事，对失败者不屑一顾。

还有一个误区，那就是我们在读历史时往往忽略了人性与利益。

事实上，我今天所写的历史，甚至没有脱离过高中教科书，今天我还认为高中历史书是优秀的作品。比如我曾写过美国的历史，很多读者给我留言，说原来美国建国历史是这样的，根本不是为了什么自由、平等、博爱，历史课本骗了我们。

其实哪里是课本骗了我们，是以我们当时的经验，还读不懂课本。课本开篇就说了，美国独立战争，是资产阶级革命，美国资产阶级的诉求是什么？难道为了爱和正义吗？为了普通打工人的解放吗？

政治课本开篇写了："经济基础决定上层建筑。"可惜，我们在不懂经济的时候学了这句话。那个时候我们还在读书，买早餐的钱都是父母给的，哪里懂什么经济，懂什么阶层，更加不懂阶层后面的利益诉求。

所以，我们在读历史的时候，尤其是读历史改革时，往往会忽略历史背后的利益与人性。也因此，我们读不懂为什么古代的皇帝，即使强悍如雍正，在推行改革的时候，也会被众多的人反对。

我们上边讲的候补官员的故事，说明做英雄往往是要付出代价的，失败是一种常态，代表了多数人的利益依然未必成功，还需要有足够的能力与谋略，以及最重要的，一定要读懂人性。

在本书中，我们尽量抛开宏大的历史观，从人性与经济入手，去解读每个时代背后的规则与密码，去读懂王朝背后的决策与故事。

2022 年 9 月

坏土豆

目 录

第 一 章　王朝：无助的皇帝，三百年的宿命
　　01 无法避免的马太效应 / 003
　　02 无法避免的土地兼并 / 004
　　03 面对烂摊子的无助皇帝 / 007
　　04 古代王朝的宿命 / 009

第 二 章　先秦：阶层固化与人才选拔机制
　　01 以前的分封制 / 015
　　02 李悝变法 / 016
　　03 人才的荒地 / 018
　　04 商鞅变法 / 020

第 三 章　秦朝：历经数千年争议，却永远是千古一帝
　　01 不需要合伙人的政治家 / 027
　　02 嬴政的自信 / 029
　　03 剪除外戚 / 030
　　04 中央集权的巅峰 / 033

第四章　西汉（一）：唯有苦心孤诣，方可虽远必诛

01 战争的成本，高到触目惊心 / 039

02 古代战争的秘密 / 040

03 远征匈奴，有多难 / 043

04 虽远必诛的背后 / 045

05 大一统伟业的创造者 / 049

第五章　西汉（二）：汉武帝与资本的战争，终将永垂史册

01 豪强是怎么壮大的 / 053

02 汉武帝的历史使命 / 054

03 江河所至，皆为汉臣 / 059

第六章　东汉：皇帝与门阀的九百年战争

01 刘秀的困局 / 063

02 世袭的权力 / 065

03 贵族共和时代 / 067

04 黑暗孕育了希望 / 069

第七章　魏晋南北朝：战乱三百年，争夺中华文明的正朔

01 是蛮族的征服还是归顺 / 073

02 什么是中原文明 / 074

03 为什么会出现五胡十六国 / 075

04 是劫掠还是建立帝国 / 077

05 佛教广为流传 / 078

06 匈奴人刘渊，意图统一华夏 / 080

07 羯族石勒，推开汉化的那扇大门 / 081

08 雄才大略却又有妇人之仁的英雄 / 083

09 均田令 / 086

10 中国强大的基因来自哪里 / 088

第八章　隋唐（一）：那些权谋、制衡和猜忌，安史之乱的真正原因

01 隋炀帝干了三件事 / 093

02 九百年的战争画上了句号 / 096

03 太子是皇帝的敌人 / 098

04 李世民开了个坏头 / 099

05 李隆基的权术 / 101

06 终于反了 / 103

第九章　隋唐（二）：史诗级帝国的崩溃，农耕文明的极限

01 安禄山造反，大家都很开心 / 109

02 李隆基作死永无止境 / 111

03 农耕文明与游牧文明的千年争锋 / 113

04 从长城读懂帝国的最大难题 / 114

05 群敌环伺的唐朝 / 115

06 节度使为什么是最好的选择 / 117

第十章　五代十国：帝国的转身

01 唐末的割据势力 / 123

02 沿用"唐"国号的朝代 / 132

03 用燕云十六州换来的皇权 / 137

04 最黑暗的朝代 / 140
05 五代十国最杰出的两个皇帝 / 143
06 五代十国对宋朝的影响 / 149

第十一章　宋朝（一）：理想主义者和心中魔鬼，只有一步之遥
01 好皇帝与好人 / 153
02 宋神宗为什么会失败 / 155
03 沉重的财政负担，皇帝的噩梦 / 157
04 王安石变法 / 158
05 王安石超前的政治理想 / 159
06 从独特视角看王安石的失败 / 162
07 理想主义者的悲剧 / 165

第十二章　宋朝（二）：从史诗王朝到战五渣，弱宋究竟少了什么
01 大一统王朝的基础 / 171
02 燕云十六州 / 173
03 为什么宋无法打败辽、金 / 174
04 河套地区的历史 / 177
05 宋朝屡战屡败，梦断西夏 / 179
06 河西走廊，不能抵达的远方 / 181
07 宋朝问题的根源 / 182

第十三章　宋朝（三）：没了岳飞，南宋的北伐成了闹剧
01 开始隆兴北伐 / 187
02 大好局面却迎来了符离之败 / 189

03 主战还是主和 / 191

　　04 朝廷一会儿一个主意，前线士兵不干了 / 194

　　05 隆兴北伐草草收场 / 195

　　06 从开禧北伐到端平入洛，北伐最终成了笑话 / 197

　　07 南宋并不缺名将，但是却没有卧薪尝胆的皇帝 / 200

　　08 宋朝再也没有了岳飞 / 201

第十四章　**元朝：草原帝国的巅峰与衰落**

　　01 蒙古贵族想在中原地区退耕还牧 / 207

　　02 铁木真建立了一个中央集权的草原政权 / 209

　　03 成就草原帝国巅峰的军事密码 / 211

　　04 蒙古帝国的分裂与忽必烈的雄心 / 212

　　05 混吃等死的元朝 / 214

　　06 纸币流行的元朝 / 216

　　07 元朝失之于宽 / 217

　　08 眼睁睁看着朱元璋做大做强的元朝 / 219

　　09 元朝的灭亡已经势不可挡 / 222

第十五章　**明朝（一）：被朱元璋和读书人联手颠覆的明朝**

　　01 王朝的四大税赋 / 227

　　02 朱元璋与贪官的养成 / 229

　　03 人口之谜 / 232

　　04 读书人的特权与利益集团 / 233

　　05 被大家摧毁的王朝 / 236

第十六章　明朝（二）：南北榜案
01 五十万分之一的概率让朱元璋给碰上了 / 241
02 我是天下的皇帝，我应该追求什么 / 243
03 笼络北方人的心，是明朝初期的政治大事 / 245
04 早在明朝以前，南方考生就吊打北方了 / 247
05 机会面前人人有份，还是考试面前人人平等 / 249

第十七章　明朝（三）：东林书院的崛起
01 最富有的王朝，最贫穷的皇帝 / 253
02 全球白银涌入明朝 / 256
03 白银去哪儿了 / 258
04 东林书院崛起，明朝崩溃 / 260
05 为什么明朝值得尊重 / 261

第十八章　清朝：向权贵宣战，朕就是这样的汉子
01 被百姓忌恨的皇帝 / 267
02 改革有多难 / 269
03 雍正帝的对策 / 272
04 向权贵宣战 / 274
05 了不起的雍正帝 / 277

第十九章　启示（一）：中国为什么没有走向资本主义
01 中国古代的商业技术 / 281
02 中国的资本主义为什么发展不起来 / 282
03 古代的"资本家"为什么没有动力出海 / 284

04 中国人英勇无畏的民族底色 / 285

第二十章　启示（二）：大英帝国与强汉盛唐
01 奇葩的英国农民起义 / 289
02 19 世纪的英国 / 290
03 贞观之治 / 291
04 汉武帝挣钱 / 293

第二十一章　启示（三）：同样是大航海，为什么明朝赚不到钱
01 明朝将一手好牌打得稀烂吗 / 297
02 郑和下西洋的商业模式的核心产品是什么 / 298
03 常规的贸易，为什么明朝赚不到钱 / 300
04 为什么欧洲的商业模式就可持续 / 301
05 近代中华文明在扩张性上为什么不如西方文明 / 302

第二十二章　启示（四）：中国这两项成就，决定了全人类的文明进程
01 欧洲为什么任由教会摆布 / 307
02 欧洲人一辈子的积蓄买不起一本书 / 309
03 教会是怎样垄断知识的 / 310
04 中国的造纸术，究竟有多伟大 / 311
05 中国的印刷术与欧洲教皇神权 / 313

第二十三章　启示（五）：中国近代科技落后的真相
01 清政府的军事技术比英国落后了二百二十年 / 317

007

02 为什么现代科学没有出现在中国 / 318
03 清朝丝绸工业被日本全面超越 / 320
04 汉朝科技领先全球 / 321
05 市场才是技术的动力 / 323
06 未来科技的关键 / 326

第二十四章　启示（六）：中华文明延续五千年的地理密码
01 中华文明从未中断 / 331
02 文明延续的基础 / 332
03 中华文明的特殊之处 / 333
04 中华文明版图的确立 / 335

第一章
王　朝

无助的皇帝，三百年的宿命

> 相对西方中世纪的封建制度[1]，中国大一统的优势无与伦比，军事、经济水平长期处于全球前列。但大一统王朝的极限为唐朝的二百八十九年，似乎三百年是一个循环的终点，没有任何一个古代王朝可以跨越。

---

[1] 国王将土地分封给领主，领主再将土地分封给次一级领主。

第一章 | 王朝：无助的皇帝，三百年的宿命

01 无法避免的马太效应

经济资源占有的严重失衡，往往是一个王朝覆灭的开始。

所谓严重失衡，如果政府对民间财富不加干预，那么通常情况下财富会集中到极少数人的手中，也就是说有钱人会越来越有钱。

强者越来越强，弱者越来越弱，这就是马太效应，是财富的规律。

"马太效应"一词源于《圣经》中的一则寓言。

国王要出门远行，出发前交给三个仆人每人一锭银子，并吩咐道："你们去做生意，等我回来时，看看你们经营得怎么样。"

国王回来时，第一个仆人赚了十锭银子，国王奖励他十座城邑。第二个仆人赚了五锭银子，国王奖励他五座城邑。第三个仆人说："你给我的一锭银子，我一直包在手帕里，怕丢失，一直没有拿出来。"

于是，国王下令将第三个仆人的一锭银子赏给第一个仆人，说："凡是少的，就连他所有的也要夺过来；凡是多的，还要再给他，叫他多多益善。"

马太效应反映了生活中存在的一个普遍现象，即赢家通吃。任何个体、群体或地区，在某个方面——如金钱或名誉——获得成功和进步，就会产生

一种积累优势，会有更多的机会，取得更大的成功。

在正常情况下，当一个组织的财富越来越多时，它能获得的信息、调动的资源、积累的人脉都将加速增长，它的财富增长速度相应也变得越来越快。

穷人的财富增长方式是做加法，富人的财富增长方式是做乘法。在没有政府干预的情况下，这一过程是不可逆转的。就像卖鱼的财富积累的速度永远都赶不上卖军火的，也根本进不了军火圈。

而个体所占有的资源集中到一定的程度时，就会出现群体竞争或聚集，强势群体聚集成一个集团，让国家资源为这个群体服务。

在中国古代，部分中原王朝主要由农耕文化和守成思想支配，土地是财富最常态化的表现形式，土地不仅是生产资料，也是财富的象征。所以，人们有了钱就会把钱投向土地。这时我们便会在历史书中经常读到一个词：土地兼并。

02 无法避免的土地兼并

任何一个新王朝在建立过程中，都会发生残酷的战争，把一切推倒重来。而在新王朝建立后，会有两个较为明显的变化：一是人口大量减少，二是社会财富重新分配。

在最初，一切都非常美好。我们假定一个村子里有十户人家，五十口人，这个村子里有一千亩地，每户都能分到一百亩地。这个时候，每个人拥有的土地是二十亩，只要努力种田就能过上好日子。所以大家相安无事。

经过五十年的太平盛世，村子快速发展到五百口人，但土地的面积却没有增长，依然是一千亩。这时理论上每个人拥有的土地就变成了两亩，变成了五十年前的十分之一。

在这里，先思考一个问题：古代为什么大部分农民宁愿被地主剥削也不肯去开荒？因为开荒还不如被地主剥削。

中国是个耕地资源稀缺的国家，在耕地有限的条件下，土地肥沃、接近水源、便于耕种的土地早被开发了。历史上的文明都产于大河流域就是这个道理，如黄河流域、两河（幼发拉底河和底格里斯河）流域、恒河流域……

而开垦荒地是个浩大的工程，可不是我们在阳台上搞几个盆种几朵花那样简单。开垦荒地需要耕牛、工具和大量人力，农民想要依靠单个家庭开垦，需要非常大的支出。古代耕牛非常昂贵。如果没有耕牛，只靠人力去开垦，估计荒地还没开垦出来人就已经饿死了。

即使以现代的技术，让荒地变成耕地也很难，而古代农民在没有任何扶持的情况下，需要三至六年才能垦荒成功。农民要开垦荒地，首先需要积攒上几年的口粮，然后夜以继日地在布满荒草、灌木的山坡上一锄头一锄头地刨。

古代农业技术的发展一直限制着人口增长。太平盛世，人口增长得太快了，但农业技术却停滞不前。一百亩地一百年前产出多少粮食，今天还产出多少粮食，而这些粮食对增长了五至十倍的人口无疑是不够的。土地是农民的命根子，这就是为什么当有人提出"耕者有其田"的号召时，很多人愿意去参加起义军。

土地是稀缺的，这导致土地不仅是生产资料，更是古代主要的投资品。

我们再回过头来讨论刚才的话题。理论上，现在这个村子里每个人只有两亩地了。但这只是理论上，因为在这五十年中会发生很多事情。比如张三耕地的时候不小心摔了一跤，头磕石头上了，在床上躺了两年。在这两年中，他不仅不能种地，还需要买汤药，家里穷得揭不开锅。没有办法的他只能把自己的一亩地卖给老王。再比如有一年村子里发生洪灾，李四的田就在堤口，被洪水冲了，颗粒无收，连饭都吃不上。没办法的李四只好卖一亩地给老王换口粮……

结果五十年过去了，村子里的一千亩地，老王一家就占了三百亩，其他九户一共才七百亩。老王有了闲钱，开始请先生教儿子读书，而儿子也不负众望，考中了举人，又开始考进士。老王喜上眉梢，开始结交官府，和官府的关系越来越好。

后来儿子当了官，老王觉得三百亩地已经配不上自己的名声，开始和官府勾结。老王每年拿收成的百分之十去送礼，县太爷全都笑纳。有了保护伞，老王开始巧取豪夺。今天霸占刘一家两分地，明天欺负孙二不识字，在孙二借钱的时候骗他用地来抵押。老王说："你们若想去官府告我就去吧，我上头有人。"

又过了五十年，老王家是当之无愧的大户人家，村里一千亩地，他家占了八百亩；有两户人家占了二百亩；剩下的七户人家没有地，给老王家做佃户。

老王的后代中有人在朝廷当大官，手眼通天，王家在村里就是一霸。从地方官到中央大员，没有老王的后代摆不平的。这就是地方豪强。

03 面对烂摊子的无助皇帝

古代的皇帝高高在上,也都知道"水能载舟,亦能覆舟"的道理:当多数农民活不下去的时候,王朝也就到头了……

土地兼并是皇帝最怕的,却没有法子。在几千年的历史里,中国一直没有形成有序的金融体系,商业税从来没有成为财政收入的主要来源。有明一代,白银几乎取代了铜钱,但本土白银产量有限,大量白银被外贸商人掌控,导致政府对财政的控制减弱。

事实上,在封建王朝,土地税是国家财政的主要来源,是国家稳定的根本。征收粮食是古代维持王朝运转的关键。如海瑞在明朝淳安县知县任上的工资是一年八十六石大米。当然并不全发大米,而是一部分折成银两,一部分折成纸币。中国所有的王朝都会考虑粮食是否安全、粮食能不能征收上来的问题。

中央集权的最大优势是能够一户一户地把土地税收上来,但是那是在王朝创立之初。现在过了一百年,时代变了。村子里有两户人家还有耕地,能正常缴税;有七户人家是佃农了,他们怎么去缴税?他们只是打工,已经没有土地了,而那时都是按土地来收税的。

那么,这个村子百分之八十的缴税任务就要靠老王的后代。但是,老王的后代考取了功名,不用去缴税或者可以少缴税(每个时代不一样,比如在明朝，官员可以免徭役但不能免税收）。而老王的后代已经成了当地的一霸，王家不仅有人在当地做官，还有人在朝廷做官，每年可以给老家的县衙多拨一千两银子修河堤，县太爷自己就收了五百两。当然，县衙给王家算税收的时候怎么少怎么算。王家开赌坊、开药局……总之，没人惹得起。

地方官一看，王家不缴税，所在的村子就两户人家缴税，太少了说不过去，于是告诉两户人家现在税收变了，原来是十税一，现在是十税五。两户人家跳脚骂街，但也没有其他办法，只能接受。

王朝初期，朝廷一年可以收两千万两的税。过了一百年，人口越来越多，官员越来越多，要干的活也越来越多，每年却只能收一千万两的税了。

五十年前，国库充盈，几乎堆不下了，现在每年都入不敷出。皇帝很发愁，他当然知道问题出在哪里。当年开国皇帝创业，膝下六兄弟，一个做皇帝，五个封王，封王的免税，还要朝廷供养。过了一百年，皇室已经有三千多名成员，霸占了全国百分之十的耕地。而皇帝的亲兄弟某某王深得父皇喜爱，和皇帝也私交甚好，居然在一年内霸占了七万亩地，占了全国百分之三的耕地！这百分之三的耕地是彻彻底底收不上来税的。这个时候徭役也没人干了，十户人的村子有两户人可以出公差，因为大户人家都可以免徭役，基础建设都搞不下去了。

基础建设搞不下去，水灾、旱灾自然就来了。皇帝要赈灾，不仅没有银子，连多余的粮食也没有。

土地兼并是问题根源，皇帝当然知道必须要改变。怎么改？自己家的不能改，否则怎么去见列祖列宗！全国百分之十三的耕地收不上税，影响不了根本，因为还有百分之八十七呢。

因此，要重新丈量土地，要改革税务体系。皇帝抬起头，突然心里一阵发慌。内阁首辅大学士家里有三千亩地，三个村子的人都是他们家的佃户；

兵部尚书家里有两千亩地；礼部侍郎家里有一千亩地。再看看自己身边的红人赵公公，每天帮自己出谋划策对付内阁的那帮迂夫子，家里也有了一千亩地。

他们能老老实实缴税吗？皇帝要改革，就是要和所有人作对啊！这个时候问题就变成了：（1）皇室尤其是各个亲王每天没事做，不缴税；（2）官员形成利益集团，盘根错节，土地只嫌少不嫌多，要么不缴税，要么少缴税；（3）功臣们要酬劳，前线将士们要封赏。

皇帝发现，自己成了最孤独的人。怎么办，先从自己的兄弟下手？别傻了，你干掉自己的兄弟，内阁大臣难道就会被你感动，把自己的土地拿出来？

动大臣的利益？大臣要出谋划策啊，动了一个，所有人都会警惕。

动太监的利益？宫里的人都和你离心离德，只有太监和你最贴心，你怎么搞？

你想起天津有个张大户，一个人占了三千亩地，不如先拿他开刀。但圣旨刚下去，你最喜欢的张婕妤过来了，哭得梨花带雨，烛光下楚楚可怜，一问才知道原来张大户是张婕妤的爹。

动河北李大户家的地？皇后暗示你，别瞎折腾啊，李大户的儿子是前线戍边的大将军，现在朝廷正要他出力。

04 古代王朝的宿命

就在皇帝为动谁而头疼的时候，屋漏偏逢连夜雨。北方的游牧民族又开始不安分了，今天过来抢，明天过来抢。坏消息一个接一个地传来："陛下，赶紧加税，将士们的军饷不够了，再这样下去就要兵变了。"

于是，原来是十税一，现在变成十税三，在十税三的基础上又增加了辽饷、练饷……这下可好，这个消息层层传递下去。老王的后代如果有点儿良心，那就从原来的一分钱税都不缴，变成现在的十税一，但多数老王的后代还是该咋地就咋地。而原来村子里还有地的两户人家，现在变成十税七，还要缴其他的税，结果发现自己种了一年地还不够自己吃的，于是开始找老王的后代借钱。老王的后代乐坏了，乘机把剩下两户的土地也兼并了。

怕什么来什么，就在这个时候，水灾、旱灾交替出现，土地开始歉收，但是老王的后代可不管这些，该收多少租子就收多少租子。佃户们吃不饱肚子于是开始蠢蠢欲动，有个别地方开始民变了。

皇帝慢慢感觉到，再不改变，朝廷就危险了。

中国历代的王朝都知道要改变土地兼并，于是有了北魏至唐朝前期实行的均田制、宋朝的王安石变法、明朝张居正草拟的一条鞭法、清朝雍正年间的摊丁入亩制度。

这个时候的皇帝，会有以下几种选择：

（1）学汉武帝刘彻六亲不认，任用酷吏，偷税的直接抄家，全力打击豪强；打击土地兼并，实行推恩令，把土地层层分割。

（2）学王莽暴风骤雨式的改革，改革土地制度、改革金融制度。土地直接充公，私人不得买卖；平抑物价。但王莽改得太急太快，搞得一塌糊涂，得罪的利益阶层又太多，还没搞好，自己就亡国被杀。

（3）学东汉光武帝刘秀，"自己革自己的命"，征讨数十年后裁撤四百余县，精简数万官员，解放奴婢，重新丈量土地。

（4）学清雍正帝胤禛的铁面无情，雷厉风行，摊丁入亩，地多者多缴税，地少者少缴税，无地者不缴税，减轻了穷人负担，也铲除了官员的摇钱树。

这些都需要强硬的手腕，但即使如雍正帝那样的铁腕，依然遭到了几乎所有大臣的反对，就连平日里分文不贪的清流也加入到反对的行列。

看看有多难！一旦触及核心利益，他们连杀头都不怕，宁死也要找出一堆理由苦谏。现在知道为什么朝臣们都骂雍正帝了吧。

有的皇帝命好，身边出现一个超级能臣。如张居正，他重新丈量土地，铁腕打击漏税，实行一条鞭法，改变极端混乱、严重不均的赋役制度，减轻农民的不合理赋役。但是张居正的下场也很惨！

如果改革得以顺利进行，王朝会在创立一百到一百五十年的时候迎来"中兴"。但所有的中兴都只是暂时缓解了社会矛盾，增加了国家的赋税，土地兼并问题却一点儿都没有改变，最多只是延缓了土地兼并的速度而已。

而土地兼并最先爆发的问题就是利益集团的出现，大地主与大官僚高度捆绑的利益集团所拥有的权力甚至与皇权不相上下。

当利益集团可以藐视中央权威时，王朝的命运就已经不可逆转了。比如明朝末期，皇帝已经是孤家寡人，崇祯皇帝成了明朝"最穷"的人，穿的衣服都恨不得打上补丁。朝廷永远入不敷出，多少钱都不够花。而这个时候的江南却是富甲一方，地主、士绅醉生梦死、夜夜笙歌。地主、县令、朝廷官员早已是铁板一块，结成了无比坚固的利益集团。

这个时候，王朝的所有问题集中爆发：土地兼并产生强势利益集团，直至影响中央集权；气候变化导致农业减产，底层崩溃，流民开始不断出现；蛮族入侵导致军事失利，政权到了覆灭的边缘；特权阶层腐化导致政令的实施效果层层递减。

崇祯皇帝一眼看过去，几乎所有的官员都对自己毕恭毕敬，但眉眼中却分明有着讥讽：大不了我换个地方打工，我看你怎么办！崇祯皇帝无奈之下写下绝笔书:"朕自登基十七年,逆贼直逼京师,虽朕薄德匪躬,上干天怒,致逆贼直逼京师,然皆诸臣误朕也。朕死,无面目见祖宗于地下,自去冠冕,以发覆面。任贼分裂朕尸,勿伤百姓一人。"

崇祯帝朱由检,十七岁登基,虽以雷霆手段除去魏忠贤,但你要让他挽救王朝的宿命,也实在是太难为他了。

两千多年间王朝更迭,没有一个封建王朝可以超过三百年,仿佛三百年成了一个又一个封建王朝的极限。

第二章

先　秦

阶层固化与人才选拔机制

阶层固化是大众关注的热门话题。什么是阶层固化呢？就是社会失去流动性，你不能从一个阶层跃迁到另一个阶层。比如你处于社会的底层，你无法向上跃迁；而如果你处在社会的高层或者中层，即便你不努力、没本事，也不会滑向社会的底层。

　　阶层固化会导致什么结果呢？简单来说就是社会失去了活力，人们不会去攒劲了。处在底层的人们上升没指望，所以也就没有了拼搏动力；处在中高层的人反正有吃有喝、旱涝保收，何必还要去累死累活地工作呢？

　　阶层固化了，这个社会还会变好吗？关于这个问题，我们聊一聊历史上发生过的事情。

01 以前的分封制

先从西周说起吧。西周时期的政治制度是分封制和世卿世禄制。什么是分封制呢？分，就是把天下的某一块土地分给你；封，就是在分给你土地的基础上，再封给你一个称号。

那么问题来了，用什么标准分封？答案是：出身。这话直白地说就是看父亲是谁。当然，同一个父亲的孩子还要看母亲是谁。天下的土地都是天子的，如果一个人的父亲是天子，那么他就有资格被分并且被封。当然，即使父亲是天子，但如果母亲的身份不一样，分的时候也还是有区别的。

我们都知道天子的老婆非常多，但是不管他有多少个老婆，总有一个老婆是正妻，就是老百姓所说的大老婆，其他的都是小老婆。大老婆生的孩子叫嫡子，小老婆生的孩子叫庶子。嫡子和庶子的分封不一样。在嫡子里面，老大也就是嫡长子是分得最多的，他直接继承天子之位，整个天下都是他的。其他嫡子和庶子们就被分封为诸侯。

到了下一代，那些诸侯的嫡长子继承诸侯的位子，其他嫡子和庶子们被封为卿大夫，就这样一代一代地分下去。这是大体情况，在具体执行中也会遇到很多实际问题，这里不做讨论。

这就是西周时期的分封制和世卿世禄制。

这也说明了一个问题：你有没有资格被分封，以及分到什么，主要取决于你的父母是谁。其实就是老百姓所说的"龙生龙,凤生凤,老鼠的儿子会打洞"。总之,在西周、春秋时期,出身基本决定了你这辈子的待遇。你没有生在天子、诸侯或者官僚的家里,那么你就别指望做官了。

站在统治阶级的角度来看,这其实是一个人才选拔机制的问题。这种人才选拔机制人为地把选拔的范围缩小了,能够参与选拔的人数极其有限。在少数人里面选人才,自然就漏掉了大批的优秀人才,自然就选不到足够多的优秀人才来治理国家。

站在老百姓的视角来看,普通人长久没有上升通道,看不到打破阶层的希望,看不到过上好日子的可能,也就慢慢躺平了,过一天算一天。反正国家发展壮大了,生活也不会变好,干吗要奋斗?

02 李悝变法

到了战国时期,各个诸侯国为了增强实力,在人才选拔上开始了大胆的探索。首先值得一提的是魏国。魏文侯任用李悝变法,变法的第一条举措就是废除贵族官僚世袭的特权。把那些对国家没有贡献、依靠祖先的出身和功劳躺着过上等人生活的世袭官僚(甚至魏文侯的后裔),全部赶下去,空出来的官职和俸禄则授予那些对国家有贡献的人。这个措施被概括为:"食有功而禄有劳,使有能而赏必行,罚必当。"简单地说就是,别管你祖上有多牛,现在都不作数了,必须重新立功,有能力的人才能往上爬,过上好日子。用我们现在的话说就叫唯才是举。

大家都非常熟悉的战国名人吴起,就是在这样的政策背景下跑到魏国去求职并得到了重用。吴起在鲁国建立了功业，打败了强大的齐国的入侵。然而在鲁国，吴起是一个外来户，他是从卫国跑到鲁国的，鲁国那些世世代代官居高位的人生怕吴起抢了他们的位子，于是在鲁国国君面前变着法地说吴起的坏话，最后鲁国国君就把吴起给撵走了。

就在这个当口，魏国正在开展变法，不拘一格选拔人才，于是吴起就赶紧跑到魏国去求职。魏文侯听说大名鼎鼎的吴起来了，就亲自设宴招待他，还让自己的妻子捧着酒在一旁侍候。魏文侯在魏国的祖庙请吴起吃饭，这顿饭是最高档次的宴请。在那时，祖庙是一个国家最庄严、神圣的地方。后来魏文侯拜吴起为将，镇守西河地区。

此后吴起经略西河地区二十三年，堵死了秦国东出进入中原的门户。公元前389年，秦国被吴起的鲸吞蚕食弄得寝食难安，于是倾全国之力，纠集五十万大军意图收复西河地区，结果被吴起训练的五万魏武卒轻松击败。秦惠公面对惨败，抑郁而终。吴起在镇守西河的二十三年里，与诸侯大战七十六次，全胜六十四次，没能全胜的战争也能化险为夷，从而为魏国辟土四面，拓地千里。魏文侯不拘一格用人的政策为魏国带来了巨大的人才红利，这种人才红利又促成了国家的强盛。

然而非常遗憾的是，魏国的人才选拔没有形成制度，也没有具体的标准，从某种意义上来说，只是魏文侯的一种执政理念。所以魏文侯死后这种做法也就不算数了，曾经被废除的世卿世禄制很快被恢复。

魏国相国公叔痤十分害怕对魏国立有大功的吴起夺取他的权力，于是设计陷害吴起。在魏国待不下去的吴起，只好跑到楚国去了。

03 人才的荒地

公叔痤虽然小心眼，但他看人的眼光还是有的。他收留从卫国来的商鞅，虽然知道他有才能，但就是不重用他，也不向国君推荐。直到公叔痤快要死的时候，魏惠王跑去问他："相国啊，你要是死了，国家社稷大事我该仰仗谁呢？"公叔痤觉得自己反正都是要死的人了，推荐一下商鞅也无妨，不会影响自己的利益，就跟魏惠王说："商鞅年轻有才，国家大事可以倚重。"发现了吗？这些世袭贵族官僚们只有在自己的利益不被侵犯时才愿意为国家着想一下。所以，所谓的"精致利己主义者"，在中国古代就已经非常普遍了，并不是当下所独有的现象。

魏惠王见公叔痤说出这番话，心想相国这老家伙怕是病得太重，脑子烧糊涂了吧。商鞅待在你府上这么久你都没重用他，现在突然说他是栋梁之材，你骗谁呢？他要是栋梁之材，你为什么不重用呢？

公叔痤看出了魏惠王的疑惑，也知道自己为一己之私雪藏商鞅太久，现在突然推荐，魏惠王很有可能不信。为了国家着想，公叔痤只好跟魏惠王说："大王要是不相信商鞅，那就一定不能留他，要杀了他，免得商鞅将来为别的国家服务，成为魏国的心腹大患。"

魏惠王觉得公叔痤这话简直莫名其妙，没怎么重视，随口答应一下就走了。

魏惠王刚走，公叔痤就赶紧把商鞅叫了过来，说："我叫大王杀你是为了国家，但我也当你是朋友，所以我这样做是先国后友。你也别怪我，赶紧走吧，免得魏惠王要杀你。"商鞅听了这话之后反而很淡定，说："魏王不听你的话用我，那他自然也不会听你的话杀我，所以我没什么好担心的。"不过回到家，商鞅还是开始收拾行李，准备离开魏国另谋出路。关键时刻，商鞅听说秦国的秦孝公颁布了求贤令，面向全天下招揽人才，于是商鞅就到秦国去了。

商鞅在魏国待了很多年，却一直得不到重用，这也间接导致后来统一中国的是秦国而不是魏国。秦国的强大就是从商鞅变法开始的。商鞅变法之后，虽然后来的秦国国君把商鞅给杀了，但秦国国君并不糊涂，商鞅变法的政策一直被保留下来，直到统一六国。甚至到了今天，商鞅变法的一些政策仍在沿用。

那么，魏国和商鞅失之交臂的根本原因是什么呢？那就是魏国的人才政策问题。魏国在人才选拔上落后的制度导致了人才流失，而这些流失的人才远不止吴起和商鞅，后面还有一长串名字，我们简单说一下这些名字，都是如雷贯耳。

一张嘴纵横天下，一言以兴、一言以废的张仪，魏国人；献策远交近攻，帮助秦国打破六国合力围堵的范雎，魏国人；为燕昭王合五国之兵攻齐，下七十余城的乐毅，魏国人；窃符救赵，粉碎秦军对韩、赵、魏三国攻势的信陵君魏无忌，魏国人。

这几个人都是地地道道的魏国人，魏国连本国的顶级人才都留不住，外来人才则更是不放在心上。从历史事实来看，吴起跑到楚国去，商鞅、张仪、范雎去了秦国，乐毅到了燕国，信陵君则在猜忌中郁郁而终。

魏国最终成为人才的荒地。

04 商鞅变法

我们接着说商鞅吧。

商鞅到了秦国，跟秦孝公讲了魏国的李悝变法，讲了法家的富国强兵之道，秦孝公越听越兴奋，越听越舒服，立即任用商鞅进行变法。商鞅在魏国得不到重用，而且他也知道魏国曾经有过一个任用人才的好方法，但后来这个好方法被废掉了，这让商鞅意识到，一定要设计一套标准明确、行之有效的人才选拔制度。于是商鞅在李悝变法的基础上改良了战国时期的人才选拔制度，制定了一个叫作"二十级军功爵位制"的制度。

二十级军功爵位制规定，不论是王公贵族还是平民百姓，不论年纪大小，不论是不是本地户口，只要达到标准就可以升迁，获得相应的官职、俸禄、田地和仆人；达不到标准就要降职。这样就把人才的选拔范围扩展到了全国，选拔范围广，基数大，选到优秀人才的概率也就越大，人数也就越多。

升迁的标准也非常明确：斩获一个敌军甲士的首级，可获得一级爵位，即公士。甲士就是穿了盔甲的敌方士兵。战国时期盔甲是高档用品，稀罕东西，一般只有军官和精锐士兵穿得起。

获一级爵位有什么好处呢？获一级爵位的公士，秦国政府会分配一套房子、一顷地和一个仆人。斩获的首级越多，奖励越多，爵位也会得到相应的升级。

其他国家士兵打仗，看到敌方穿盔甲的精锐士兵后第一反应是逃命。心想，这种活留给我们这边的精锐士兵去处理就好了，犯不上拼命。而秦国士兵打仗，看到敌方穿盔甲的精锐士兵，第一反应是两眼放光：哇，金灿灿的人头啊！兄弟们，冲上去砍了他，今晚就能住大房子了！秦国士兵在战场上看到敌人的指挥官和精锐士兵，就仿佛看到了自己的房子外加一块地和一个仆人。

由于升爵需要敌军首级作为证明，秦国士兵不管走到哪里，经常是手里提着几颗人头，腰间挂着几颗人头。[1] 想象一下，有人提着人头拿着刀向你冲过来，你会是什么反应？吓也吓得半死，心想：这还是人吗？

当然，这也有一个问题，因为谁抢着人头谁就立了功，那么在队伍内部难免会出现自相残杀抢人头的情况。怎么办呢？商鞅想得很周到，为了解决这个问题，他颁布军法规定：五人为一伍，伍里只要有一人阵亡，其他四人就有罪。所以在战场上，士兵们不但不能自相残杀去抢人头，相反还要想着怎么保护战友。

如果五个人中已经死了一个怎么办呢？商鞅规定，如果同"伍"战友有人不幸阵亡，其余四人只要每人杀死一个敌兵就能免罪。这样一来，士兵一上场，首先要想着保护自己的战友，万一战友牺牲了，就要拼命去杀敌，好让自己免罪。

从古至今，部队伤亡率高到一定程度部队就会没有斗志，从而失去战斗力。一般来说，伤亡率超过百分之三十而没有溃逃的军队就可被称为精锐部队。而商鞅制定的军法使得秦国军队变成了伤亡越惨重斗志越旺盛的精锐

---

[1]《战国策·韩策》记载："秦人捐甲徒裎（chéng）以趋敌，左挈人头，右挟生虏。"

部队。

商鞅不仅考虑了上升的问题，还考虑了下降的问题，因为如果只升不降，那已经升上去的人就只用躺在功劳簿上睡大觉了，他们就没有积极性、紧迫感、危机感了。所以商鞅规定，随着爵位的提升，会有更多的要求，达不到就降级。当你是小兵的时候，可以通过斩获甲士升爵，没有斩获也没关系，下次继续努力就行。可当你升为伍长甚至基层指挥官时，虽然斩获甲士同样可以升爵，但要是没有斩获的话，麻烦就大了。因为这时如果你不能继续立功，就要被降职。别以为升爵了就能躺着过好日子，想都别想！能力越大，责任越大。一天不干活，立马踢走。商鞅虽是个文人，但他的确是个狠角色。

士兵的职位能上能下，人才能够充分地流动，就保证了永远都是最优秀的指挥官在指挥秦军。只要你稍微开小差，就会被想上位的优秀人才挤下去。只要你稍微跟不上时代和战术的变化，打一两次败仗，立马就把你撤掉，换成能适应时代和战术变化的将领。

说实话，商鞅的这些政策也是很残酷的，可残酷归残酷，为什么还有那么多人愿意去秦国当兵呢？因为商鞅给了所有人一个有标准可循的上升渠道，只要你能做到，你就能加官晋爵；你要做不到，也就别吹牛说自己能力有多强了。

总之，商鞅变法之后的秦国，阶层不是固化的，而是流动的，任何人都有希望，任何人都有危机。

在这一整套能上能下、人才流动的军功制度的加持下，秦国的军事人才从此不断档，任何时候都有顶级的将军，如司马错、白起、王龁、王翦、李信、蒙恬等。一众秦国名将全都起于微末，发于卒伍，身经百战，从尸山血海里蹚出来。这样的人，是那些世袭贵族官僚能比的吗？

第二章 | 先秦：阶层固化与人才选拔机制

我们简单找一个战国时期的人物做一下对比。有个叫赵括的赵国贵族，虽读过几本兵书，但从没上过战场。而赵国考虑到赵括的老爹是名将赵奢，就让二十多岁的他率领赵军去长平跟秦军决战。结果呢？全军覆没。

赵国的悲剧就在于没有一整套完善的人才选拔机制，导致人才青黄不接。世袭制和军功制的对比让我们明显看到了有效的人才选拔机制的优势，这种机制让社会阶层不至于固化，而这对一个国家的发展至关重要！

秦国以后，隋唐科举制、现在的高考和公务员选拔，都有商鞅的"二十级军功爵位制"的影子。往事越千年，无论选拔人才的制度发生了怎么样的改变，"二十级军功爵位制"的核心内容始终没有变：不问出身，大范围选拔人才；通过基层磨炼逐级升职，能者上，庸者下。

两千多年过去了，中国古代先贤们的智慧依然在中华大地上熠熠生辉。我们的很多制度并不完美，仍需要完善，但是我们很多制度的根是好的，只要把枝叶上的不足修剪好，就一定能够展现出强大的威力。

第三章

秦　朝

历经数千年争议，却永远是千古一帝

> 孤独到窒息，自信到巅峰，这就是千古一帝的风采。我们每个人都是嬴政创造伟业的受益者。

第三章 | 秦朝：历经数千年争议，却永远是千古一帝

01 不需要合伙人的政治家

你励精图治，和创业伙伴将公司成功上市，此时最重要的是什么？不管你是怎么想的，反正大伙想的都是论功行赏——这么多年的辛苦不能白费。

公元前221年，秦国灭齐，结束了长达五百四十九年的春秋战国时代，使天下一统。对于这份功业，大臣们认为嬴政"德兼三皇，功过五帝"，遂采用三皇之"皇"、五帝之"帝"构成"皇帝"的称号。嬴政是中国历史上第一个使用"皇帝"称号的君主。

辅助嬴政完成伟业的众多功臣和名将自然是欢欣鼓舞，等着一起分享胜利果实。而分享胜利果实自然就是进行分封。分封，不仅仅是犒劳有功之臣，更是解决现实问题——这样一个庞大的国家，分封是最有效的管理方法。

在这之前，分封制已经延续了数百年甚至上千年，被认为是天经地义的治理模式。给予有功之臣一片封地，让他们成为领主，领主不仅拥有这片土地的所有权，还有财政权和管理权。有了这份封赏，领主们自然对君主死心塌地，忠心拱卫皇权。否则，谁给天子干活？

丞相王绾首先站出来说，六国刚刚被灭，齐国、燕国、楚国地处偏远，非常难治理，应该封王去镇守，否则这几个地方很难统治，他建议嬴政封皇子与功臣为王。嬴政说大家议一议吧，结果整个朝堂一片赞成。

当然，我们首先要说一下，分封制之外还有郡县制。在春秋后期和战国初期，郡县制为各个国家所采用，但并没有作为主流。

现在的秦朝，疆域空前广袤，偏远地区众多，还要面对六国旧贵族的反扑和北方游牧民族的入侵，采用周制进行分封，被大臣们认为是一种必然。他们认为，这样既能奖赏功臣，又能高效管理国家。

反对的只有廷尉李斯。李斯认为，周武王、周成王当年分封天下，最初还能相安无事，延续几代后，诸侯与诸侯的关系不断疏远，纷争不断，导致所有诸侯都成了仇人。由于周天子权威的衰落以及诸侯的崛起，天子对诸侯的掌控力度一落千丈。现在大王想要治理天下，只需要采用郡县制，给有功的皇子和功臣奖赏就行了。维持郡县制的局面，天下就很容易控制；封王，很有可能重蹈周王朝的覆辙。

嬴政果断地采纳了李斯的意见，或者说，李斯说出了嬴政想说的话。

嬴政的这个决定给所有的秦国功臣浇了一瓢冷水：大家跟着你辛苦一场，不外乎是为了封侯拜相，能有自己的封地；现在可好，王侯这个岗位直接被嬴政裁掉了。

实行郡县制后，天下分为三十六郡：郡设郡守、郡尉、监御史等官职，分掌行政、兵事、监察职责；县是郡的下级行政机构，县的长官称县令，由朝廷任命，主要任务是治理民众，管理政财、司法、狱讼和兵役；郡守通过每年的考核和平时的检查对县令的工作进行考察。

嬴政开启了中央集权的封建王朝时代。

02 嬴政的自信

在秦朝之前，没有哪个君主亲自治理天下，君主必须将自己的权力进行分割，最常用的方法是让渡一部分权力以形成自己的同盟军，或者结成利益共同体。君主、文臣与武将形成一个班底，君主则是利益共同体的代表。

但是，嬴政是所有君主中最有自信的，他的眼中只有自己想要达到的目标。

在历史上，嬴政几乎是暴君的代称，但有秦一代，嬴政却没有杀戮一个功臣。王翦、王贲、李信、杨端和等这些秦朝名将全部善终，无一人受到嬴政的猜忌。

嬴政不仅没有杀戮功臣，更是果断放权。蒙恬领军三十万北击匈奴，被誉为中华第一勇士；赵佗领军三十万到五十万镇守并开拓南疆，将中原文明引入南越。仅这两大部队就占据了秦国总兵力的百分之八十以上，要知道，当时镇守关中的军队才不到五万。

可以说，嬴政的这种自信在古代皇帝中是神一样的存在。

只是朝廷不设置诸侯、不封地，势必会引发多数贵族，尤其是六国旧贵族的嫉恨。对待六国旧贵族，嬴政没有赶尽杀绝，而是"徙天下富户十二万户于咸阳"。注意，这里的十二万不是十二万人，是十二万户。古代计算人口往往以五为单位，十二万户大致为六十万人，再加上每一富户的门人等，更是远远超过了六十万人。嬴政是历史上第一个用这种方式剪除贵族势力根基的皇帝。

国家是否一统，对这六十余万人来说无所谓，但看到荣耀地位的丢失，他们对嬴政的恨是不可磨灭的。而嬴政则信心满满地让这六十余万人生活在他眼皮底下。

多数贵族已对嬴政恨之入骨，比如韩国的贵族之后张良。他一直是个不安分子，成天想杀了嬴政，报韩国灭国之仇。项梁也一样，对嬴政怀有恨意。项梁跑到吴县（今江苏苏州）活了下来，项梁的项家军就是在这里发展壮大的。

魏国王室的公子纠、魏豹，齐国的田儋、田荣、田横三兄弟，哪一个都不是省油的灯，他们都在等待机会恢复故国。他们在后来所造成的轰动，秦始皇当时是难以想象的。

"楚虽三户，亡秦必楚"这句话经常会让人误解为楚国就剩下三户人家了，这里其实指的是楚国的三大姓氏：屈、景、昭。当时这三个姓氏的楚国人最多，楚国士大夫阶层的代表人物多出自三姓，最著名的人物就是屈原了。而楚国的旧贵族在秦统一之后没有人被清算。最终，灭秦战争成了名义上的六国旧贵族的复国之战。

03 剪除外戚

嬴政的内心强大到不需要任何政治上的联盟。笔者查阅了大量历史资料，发现嬴政是没有皇后的。从政治角度来看，皇后的作用是什么？立皇后是皇帝政治联姻与结盟的重要手段。为什么后宫的女人一定要争宠？因为每个女人都代表着自己的家族和政治势力，入宫就是为了巩固家族的势力。

可是在秦朝，我们看不到后宫对政治的任何影响，查不到嬴政背后的任何女人。他不需要用联姻来巩固自己的权力，而这可能也是嬴政能统一六国的关键。

国与国之间纵横捭阖，经常使用的外交手段就这几种：割让土地、交换质子、联姻。土地是诸侯国的根本，有了土地就有了人，有人才有赋税收入，也才会有军队、财富。所以，不到万不得已，诸侯国之间的妥协都不会割让土地。

而质子是诸侯国联盟与互信的常见手段，不过质子的价值是有限的，因为在一般的王族家庭，最不缺的就是王子、公主，能被选出来到其他诸侯国当质子的，一般不是未来的继承人。对于后代数都数不过来的国君来说，给其他诸侯国一个庶出的公子并不是一件难事，而对方也很难通过这个来拿捏国君。嬴政的父亲就是被送到赵国做质子，但却被吕不韦押宝。吕不韦认为其奇货可居，才引出了后面的故事。

最终，联姻就成了相对靠谱的一种方法。虽然也不一定能够保证两个诸侯国不会打起来，但是这样的形式在很大程度上能够稳固两国的联盟关系，同时随着不断繁衍，会形成你中有我、我中有你的交错局面。到时候如果真的动起手来，双方论起来都有亲戚关系，也会考量一番。因为各国之间都有其他国家的政治势力渗透，国事也是一家人吃饭喝酒，都有商量的余地，用不着置对方于死地。所以联姻在春秋战国时期经常被使用，诸侯国都想给自己安一个保险阀。

可以说，战争是家族之间的利益斗争。例如我们所熟悉的信陵君窃符救赵。信陵君是魏国人，为什么要救赵国？因为他姐姐是赵国国王的弟媳——

平原夫人。那个时代的关系非常乱、非常复杂。某个国君有五个公子，可能分别是五国公主嫁给国君生下来的，每个公主都代表一个国家的势力。

在秦国发展初期，秦穆公就曾与晋国联姻。秦穆公继位之后明白了一个道理，要想安心地发展，和大国搞好关系是非常必要的，而晋国又是当时大国中为数不多愿意和秦国搞好关系的一个，于是秦穆公就请求晋献公将他的女儿嫁给自己。晋献公看他人还不错，就将女儿嫁给了他。这样一来，秦国与晋国就结成了良好的联盟关系，由此还产生了一个沿用至今的成语——秦晋之好。

到了嬴政执政时，各国之间的关系已经是犬牙交错，各国国君的女儿不是嫁给其他国家的公子，就是嫁给其他国家的国君，外戚势力不断延伸至各国贵族。如秦国宣太后，她是楚国公主；华阳夫人是楚国公主；韩夫人是韩国公主；赵姬、吕不韦又是赵国的势力。

但是，在嬴政身上我们看不到任何外戚的影子。可以说，外戚势力对春秋战国的影响极大，而从嬴政处死嫪毐、囚禁赵姬[1]之后，整个外戚势力在秦国的历史上就彻底消失了。也可以说，从这个时候起，嬴政彻底干掉了秦国的贵族势力，又通过统一战争剪除了六国贵族势力。

从《春秋》到《史记》，任何一个王都能查到联姻与外戚关系，唯独嬴政查不到任何文字。

没有分封，没有外戚，甚至都没有册封太子，嬴政是一个孤独到让人窒息的人。这可能也和他的身世有关。他从一出生就被歧视，后来又被祖父、父亲抛弃，被祖母、母亲背叛……所以他只相信自己。

嬴政可能是最孤独的工作狂，他每天批阅的竹简都在一百二十公斤以

---

[1] 嫪毐（lào ǎi）假扮宦官进宫，与秦王嬴政之母太后赵姬私通，生下两子。后来被人告发，嫪毐发动叛乱失败，被秦王嬴政处以极刑。

上。除了在宫殿办公，他还会用大把时间巡游天下，考察地方。

秦国的强大从秦孝公任用商鞅变法开始，但最终统一六国的是嬴政，而嬴政能取得如此成就，一部分原因要归功于他身上强大到极致的自信心。

04 中央集权的巅峰

嬴政在统一六国后开始大兴基建，而这也让他背上暴君的骂名。嬴政享年四十九岁，如果他只活到四十五岁，恐怕"暴君"二字还落不到他头上。我们不禁要问，统一后的这些年到底发生了什么，才让嬴政如此热衷于基建？

公元前 216 年，嬴政下令"黔首自实田"，即命令占有土地的地主和自耕农按照当时实际占有土地的数额向政府呈报。政府承认私有土地的合法性，并依此征收田租。这是嬴政正式承认土地私有制度，也是自商鞅变法后一百多年来的首次制度变更。

要知道，秦国自商鞅变法后一直用土地和田产作为军功的奖励标准，并建立了二十级军功爵位制度。而一直沿用这套标准，是因为商鞅变法符合秦国的现实需求。当时秦国的土地一直在扩张，兼并战争从来没有停止，一旦占领土地，就有足够的资源奖励给有功的将士。

但是，在秦国统一六国之后，已经没有额外的土地进行分配了，商鞅的相关制度就不能再继续推行下去了。作为皇帝，当没有足够的资源进行分配时，必然会遭遇困难。

嬴政是开启中央集权王朝的人，同时也是中央集权实行得最彻底的人。

不要说他的儿子连王侯的虚名都没有，即使是为统一六国立下汗马功劳的王翦，也只得到了侯爵的爵位，没有封地。

在秦朝之后的历朝，皇帝都是通过权益的分配来巩固自己的地位。这就和公司一样，老板必须通过掌控奖赏和股权的分配来把握大家的干劲。即使是中央集权发展到顶峰的明清时期，也没有如嬴政一般做得如此彻底。在朱元璋执政时期，藩王甚至还有军权。而在明朝中后期，藩王虽然没有实权，但好歹也有一个虚名，也能拿到俸禄，还有一个没有管理权的封地。嬴政却是什么都不给。

在中央集权制度基本定型的汉朝，中央集权制度的发展也不是一帆风顺。刘邦刚开始也是不断地妥协，从广泛封王到不是姓刘的不给封王，直到汉武帝发布了推恩令，才算完全确立中央集权制度。

而嬴政没有任何妥协，从一开始就是完全的中央集权，依靠技术官吏搭建的郡县制进行管理，而此时的技术官吏必然没有几百年后那么成熟。这样的做法导致嬴政成了孤家寡人，除了李斯，他找不到其他支持者。这很正常，即使是嬴政的儿子，想必也对他有所不满：没有封地，没有爵位，和庶民有什么分别？

此时的秦朝已经是暗流涌动，有嬴政在，基于他强大的威信，还不会有动乱，但已经有六国旧贵族企图刺杀皇帝的事件出现。嬴政非常清楚，自己一旦不在了，继承者是没有办法管理这个帝国的。

于是，嬴政在他人生的最后五年中不断地加强集权。他开始大兴土木，建宫殿、建长城，进行高压统治。这个朝代在统一天下后仅仅维持了十四年便衰落了。历来没有人说短命王朝的好话，秦之后的汉朝更不可能去歌颂它。不仅如此，嬴政得罪的人太多，被他砸掉饭碗的六国旧贵族怨声载道。

现存对嬴政的记录全部源于汉朝，而嬴政统一六国后的记录则少之又少。现在我们唯一能看到的所谓孟姜女哭长城，是经过六朝、隋唐时期的加工，和嬴政联系在了一起。故事的原型发生在齐国，《孟子·告子下》："华周杞梁之妻善哭其夫而变国俗。"孙奭疏："或云齐庄公袭莒，逐而死，其妻孟姜向城而哭，城为之崩。"

第四章

西 汉（一）

唯有苦心孤诣，方可虽远必诛

秦朝疆域面积为三百四十七万平方千米；汉初疆域面积为两百六十七万平方千米；汉武帝刘彻将疆域扩展至五百八十六万平方千米，为汉初的两倍以上，有效活动范围更是达到一千万平方千米以上。

汉朝东抵日本海、黄海、东海暨朝鲜半岛中北部，北逾阴山，西至中亚，西南至高黎贡山、哀牢山，南至越南中部和南海。

汉武帝不仅奠定了中华民族的早期版图，更是在此基础上开辟了丝绸之路，将中华文明向世界传播，最终影响了全球文明史的进程。

第四章 | 西汉（一）：唯有苦心孤诣，方可虽远必诛

ᓚ 01 战争的成本，高到触目惊心

好战必亡，是因为很少有政权能承担战争的成本。在我们的印象中，游牧文明在与农耕文明的冲突中一直处于优势，这里有多个方面的原因。

首先，最主要的原因是农耕文明需要长时间的积累与沉淀，建立一座大厦旷日持久，而摧毁可能只需要一瞬。就和玩战略游戏一样，游骑兵一旦冲进了自己的主基地，毁田杀民，自己苦心经营的一切就烟消云散了。而游牧民族逐水草而居，是流动的，只要他们一息尚存，就能卷土重来。

其次，骑兵对步兵有碾压的优势。这在古代不仅是力量的悬殊，更是在于骑兵灵活的作战能力。在靖难之役中，朱棣能够在劣势下翻盘，最主要的原因是朱棣驻守北方，培养的游骑兵机动性远超步兵，可以直接忽略掉对沿途城镇的占领而以最快的速度直取中央，这就颠覆了对常规战争的认知。

最后，农耕民族与游牧民族在后勤补给上不同。游牧民族因善于就地取材，后勤补给的压力相对较小；而对农耕民族来说，即使是常规的行军打仗，后勤工作也是所有将领的噩梦。兵马未动，粮草先行，后勤辎重的运输在战争中的重要性往往排在第一位。古代战争，多数以弱胜强的战役都是烧毁敌人粮草，一旦后勤补给线被摧毁，军队离覆灭就不远了，只能撤退或者投降。

在中国古代战争中，动辄五十万大军，然而里面一大半都是运粮的民

夫和后勤人员，没有几个政权能够供养五十万职业军人。

粮草供应的成本高到离谱，但没有后勤补给，军队便会即刻崩溃。《梦溪笔谈》中记录，在战争中三个民夫供应一个士兵，而他们能活动的半径不超过六百四十千米，还不够今天长沙到广州的距离，一旦超过六百四十千米的活动半径，每增加一千米，运粮成本便会翻倍增加。距离越远，路上耗费就越多。而汉武帝时代向西部推进了三千千米以上，是沈括推算数据的近五倍！

长途粮草运输，运送一份军粮到前线，通常需要准备十份以上，因为一路上民夫和运粮的马匹、驴都需要吃东西。在道路畅通的前提下，民夫手提肩扛全程步行，一天的极限是四十千米；如果用牲口，能提高运输的数量，但是牛马的食量更为巨大，往往得不偿失。

一般来说，供养七万军队需要三十万民夫，那么这三十七万人就不能种地。而古代一个农民大约劳动一年可以提供四个人的粮食，加上农民自己吃的，三十七万大军就至少需要十二万农民才能保障后勤供给。但是农民凭什么把种的粮食都给军队？如果是十税一，就至少需要一百二十万农民；即使是十税五，也至少需要六十万农民……这样就够了吗？远远不够。

02 古代战争的秘密

冷兵器时代，我们看到在残酷的战争中，最前排的战士往往无惧生死。在攻城战中，面对巨大的威胁，暴雨般的箭矢，甚至沸油烈火，士兵们还是不怕死地登城。这是为什么？因为这些士兵知道只要自己奋勇杀敌就能得到奖赏。在古代，国家的概念没有深入人心，国家稳定要靠严酷的法令和政治动员，但只有这些还不够，要让将士们保持持久的动力，就必须有重赏。当兵的也不是傻子，王公贵族光享受权利，不履行义务，醉生梦死、酒池肉林，却让士兵们出生入死，没有士兵能信服。

在历代王朝，士兵杀敌都会享受厚禄。士兵立功的方式一般有三种：斩首、夺旗、先登。

斩杀敌人获得首级是普通士兵晋升的最佳途径。从秦国开始，斩杀敌人首级到一定数量，即可加爵一级。这一制度带来了轰动性效果，往往被历代所沿用。那么加爵在秦国有什么好处？

秦国军功分为二十级，从低到高分别为：公士、上造、簪袅、不更、大夫、官大夫、公大夫、公乘、五大夫、左庶长、右庶长、左更、中更、右更、少上造、大上造、驷车庶长、大庶长、关内侯、彻侯。

有了爵位，国家每年都会发放俸禄，就可以吃皇粮了，最低有粮五十石，最高可到一千石，但爵位的好处不仅仅是这些。最低等的公士只需杀敌一名获得的奖励就让人垂涎欲滴：田一顷、宅一处和仆人一个。越往高处走越能彰显尊贵，如果到了大夫就可以"刑不上大夫"，可以见官不拜。

而在汉朝，除了上阵杀敌，国家还将爵位作为一种"商品"，百姓可以用粮食购买爵位，但一个普通的农夫需要辛苦劳作八年以上才能买到一个爵位。所以对士兵们来说，取一首级一夕之间就能取得十年之功，其收益率远比辛勤劳作来得高，而且还能获得荣誉和地位，士兵们自然奋不顾身。这也是阶层跨越的最佳途径。

也因为这种巨大的诱惑，一些道德败坏的军士通过斩杀老百姓来冒充敌人首级，或者在打仗时毙敌后为争功而相互残杀，或者杀敌一人，砍下首级就火急火燎地跑到后方去报功，但是能够先杀伤敌军的都是勇猛的士兵，他们全跑后面去了，导致全军溃败。

后来军功记录制度做了诸多改革，如记录小队功绩、整体奖励、设立专门的人员清算杀敌数量等举措，这才规避了诸多漏洞。

而先登（即第一个攻上敌人城头的勇士）的奖励更是足以让士兵们疯狂。明将李如松在攻打平壤城前夕为了激励士气，宣布在攻城时先登可以获得赏银五千两。在明朝，一两白银的购买力差不多相当于2022年的六百元人民币，五千两就是三百万元人民币。先登收益丰厚，人生从此截然不同，而且还能光宗耀祖。所以，在古代有专门的先登部队。

士兵通过斩杀敌人可获得荣誉和利益，而朝廷则需要付出相当大的代价来保证士兵的荣誉和利益。打了胜仗，朝廷需要拿钱出来；打了败仗呢，花钱也少不了。

给阵亡将士的抚恤金也是一大笔钱，朝廷不能省。因为朝廷必须凝聚人心，否则将士寒心，将不再给朝廷卖命。对阵亡将士，朝廷有各种方法表达慰问，如加封女眷，从县君到国夫人；恩荫子弟；赐予钱财、宅地。当然，最实际的就是给阵亡者家属钱财，如宋朝给死于战争的普通战士家属三匹绢，并免除徭役三年；如果战死士兵家中有鳏寡孤独的人，朝廷还会供养。

所以，仅在军队后勤、将士封赏、抚恤金等方面朝廷就下了血本，这还不算在工程和装备上的巨大开支。武器护具、营帐大车、衣物旗号、建筑材料、锅碗瓢盆、斧锹锯镐……更是一个天文数字。

从最基础的皮甲到铁甲，没有一个便宜的。以汉朝为例，汉朝普通士兵的制式武器主要有环首刀、汉弩、玄甲、汉戟和钩镰等较为先进的武器。环首刀是为了迎合骑兵部队的劈砍方式而产生的；汉弩的设计锻造技术比秦时期进步很多，且射程一百五十米到三百米；玄甲是将一千八百四十二片铁片用绳子连接而成，重达三十斤，防御力可以说是非常强了；再就是汉戟，这是给士兵们击刺、钩刺、格挡对方武器用的,极大地增强了士兵的攻击力。

这样的装备当然强悍,但生产所需的物力、财力在物资匮乏的古代绝对是一笔不小的开支。从秦朝开始,将士的装备全部是标准化打造。朝廷多次征调全国工匠进行集中打造,一方面所耗费的物资成本远远高于粮草,另一方面,作为手艺人的工匠比普通农夫酬金要高得多。

打造装备所需物资的具体数目基本上查不到了,但这个数目必然占整个国库的一大半。在古代,职业士兵和其他人口的比例一般达到 1∶20 就已经是极限了,多了就必然是乌合之众。

正因为战争的成本巨大,所以没有哪个皇帝敢轻言战事。当年宋军被西夏打败,一万多名士兵全部阵亡,宋神宗在朝堂上直接崩溃,对着文武百官失声痛哭,乃至夜夜哀号,年仅三十八岁便抑郁而终。当我们看到战争的成本时就能理解宋神宗的痛苦了,相当于我们攒了数十年的钱打这一仗全没了,一生的成果就此葬送,谁受得了呢?

03 远征匈奴,有多难

大多数皇帝一生打上一两次仗就已经到了国力的极限,结果汉武帝在位五十四年打了四十三年的仗,几乎没有消停过。虽然汉朝没有因此亡国,但汉武帝往往成了历代皇帝的反面教材,当某朝太子按捺不住说自己未来要征讨四方时,太傅往往一声怒喝:"殿下是要学汉武帝吗?"

汉武帝亦成了"暴君"的代名词。司马光在《资治通鉴》中说:"孝武穷奢极欲,繁刑重敛,内侈宫室,外事四夷,信惑神怪,巡游无度,使百姓疲敝，起为盗贼，其所以异于秦始皇者无几矣。"

我们都知道战争的成本高，而汉武帝时期的战争成本更是远远高于历代。

为了降低战争成本，很多时候会有人取巧。比如军粮，最好的方法是就地征调，一下子省掉了百分之八十的人力成本。当然，就地征调往往就成了打劫，走一路抢一路，军队直接变成了暴徒大军。更夸张的是，士兵抢不到吃的就拿人做干粮……还有的军费都拿不到，军队直接屠城抢劫，就当作对士兵的犒赏。

汉武帝时期远征匈奴，超长距离奔袭，沿途都是荒漠、草原、戈壁，没有任何就地征调粮食的可能，即使剿灭了匈奴的部落，也什么物资都没有。

但是汉武帝的难题对匈奴来说却是优势。北方草原除了盛产马匹，还盛产牛、羊。当中原民众因为要使用牛作为生产工具而对耕牛倍加爱护时，匈奴却将牛肉作为日常食品。匈奴骑兵的军粮也是风干的牛肉。具体做法是将一头牛杀掉，取出数百千克的牛肉进行风干，变成一二十千克的牛肉干，方便随身携带。

牛肉富含的蛋白质、氨基酸，比猪肉更接近人体所需，提供的热量远比稻谷、粟米高得多。一名匈奴骑兵随身携带的一包牛肉干能吃上数月之久，根本不必额外配备后勤保障人员。

匈奴骑兵就是依靠这种高热量、营养全面的牛肉干屡屡南下侵犯中原。他们骑着马，机动能力是步兵的数倍以上，步兵跑也跑不过，追也追不上。而匈奴骑兵打得过就抢，打不过就跑，所到之处一片狼藉，生灵涂炭。

汉朝历任皇帝只能打落牙齿和血吞，花钱买平安。但汉武帝知道，要打败匈奴必须建立汉朝铁骑军，否则永远只能望着匈奴军队绝尘而去的背影叹息。

04 虽远必诛的背后

建立铁骑军迫在眉睫,但中原王朝的普通百姓并没有养马的习俗,因为养马不适用、不划算,谁都不会傻到用马去犁地。

汉朝刚建立时,整个朝廷都找不到四匹颜色相同的马,可见马有多稀缺。从汉文帝时期开始,朝廷就苦心经营养马,并颁布了马复令,鼓励民间养马。马复令规定,凡是养殖一匹马的农民,可以免除家里三个人的兵役,甚至可以用捐马的形式来给自己赎罪。律法禁止民间屠杀马匹,盗马贼会被直接处死。汉景帝时期将养马作为朝廷支持的核心项目,专门设置了三十六所养马用的牧苑,并继续鼓励民间养马。

而汉武帝更是花了血本,大幅提高马的价格。把一匹马的价格从五千钱的正常水平提高到二十万钱,刺激了百姓养马的积极性。同时实行官马民养的举措,即朝廷将母马借给百姓,三年后每十匹母马额外归还一匹马,其余生下的马则归百姓所有。

但是中原豢养的马匹在力量、爆发力、耐力、身高上都不如草原上的良驹,这相当于仗还没打就已经输了一半。对将驱逐匈奴作为毕生事业的汉武帝来说,马是当务之急。

《射雕英雄传》中提到的汗血宝马原产于土库曼斯坦,也称大宛[1]马,这种马在各个方面都远胜于中原马。汗血宝马的极限速度是日行两百千米,是普通马匹的两倍多。

不仅如此,汗血宝马是在艰苦环境中作战的利器。它非常耐渴,即使在五十摄氏度的高温下,一天也只需饮一次水,因此特别适合长途跋涉。

在张骞两次出使西域带回的有关西域诸国的情报中,最吸引汉武帝的就是关于大宛马的传说。

公元前113年,有一名敦煌囚徒千辛万苦在当地捕得一匹汗血宝马献给汉武帝。汉武帝得到此马后欣喜若狂,称其为天马。汉武帝亲自作《天马歌》咏之:"太一贡兮天马下,沾赤汗兮沫流赭。骋容与兮跇万里,今安匹兮龙为友。"

但仅有一匹汗血宝马是没有用的,汉朝不清楚汗血宝马的确切来源,也无法据此改变中原马的品质。现在,张骞带来的信息让汉武帝终于明确了改变国运的宝马在大宛。

汉武帝花了血本,打算用金马换宝马。公元前104年,他命车令为使,带千金及一匹黄金铸成的金马去大宛国首府贰师城换汗血马。结果大宛国王不干,使臣空手而归。不仅如此,大宛国王还见财起意,在使臣归途中杀了汉使,抢了金马。

这下大宛闯了大祸,汉武帝一要报仇,二要良驹。同年,汉武帝命李广利率兵远征大宛。

汉朝第一次对大宛的攻打极其惨烈,这让汉武帝第一次明白了远征的

---

[1] 大宛(dà yuān),古代中亚国名,位于帕米尔高原西麓,锡尔河上、中游,也就是今乌兹别克斯坦费尔干纳盆地。

代价。大宛在今天的中亚地区，已经超出了狭义的西域范畴。汉军在冬季出发，寒冬的风雪落到了前进的汉军军士头上。在必经之路上还有风沙漫天的雅丹地貌白龙堆，加上翻越帕米尔高原支系山麓所引发的各种身体不适与头痛发热，汉军在路上就已经士气低迷。

不仅如此，汉军在艰难的环境下根本无法收集草料和粮食，不得不沿途杀牛马为食。结果失去畜力的汉军更加被动，再加上战车和攻城武器不断丢弃，汉军的处境极为困难。李广利被迫在车师[1]附近的高昌壁安置了一部分伤病员，并留下部分人马保卫后路，然后带领剩下的兵马继续前进。

当时的汉朝还远没有形成"天威"，进入西域之后，沿途的各国皆作壁上观，即使李广利拿出重金，各国也不给他们提供粮食。

汉军一路又饥又渴，当他们抵达郁成城时，人员从四万多人减到了一万人，并且这些人也已经是强弩之末，根本攻不下城来。李广利无奈之下准备撤退，汉武帝听闻后大发雷霆，派使者拦守玉门关，若李广利军队敢进玉门关，立即斩杀！李广利害怕了，只能留驻敦煌。

如果不能取得对大宛的胜利，远征匈奴就是一个梦。而且在汉朝与匈奴的战争中，西域紧靠匈奴，西域各国都是墙头草，如果汉朝连大宛都打不赢，就无法对西域形成威慑，谁都不会拿汉朝当回事，在未来的战争中，西域必然会与匈奴暗中勾结，让汉朝左右临敌。

经过两年的准备，汉武帝再次出兵大宛，六万军士带有牛十万头，马三万匹，驴、骆驼数以万计。他们所带粮食充足，兵器、弓箭等极为齐备。

第二次出征，汉朝还增派甲卒十八万人到酒泉和张掖以北驻守，并征调大批粮草辎重供给汉军，驱车载运的人众络绎不绝赶往敦煌。此外，汉朝还

---

[1] 车（jū）师，西域城郭国。

授任两名会相马的人为执驱马校尉，准备在攻破大宛后选取良马。

这一次，汉朝队伍庞大，兵强将勇。西域沿途各个小国慑于汉朝的威严，纷纷开门迎接，并拿出粮食供给汉军。这一次做好了充分计划的汉朝军队再也不是两年前的疲惫之师，不费吹灰之力就血洗了大宛的盟友轮台国，并包围了大宛的城池。在攻城四十多天后，大宛臣民眼看毫无胜算，于是趁内乱杀死国王，打开城门求和。

汉军在大宛挑选了约三千匹好马，策立了大宛的新王，顺利回到长安，沿途西域各国皆表示愿意成为汉朝的属国。汉朝从此开始设置了酒泉都尉，掌管西域事务。从酒泉到罗布泊都设置了瞭望哨，还大规模建设烽燧和驿站。使者都尉这一职务也出现在了官职表上，统一管理在外活动的使节。

得到大宛马的汉武帝欣喜若狂，当即把大宛马改名为"西极马"，赐予"天马"的桂冠。

得到大宛马仅仅是让汉武帝有了远征匈奴的基础，是一次准备工作，但仅仅是准备工作就已经让汉朝耗费无算。

征讨大宛的第一次战役让汉军损兵折将近三万，这对于三千六百万人口的汉朝来说已经是严重损失。第二次汉军的主力是六万人，到达大宛境内的汉军有五万人，沿途驻扎及因走失、疾病、缺水而死者依然超过万人；汉军在从大宛得到了三千匹马后，归途中再次遭遇连续的雨雪恶劣天气，回到玉门关的汉军只有"万余人，马千匹"。

得到了大宛马，汉朝就有了构建机动部队的基础，但是仅有这些还是远远不够的。

05 大一统伟业的创造者

很多人认为，是汉朝的文景之治让汉武帝有了讨伐匈奴的基础。这样看很不全面。

汉朝的赋税是人丁税、田赋和徭役。在田赋上，汉朝开国之时为十税一，文帝时是三十税一。在汉朝初期是没有商业税的，汉武帝初期商人豪强富可敌国，但国家仅粮草较为丰富。想靠十税一或者三十税一就完成将国家的疆域成倍拓展的任务，任何一个皇帝都想这么干，但很多皇帝仅仅完成了不到汉武帝一成的功业就已经亡国了。

要打仗，钱从哪儿来？出于这方面的考虑，历代都有史官说汉武帝不该打匈奴。的确，汉武帝打空了整个国库。那如果不打呢？那就每年只需拿出很少的国库积蓄去收买国力远不如汉朝的匈奴，每年给匈奴贡献美女和财宝。即使匈奴欲壑难填，在拿到岁供后依然南下侵袭，但损失毕竟是有限的，毕竟只有北方少数地区受到了侵害，多数地区会平安无事。这些史官们说得对不对？

但凡这样想的民族已经在地球上消失了。对国力弱小的匈奴尚能妥协，还有什么是不能妥协的？汉武帝对家人无情，对臣子无情，被人评论为暴君，但事实上他是中华民族的英雄，也是当之无愧的千古一帝。他代表了中华民族永不妥协和锐意进取的崇高精神，中华文明因有汉武帝这样的英雄才更辉煌、灿烂。

豪言壮语谁都会说，却没有人会去打一场胜败难料的仗。要远征匈奴，该怎么做？

古代有九成的帝王都是简单地加税征饷，大一统王朝虽在动员能力上有巨大的优势，可在王朝的中后期，官僚体系不仅将动员的效率大幅降低，且任何一次加税最终都会变成劫贫济富，让普通百姓倾家荡产，官员们却大发横财，最后帝王的伟业还未完成，全国已经烽烟四起。

而汉武帝走出了一条与众不同的道路，最终完成了大一统的伟业。

第五章

西 汉 （二）

汉武帝与资本的战争，终将永垂史册

> 要歼敌于万里之外，钱从哪里来？在中国的古代王朝中，要国库充盈，大致有两种模式。一种是传统模式，古代中国是农业帝国，要搞钱自然是让农民多缴税，于是辽饷、练饷……层层加码，官逼民反，最终只能君王死社稷。另一种模式注定是孤独的、坎坷的，即向资本开战。

第五章 | 西汉（二）：汉武帝与资本的战争，终将永垂史册

01 豪强是怎么壮大的

汉晋时期的豪强和明清时期的士绅几乎是同一种人。他们借助朝廷政策的漏洞，占有大量的土地，在经济上具有强大的实力；他们人脉广泛，在政治和舆论上影响朝政，甚至掌握了强大的话语权。他们把持地方行政机关，作奸犯科而无所顾忌。

在汉朝，豪强的影响力有多大？吴楚七国之乱时，周亚夫兵到河南，发现叛军竟然没有与洛阳大侠剧孟联络，大喜过望，说："吴楚举大事而不求孟，吾知其无能为已矣。"周亚夫认为，七国造反没有联合剧孟就已经失败了一半。在周亚夫看来，剧孟具有极强的社会动员能力，七国造反不去联合他，可见七国见识浅薄，难成大事。

然而，这种豪强远不是所谓的侠，他们不像陈胜、吴广、李自成、洪秀全等人有拯救天下苍生的政治口号，他们只是依附于现有制度之下的黑恶势力。

豪强集团最早兴起于春秋战国，他们依附贵族，非常盛行。在秦统一天下的过程中，伴随着对六国贵族统治的摧毁，秦始皇也对豪强进行了强力打击，"徙天下豪富于咸阳十二万户"。在一系列政策打击下，豪强集团开始土崩瓦解。但是到了汉初，伴随着"无为而治"大氛围，地方豪强势力很快死灰复燃。

文景之治时期，天下休养生息。政府不收商业税，这让地主豪强有了高

速发展的机会。尤其是盐商和矿商：一个煮水为盐，产品关系到国计民生；一个亡命般地盗铸钱币，扰乱国家金融秩序。他们势力强大后就开始兼并土地，勾结官府。

在西汉时期，土地兼并的速度非常快，一方面是因为政府放任不管，另一方面是因为生产力低下。经过秦末的混战，老百姓家里能够养牛的已经很少，导致汉初耕牛价格飞涨，超出了普通农户的承受能力。普通农户只能向豪强租借耕牛和犁具，这就加快了土地兼并的速度。

土地兼并一旦形成，代表武力的豪侠、代表权力的官府、代表财力的富商、被金钱所豢养的知识分子最终将形成一个整体，对中央集权形成巨大威胁。如果不制止这股风气，中央政权就会像东周的天子一样——国小、民寡、财微，中央集权可谓名存实亡。

豪强以自己的私德取代法律，以个人的好恶形成评判标准。《史记·游侠列传》记载，老百姓不对豪强行礼，豪强没有让狗腿子杀了所谓的"无礼之人"，周围人就评价豪强有道德。豪强为了私人恩怨践踏法律，杀人无数，周围人就评价豪强有勇气。这是多么可怕的社会！

02 汉武帝的历史使命

汉武帝说："汉家诸事草创，加四夷侵陵中国。朕不变更制度，后世无法。不出师征伐，天下不安。为此者不得不劳民。若后世又如朕所为，是袭亡秦之迹事。"一代人需要完成一代人的事，汉武帝明白自己的历史使命。

汉武帝时期，匈奴派人来求亲，张汤表示强烈反对，但有一个叫狄山的博士[1]却反驳张汤,他说自己是愚忠,张汤则是诈忠。于是汉武帝让狄山去匈奴边陲地区为官,狄山刚去了一个月就被匈奴砍了脑袋。

汉朝初年,朝廷给匈奴送了大量的绢帛、女人、钱财,可是匈奴照旧屠杀汉朝子民,抢夺畜产。当委屈不能求全时,汉武帝知道到了该使用武力的时候了。

剿灭匈奴就是汉武帝的历史使命。要歼敌于万里之外,钱从哪里来?在中国的古代王朝中,要国库充盈,大致有两种模式。一种是传统模式,古代中国是农业帝国,要搞钱自然是让农民多缴税,于是辽饷、练饷……层层加码,官逼民反,最终只能君王死社稷。另一种模式注定是孤独的、坎坷的,即向资本开战。

汉武帝选择向资本宣战,第一招:盐铁政府专营。

卫青讨伐匈奴,收复河套地区,汉武帝从关东迁徙百姓屯田戍边,以此来维护汉朝在新开发地区的统治。百姓搬家产生的一切费用均由朝廷承担。雪上加霜的是,关东发生水灾,汉武帝下令开仓赈济灾民。军事打击、屯田戍边、安置降兵、赈济灾民等种种措施导致汉朝财政严重亏损,入不敷出。

在大臣桑弘羊的建议下,汉武帝下令禁止商人私自经营盐铁,盐铁以后由国家进行销售。此举彻底斩断了汉朝豪强的敛财之路,他们群起反抗,但汉武帝采取了强硬的手段。他在长安闹市杀了一批违反禁令的投机商人,并坚定地推行盐铁专营政策。

盐铁专营是一项壮举,后世历朝历代纷纷效仿汉武帝,把盐铁经营权牢牢握在朝廷手中。汉武帝在全国推行均输法,下令各郡设均输盐铁官,将上贡物品运往缺乏该类货物的地区出售,然后在适当地区购入长安需求的物

---

[1] 博士,秦汉官名,掌管书籍文典,通晓史事。

资。此法既能解决运费高昂的问题，又可调节物价。桑弘羊对此曾赞扬道："山东被灾，齐赵大饥，赖均输之蓄，仓廪之积，战士以奉，饥民以赈。"

有人诟病汉武帝的盐铁专营政策，认为是与民争利，但我想问："汉武帝到底在与哪个民争利？"

汉武帝用盐铁专营产生的利润远征匈奴，解边陲之民于倒悬。在古代培养一个骑兵如同今天培养一名飞行员一样昂贵。钱从哪里来？以往的盐铁商人富可敌国，难道他们会做公益给老百姓钱？他们挣了钱会去组织骑兵剿灭匈奴吗？

正是汉武帝时期对盐铁的集中管理，才让金属冶炼的技术有了根本性进步，朝着规模大、人员多、设备齐全的方向发展，到西汉中期已能用反复锻打的方法打造出早期的百炼钢。河北满城汉墓出土的刘胜佩剑便是这种正在形成的百炼钢工艺的早期产品。

军工技术提升，最终得以民用并全面推广。到西汉中期，灰口铁已经普遍使用于农具，具有硬度低、脆性小、耐磨等特点；由于规模的扩大，在价格上也比汉初便宜。这些是资本与豪强能做到的吗？

第二招：征收资产税。

历朝历代很少有人敢收资产税，因为会得罪身边所有人。但汉武帝规定，富豪、贵族、商贩、高利贷者，各自计其所有，自行报价计钱。在当时，这项政策被称为"算缗"。"缗"就是丝的意思，是穿钱用的绳子。在当时，一缗钱或者说一贯钱是一千个铜钱，朝廷要求缴纳百分之六的资产税，即上缴六十钱。

汉朝的物价一般为：一顷田是一万钱，一头牛是五千钱，一辆运输车是五千钱。

如果是经营手工产品的工匠，则按照四千钱为纳税标准，每四千钱缴纳一百二十钱，税率约等于百分之三。同时对北部边境地区的私人运输工具也征收财产税，普通人一部运输车缴纳一百二十钱，商人缴纳二百四十钱，五丈以上的船只，每艘也须缴纳一百二十钱。

这个税率高不高，大家心里有数。但原来不收税，现在居然要收税，大家满肚子不高兴。汉武帝的创新举措引起了轩然大波，从朝廷到地方，从上到下，群起而攻之。且上有政策，下有对策，商人们纷纷把钱藏起来。可是汉武帝的坚定让他们失算了，他坚定地推进告缗制度。

告缗是什么意思？打个比方，如果我是一个小偷，到一个富户家里去偷钱，结果发现富户有一个地窖，里面藏着十万钱，那我就不需要偷了，直接到官府去告富户，富户的一部分资产就合理合法地归我了。

由此可知，告缗即鼓励平民互相揭发偷税行为，以偷漏税款的一半作为赏赐。当然，因为统计手段的缺乏和执政能力的落后，在汉朝每个人家里有多少资产只能采取一个模糊的算法，但这也是没有办法的事情。富户的房子到底值多少钱，说值十万钱也可能，说值八万钱也可能，所以在当时必然也产生了一些冤假错案。正因如此，汉武帝的资产税被广为诟病。

第三招：统一国家的金融政策。

汉武帝先后进行了六次币制改革，基本解决了汉初以来一直未能解决的币制问题。一方面稳定了金融，另一方面也将地方的铸币权重新统一于中央。六次改革后，三官五铢[1]的发行一举解决了困扰西汉金融多年的私铸、盗铸钱币问题，汉武帝的币制改革至此取得了较大的成功。

---

[1] 公元前113年，武帝下令由上林三官（一说钟官、均输、辨铜，一说钟官、技巧、辨铜）铸造五铢钱，故亦称"上林三官钱"。这种钱质量较好，私铸无利可图，从而达到了统一钱币的效果。

此后，汉武帝发行了两种货币，一种是白金三品[1]，另一种就是白鹿皮币[2]。

白金三品还有真实价值，而白鹿皮币完全就是瞎扯。汉武帝规定这种白鹿皮币价值四十万钱，老百姓也不傻，一块白鹿皮哪里值四十金？但是汉武帝发行白鹿皮币本来就不是要去收百姓的钱，而是收富庶诸侯王的钱。当时西汉诸侯王每年都要进献玉璧，汉武帝规定：进献的每块玉璧都必须用白鹿皮币垫着，不然就是大不敬。

这种方法诸侯王不得不听从，只得花钱去购买白鹿皮币。这让汉武帝从各地诸侯那里弄来了一大笔金钱，以支撑帝国的军事行动。

第四招：将爵位作为一种商品进行买卖。

汉朝的爵位不是具有行政效力的官，更多的是一种荣誉。在秦朝需积累军功获取爵位的制度上，公元前123年，汉武帝开始公开出售一种叫武功爵的爵位。汉武帝设置了十七个等级，开放出售前八级，第二级为铜钱十七万枚，所需钱随等级递增而增加，共值三十余万金。

汉武帝的武功爵位挣的是谁的钱？普通百姓谁能拿出十七万钱？

汉武帝通过一系列政策创造了中华民族的不世伟业，开辟丝绸之路让中华文明走向世界。

---

[1] 所谓白金三品是指：圆形龙币，重八两，价值三千；方形马币，重六两，价值五百；椭形龟币，重四两，价值三百。

[2] 汉武帝之时，汉苑多鹿，就收集鹿皮做币材，价值四十万钱。

第五章 | 西汉（二）：汉武帝与资本的战争，终将永垂史册

03 江河所至，皆为汉臣

汉武帝在位初期，国库能调动的财力十分有限。汉朝的权贵利益集团聚敛了绝大部分社会财富，霸占了国家大部分利益。一面是权贵豪强酒池肉林、田连阡陌；另一面则是"贫者无立锥之地"。权贵奢靡、奸商暴富、市场混乱、国弱民贫，这就是外表华丽富裕的汉王朝，在匈奴的快马强弓面前不堪一击，只能靠女人和财物苟且偷安。

汉武帝利用酷吏监督豪强地主；建立十三州刺史，专门防止土地兼并的出现；推出了迁茂陵令，将豪强迁至茂陵，抑制其发展；不许豪门聚族而居，不允许官员在本乡任职。

权贵都希望碰到崇祯帝朱由检那样的糊涂人，皇帝穷到衣服恨不得打补丁，征税就征农户。而权贵的地窖中藏满了金银，坐看国家被十万铁骑征服仍闷声发横财，最终被农民军的夹棍打得哀号不止，却始终不曾改变本性。

汉武帝的时代不属于富豪与资本，为了解除边患、抗击匈奴，汉武帝大幅提高军人的薪金待遇，让军人们"先富起来"。汉朝边防军的最低工资是每月六百钱，而军区统领则高达每月一万六千钱。薪水之外还有补贴，如汉武帝巡视北方时，一次犒赏边防军就达一百万匹丝绸和二百万钱。

汉剑出鞘，必定饮血；剑锋所指，皆为疆土；马踏匈奴，封狼居胥。这是一个让人热血沸腾的时代，汉朝因汉武帝而光彩夺目，中华民族也因汉武

帝而骄傲。

有了汉武帝时期所打下的基础，汉宣帝时期疆土连通西域、军队大破西羌，国威之盛甚至超过了武帝一朝，历史上称作"孝宣中兴"。此时汉朝疆土面积达到最大，活动面积达一千三百万平方千米，东起白令海、日本海、黄海、东海、琉球群岛及朝鲜半岛中北部，北逾阳山，西至中亚，西南至高黎贡山、哀牢山，南至越南中部和南海。

汉宣帝立下定胡碑[1]："凡日月所照，皆为汉土；江河所至，皆为汉臣！"

可以说，从汉武帝时期开始，中国追逐大国梦想的脚步就没有停歇过！而汉武帝与资本的战争是古代中国的传奇，以三十税一远征匈奴，开疆拓土，谱写汉朝的不朽史诗！

---

[1] 汉宣帝时期，汉军打败匈奴，匈奴内乱不止，其中呼韩邪单于带领一部分匈奴人向汉称臣，永远做汉朝的外藩，剩下的匈奴人远迁中亚和内陆地区。汉宣帝为了纪念此事，立下定胡碑。

第六章
东　汉

皇帝与门阀的九百年战争

从汉朝到唐朝，历经近九百年的皇权与贵族之间的战争最终以皇权的胜出落下帷幕，至此中国进入真正的大一统的中央集权时代。

第六章 | 东汉：皇帝与门阀的九百年战争

～ 01 刘秀的困局

公元 25 年，刘秀终于迎来他人生中的巅峰期，在河北鄗城（今河北省邢台市柏乡县）称帝，之后又花费了十一年平定四方。

可是，当了皇帝后刘秀才知道，皇帝这工作太不好干了，还不如做个小贵族逍遥自在。收不上来税，没有财政收入，导致财政入不敷出，皇帝太穷了。

东汉是一个崭新的王朝，可是东汉刚建立就仿佛已经进入暮年，垂垂老矣，面对困局左支右绌。

东汉由豪强建立的庄园经济非常发达。什么是庄园经济？就是以豪强为中心，向外兼并一个区域的所有田地，还垄断了人口，整个区域的农民都成了豪强家的奴婢。豪强有田、有人、有钱，形成一个完全封闭的经济体，和国家的税务体系没半点关系，俨然和西欧中世纪的封建领主一样，各自为政。刘秀虽身为皇帝，却拿这些豪强没办法。

任何一个政权要有财政收入，就要征税，就需要统计户口，需要更多的农民登记在国家户籍中，以备缴纳田租赋税、服兵役和修建边塞军事设施、建造宫殿等劳役。可在东汉，根本就没什么在编户口，人是有不少，但基本都属于豪强地主的私产，和国家没关系。不到百分之一的豪强贵族占据了全国百分之九十以上的农田和百分之六十以上的人口。

严格意义上来说，这个时候都不是大一统的中央集权王朝，而是"半封建制半奴隶制"社会。在当时的观念里，奴婢根本不算人，主人可以找个借口随意处死奴婢，心肠好点的主人还会赔点钱，多数豪强处死一个奴婢与杀头牲口区别并不大。

东晋时石崇宴请宾客时，如果宾客不喝酒，石崇就把端酒的奴婢斩杀，一直杀到宾客喝酒为止。结果后来碰到个狠人——大将军王敦，他根本无所谓，石崇连杀数人，他都不为所动，就像石崇是在打死蚊子一样。

谎报田产、瞒报人口是豪强地主的日常工作。要知道，刘秀也是豪强起家，这些事情他门儿清。地方官和豪强相互勾结，各种数据随便伪造；而对农民，不仅丈量土地，还把房舍、里落都作为田地丈量，上报充数，现在国家的赋税、徭役等重担全落到他们身上了。豪强越来越富，农民越来越穷。最后逼得农民把心一横，卖身为奴，依附地主豪强日子还好过点。

这种恶性循环导致国家控制的人口越来越少，豪强控制的人口越来越多；田赋、人头税、徭役——支撑国家经济体系的三根支柱刘秀一根都搞不定。

如果时间倒退一百年，这个问题在汉武帝时期是很容易解决的，朝廷直接发文就可以了，一纸号令就可以让财富在三百万钱以上的巨富豪门一律迁徙到京城附近的茂陵；如果还不够，那就再发一纸号令，向全国的豪强征收资产税。

可是今日不同往日，现在的朝廷远不能和汉武帝时期相比。汉武帝之后的多个皇帝，对豪强都是妥协和收买。经过一百多年的发展，现在的豪强可不单单是有钱，许多大地主还拥有武装，号称大姓兵长。他们兵强马壮，将自己的庄园修建成堡垒，足以和朝廷相抗衡。他们从自己的奴婢中招募兵丁，让他们在从事生产的同时也进行军事训练，战时便以部曲形式投入战斗。

一个小庄园主的豪强俨然把自己的领地打造成了一个小国家,豪强自己就是"皇帝"。

要知道,刘秀最后夺取东汉政权事实上就是地主武装的胜利,而刘秀只是他们选出来的代言人而已。这些武装势力仅是承认刘秀的皇帝身份;或者说,刘秀是实现了"形式上的统一"。豪强再进一步就是军阀,所以在东汉衰亡之后,"豪杰多附绍,州郡蜂起",国家迅速进入割据的状态。

02 世袭的权力

面对这个局面,刘秀怎么办?要知道,刘秀本身就代表了豪强的利益,所以能将大家顺利联合起来,才能登基称帝。可如果任凭豪强继续发展,再过几年,自己就是一无所有的"周天子"了,到时候寄人篱下,说是皇帝,还不如说是豪强的门客。

要改变这个局面,就要面对一个首要问题:怎样找到可用的人才去改变?

这个问题困扰了中国古代王朝九百年。要知道,在汉朝,官吏任命是举荐制或考察制,即先由丞相、列侯、刺史等推荐,经过考核合格后授予官职。最早的时候是举孝廉,大家觉得谁是孝子、谁道德高尚就推荐谁当官。

好吧,一听就知道这个方法不靠谱。汉朝的官员本来就远离民间,难道他们每天下了班就到田野乡间去蹲着发现人才?而且所谓的举荐制根本没有标准,官员当然是和谁关系好就举荐谁去当官,最后必然是任人唯亲。

汉武帝有效地打击了豪强,但是很可惜,汉武帝只能打击一时,没有从根本上解决问题，科举制度在七百年后才被发明出来。但如果不打仗、不计算军功，皇帝怎么知道谁是有用之才？官吏从哪来？中央政府的管理体系如何搭建？

这个问题汉武帝自己也不知道。于是，在没有有效的官员选拔机制之前，任人唯亲是人性的必然，这最终导致了权力的世袭。阶层完全没有流动性，豪强不仅有钱，而且权力代代相传，最终像滚雪球一样越来越大，形成对皇权的强大威胁。他们在汉朝叫豪强，在魏晋南北朝叫士族，在隋唐叫军事贵族集团。

而此时刘秀面临的问题就是，朝廷的官员和地方豪强是一伙的，可能有些官员还是豪强举荐上来的，想要革他们的命太难了，也许他们觉得革刘秀的命胜算还更大点。而且全国都是庄园经济，今天动了张三，明天李四、王五马上就知道朝廷下一个就要拿他们开刀。东汉时期豪强拥兵自重，你要搞我，我就先下手为强，最后谁做皇帝还不知道呢。

但刘秀不甘心碌碌无为。公元39年，他下令度田，即要求各州、郡丈量土地。果然，政策刚发布就搞不动，度田成了政治运动。在推进中，刘秀接见了陈留郡派来的官吏，看见他手里拿着写有"颍川、弘农可问，河南、南阳不可问"的木牍。刘秀不明白是什么意思，追问他，他不肯回答，却说木牍是在路上捡来的。刘秀火冒三丈，最后才搞清楚，原来很多地方，如颍川、弘农集中了规模化的豪强，地方官根本不敢丈量土地，否则就是自寻死路。

刘秀不信邪，杀了一批不愿出力的官吏，结果全国马上动荡起来。豪强开始带兵甲请愿，这还是好的；更多人汇成比较强大的武装力量，他们攻杀地方官吏，遇官兵前来镇压便像鸟兽一样散开，一旦官兵离开又聚集在一起。这些斗争以青、徐、幽、冀四州最为激烈，给东汉王朝以极大的震动。

刘秀眼看着再继续搞下去，就不仅仅是收不到税的问题，而是自己的命都保不住。面对这种局面，刘秀一筹莫展，最后不得不做出让步，度田草草收场，不了了之，随后眼睁睁地看着豪强不断坐大。

开国皇帝刘秀都妥协了，更不用说后来的皇帝了。

03 贵族共和时代

豪强的势力不断壮大，最终发展成军阀。东汉末年，袁绍等世家大族迅速发展，中央对地方逐步失去控制，地方豪强把国家军队变成自己私人的家兵部曲，借以扩大自己的军事实力，雄踞一方。

司马炎建立晋王朝，不是靠军功获得皇权，而是靠收买士族，大肆给他们好处，保障士族永远富贵，最后共治天下。至此，中国进入门阀政治时代。所谓门阀政治，就是国家选拔官吏只看家世出身，门阀士族垄断了政府的官职。而门阀士族又通过大族之间互相联姻在统治阶级内部构成了一个稳定的贵族阶层，并逐渐形成一整套特权制度。

整个晋朝可以说是中国古代的贵族共和国时代，皇帝与贵族共享权力。当一个社会失去阶层流动性时，最终的局面是各个阶层失去追求，荒淫奢靡之风盛行。

因为士族阶层不需要努力就能永远拥有财富和权力，出生即是巅峰，要奋斗也没有目标；而庶族只能浑浑噩噩，因为没有上升空间，奋斗一辈子也没用。土地是财富的象征，普通人发现几代人努力都买不起一块地，而富豪子弟含着金汤匙出生，永远不愁吃喝，整个社会就会失去发展动力。

在统一天下之后，司马炎开始享受奢侈的生活。他在位时后官有万人以上，嫔妃多了，连他自己也搞不清晚上应该到哪个嫔妃处过夜为好，于是想出了一个空前绝后的招数。他命人制作了一辆羊车，羊车停在哪个嫔妃处，他就在哪里过夜。

上行下效，大官僚何曾每天的膳食就要花费万钱以上，吃一碗倒掉一百碗，还老是埋怨没有可吃的东西。他的儿子何劭更胜一筹，每天的膳食费高达二万钱。著名大诗人阮籍的侄子阮咸一生都沉醉在酒里。他用大盆盛酒，让一群猪来饮酒，自己还和猪一同共饮。

类似这样极端颓废、放荡的例子在司马氏集团中比比皆是。例如司马炎到王济家做客，对一道蒸小猪赞叹不已，王济得意地揭开谜底：原来小猪是用人奶养大的！

晋朝巅峰时期，王恺与石崇斗富，轰动朝野。王恺在家门前的大路两旁夹道四十里用紫丝编成屏障，谁要上王恺家，都要经过这四十里紫丝屏障。这个奢华的装饰轰动了洛阳城。石崇成心想压倒王恺。他用比紫丝更贵重的彩缎铺设了五十里屏障。

王恺恼羞成怒，向晋武帝要了一株两尺多高的珊瑚树向石崇炫耀。结果石崇冷笑一声，把珊瑚树砸得粉碎，随后一群随从搬来了几十株珊瑚树。在这些珊瑚树中，三四尺高的就有六七株。珊瑚树株株条干挺秀，光彩夺目。至于像王恺向晋武帝讨要的珊瑚树，那就更多了。周围的人都看呆了。王恺这才知道石崇的财富比他不知多出多少倍，于是只好认输。

翻看历史资料，可以知道晋朝士族的钱已经多到不知道怎么享乐了。这一时期，人们都注重打扮自己，他们总是被描述成外形俊朗、肤色白皙的人物。那时有美得到现在都常被人提起的超级大帅哥潘安，有美得被人看死的明星卫玠。王羲之见到杜弘治时赞叹："面如凝脂，眼如点漆，此神仙中人。"这是当时通行的士族审美标准。抹粉熏香是一个优秀男人必须做的事。出门之前，他们一定要抹得面如白玉，熏得香气扑鼻，然后才信心十足地握着拂尘找人清谈，只有打扮和清谈才是他们一天中最重要的事情。

当然，晋朝时一个人如果生活在上流社会，那生活真的是天天都泡在蜜里；可是普通人却是命贱如蝼蚁，可以随意被士族杖毙，吃不上饭，所以才有了晋惠帝的惊天一问："何不食肉糜？"[1]

上层穷奢极欲，底层民不聊生。西晋只存在五十多年就被外族锤爆，自此中国进入长达三百多年的分裂时期。但黑暗中也孕育了希望，中国同时进入民族大融合时代。西晋亡后，残存的司马家族南渡建康，开启了东晋王朝；琅琊王氏则成了士族代表，与皇室势均力敌，从此，开启了王与马共天下的局面。

04 黑暗孕育了希望

只看东晋时期的君臣交流，都不知道谁是君谁是臣。东晋第三位皇帝晋成帝在给王导的手诏中总是用"惶恐言""顿首言""敬白"之类的词语。他还亲自驾临王导的府邸，礼敬王导的妻子。正月初一王导上朝时，成帝都要起立相迎。

---

[1] 晋惠帝时期，有一年发生饥荒，许多百姓没有粮食吃，因此被活活饿死。晋惠帝听说后，问左右："百姓无粟米充饥，何不食肉糜？"（百姓肚子饿，没米饭吃，为什么不去喝肉粥呢？）

在东晋王朝中，皇帝已经成了一个吉祥物，于政局无足轻重，权力在有限的几个世家大族中来回转，皇帝随时可以被士族废掉。

所谓的贵族共和制度到底好不好呢？历史很快给出了答案。

南边的东晋王朝是士族治理天下，苟延残喘了一百零三年；而北方长期处于割裂与战乱之中。然而一旦北方回过神来，就会以摧枯拉朽之力毁灭南方政权。虽然南方的经济比长期战乱的北方强得多，但不管用，因为南朝[1]继承了几百年的腐朽制度，而北朝[2]却不断在战乱中焕发生机。南方是真正的国弱民强，而这个"民"仅仅是指有限的贵族集团。

北朝做了一件腐朽昏聩的南朝无法做到的事情，而这件事情决定了最后的成败。北方长期战乱，一方面很多早期的士族最终消失，另一方面有大量荒芜田地出现。于是北魏开始搞均田制，给老百姓分田地，这样国家就有了大量登记在册的人口，进而产生税赋，农民不再属于贵族阶级。

均田制能够推行下去，是因为统治者有铁腕手段，谁不听话就杀谁，谁阻挡改革就送谁下地狱，不需要与士族妥协。

在此基础上，公元589年，隋军势如破竹地攻入建康，俘虏陈后主，统一了全中国。

隋朝统一天下，但核心问题依然没有解决，就是皇帝如何治理天下，怎样改变权力的世袭局面，怎么安排自己的权力结构，总结起来就是皇帝如何巩固皇权。如果没有合适的人才推荐机制，贵族阶层必然死灰复燃，再次结成铁板一块。

---

[1] 南朝承自东晋，有宋、齐、梁、陈四朝。
[2] 北朝承自十六国，有北魏、东魏、西魏、北齐和北周五朝。

第七章
魏晋南北朝

战乱三百年，争夺中华文明的正朔

> 传统的中原文明并不等同于儒家文化，而是孔子及儒家的思想文化被后续历代统治者所吸收与优化，打造出的一整套礼仪、思想、制度与价值观的古代管理秩序。

第七章 | 魏晋南北朝：战乱三百年，争夺中华文明的正朔

01 是蛮族的征服还是归顺

鲜卑族是继匈奴之后在蒙古高原崛起的中国古代游牧民族。

公元386年，鲜卑人拓跋珪建立北魏，定都盛乐，也就是今天内蒙古自治区的和林格尔县。

北魏经过五十三年的努力，征服后燕，大破柔然。公元439年，北魏第三位皇帝拓跋焘，先后平灭胡夏、北燕、北凉等国，结束了长期战乱，将中国北方的大部分地区统一起来。

如果这一段历史发生在欧洲，历史学家一定会写道：蛮族的征服。但是在中国，历史的走向却完全不同。

公元493年，拓跋宏（孝文帝）下令迁都洛阳，迁都后，拓跋宏迅速实施了一系列政策，全面而激进地推行中原文化与制度：学习汉语，在朝堂之上禁止说鲜卑语；将鲜卑族的鲜卑复姓改为单音汉姓，拓跋宏自己带头，改名为元宏；大力提倡鲜卑人与汉人通婚；所有的礼仪，小到丧葬婚嫁，大到朝堂制度，全部改用汉制，并大量任用汉族官吏；无论是鲜卑族还是其他少数民族人民一律改穿汉人服装，朝廷百官必须穿汉族官吏朝服……

拓跋宏的一系列措施，引起了鲜卑贵族的强烈不满，但是他不为所动，铁腕推进，决绝到有官员在朝堂上讲鲜卑话，即刻遭免职。

在世界历史上，这一幕只会在中国出现。武力强大的民族征服了其他民

族后，却学习被征服民族的文化，而放弃自己民族的语言和文化。人们会心生疑惑，到底是谁征服了谁？

02 什么是中原文明

拓跋宏，鲜卑族优秀的政治家、改革家，也是中华民族的杰出英雄。

自公元304年刘渊左国城称汉王，一直到公元589年隋朝统一全国，这个长达二百八十五年的大分裂时代，也被人称为血的时代，战乱与纷争似乎是历史的主线，很多王朝从建立到覆灭往往就几年时间，中国北方先后建立了二十多个政权。

长期战乱，致使人民流离失所，生活朝不保夕。但也就是在这近三个世纪的时间里，中华文明得以重塑与新生，全面焕发出生机与力量。

毋庸置疑，拓跋宏是极其优秀、敢于改革的政治家，不过在乱世里，如他一般优秀的皇帝层出不穷，他们可能出身不同、文化不同、年代不同，但都有一个共同的想法：谁能真正学会中原文化，并融会贯通，谁就是华夏文明的正朔，就可以结束战乱，统一河山，建立强大的帝国。

那究竟什么是中原文明呢？

儒家文化被很多人认为是中原文明的根基，如孝文帝迁都洛阳后，立即表示"尊孔"，下令加紧修建孔庙祭孔，又拨付孔子后裔土地与银钱，并鼓励所有人祭祀这位文化的开创者。

在今天，人们对儒家文化的态度可以说是众说纷纭。很多人认为儒家的思想依然具有很强的先进性，甚至要求小朋友学习古代的儒家思想、文化与礼仪。也有很多人认为儒家思想是糟粕与毒草，认为近代中国的落后，尤其是 1840 年后被列强所欺凌，都是拜儒家文化所赐。

但我们看任何一件事物，都不能脱离时代的背景，儒家文化究竟好不好要结合时代背景来看。

首先我要说的是，传统的中原文明并不等同于儒家文化，而是孔子及儒家的思想文化被后续历代统治者所吸收与优化，打造出的一整套礼仪、思想、制度与价值观的古代管理秩序。

儒家文化诞生的时候，孔子和同时代的诸子百家，在思考我们应该有一个怎样的社会制度，而同期的欧洲还拜倒在"神"的脚下。

几百年后，西汉将儒家文化当作建立核心秩序的思想基础，而这时的欧洲却选择信奉上帝，开启了教廷与王权的长期纷争。

在全球历史上，中华文明能长期处于世界之巅，这是因为儒家文化匹配了大一统的政治纲领，提供了系统而高效的管理秩序和伦理依据。

所以匈奴、鲜卑、羯、羌、氐等少数民族之中的优秀统治者们，都非常清楚，想要真正建立一个长治久安的大帝国，就必须要系统而完整地学习中原文化。

03 为什么会出现五胡十六国

在古代，400 毫米等降水量线将中国分割成了两个完全不同的世界，400 毫米等降水量线基本与长城吻合。

这条线以南的气候与土壤，适于种植，建立的基本都是农耕型的大一统帝国，管理方式是编户齐民，追求的是礼法与秩序；这条线以北适合畜牧，人们无法在一个地方长期定居，采用的是部落联盟制，一旦遭遇天灾就无法保证温饱，就会南下抢劫，他们崇尚的是武力。

而自东晋开始，有几件事情改变了这种格局。

第一，竺可桢写于1972年的《中国近五千年来气候变迁的初步研究》一文指出，中国迎来了一个近三百年的降温期，气温快速变冷。

对古代中国的王朝来说，气候温暖的时候往往容易出现盛世，而在气候寒冷的时候则容易出现乱世。这是因为气候温暖的时候，北方的游牧民族水草肥美，完全可以自给自足，用自己生产的动物制品和中原交换盐铁等产品，犯不着到中原去抢劫，毕竟抢劫虽然收益高，但风险也高，搞不好命就没了。

而一旦到了气候寒冷的时候，游牧民族不仅找不到水草，搞不好牛羊都被冻死了，既然自己都要被饿死了，游牧民族就会铤而走险，袭扰中原。

而魏晋南北朝的三百年，就是游牧民族"抢也得抢，不抢也得抢"的时候。

第二，马镫出现了，这可以说是中国的第五大发明，改变了世界。

西汉时，发明了布马镫；三国时期，有了单马镫；而晋朝，双马镫开始广泛地运用于军事。

没有马镫的时候，骑兵要一直抱着马的脖子不让自己摔下来，有了马镫，骑兵的战斗力猛然增加数倍！

马镫最大的功能是可以解放双手，骑兵可以靠双脚控制平衡，在马上冲、刺、劈、击，大大提升了骑兵战斗力，真正做到人马合一。

这个发明，是非常不利于农耕民族的。在中原文明的技术没有突破前，或者说没有有效的组织前，正常情况下农耕民族是打不过游牧民族的，一是游牧民族身体素质好，二是草原出产良马。马匹对于农耕民族来说只是身份的象征，而对游牧民族来说，是普遍的生产资料。而马镫的发明，进一步拉大了游牧民族和农耕民族的战斗力差距。

第三，腐朽的西晋篡魏而立，"得国不正"，这点和靠盛世武功建立王朝的秦汉甚至三国的魏蜀吴都完全不同。

晋武帝本身出于士族，其家族经过长期发展，早就形成庞大的权贵集团。西晋时期，政治黑暗，官员贪赃枉法，贿赂横行，最终和世家大族搞成了一个"贵族联邦政体"；皇权式微，内部问题都无法解决，更别说面对虎视眈眈的游牧民族。

西晋末年，司马家族想依靠分封诸侯弹压各地士族，结果爆发"八王之乱"。在这个背景之下，匈奴、羯、氐、羌以及鲜卑五个少数民族内迁，开始疯狂地劫掠。

当时的西晋，接连爆发流民起义，再加上士族腐朽无能，皇权衰落，简直不堪一击，很快就被游牧民族打得落花流水，中原大地烽火四起。匈奴几乎控制了整个中原。西晋灭亡，五胡十六国的大分裂时代到来了。

04 是劫掠还是建立帝国

此时，针对几乎是权力真空的中国北方，游牧民族想抢劫，是非常容易的，但是很快就有一个问题摆到了他们面前。

是抢劫后带着丰厚的战利品回到草原，还是留下来统治中原？如果是统治中原，是持续抢劫，还是建立一个帝国？

游牧民族的部落联盟制，是完全无法在中原地区进行有效管理的。除非将整个中国北方变成大草原，才能继续实行原有制度。否则怎么办？让农民逐水草而居、迁徙种田？

此外，这个时候的中国北方，汉族的人口依然占绝大多数。

此时，距离公元前221年秦始皇统一中国已经过去了五六百年，中原文化早已深入人心，几乎所有有才能、有雄心壮志的游牧民族统治者，无一例外地都选择了一个方向：宣称自己才是中原文化的继承者，是华夏文明的正朝，并如痴如醉地学习儒家文化。

这一幕非常诡异，可以说，作为"入侵者"的游牧民族，对中原文化的虔诚与膜拜，远远地超过了当时由汉族王朝组成的南朝。

05 佛教广为流传

南北朝时期，因为人民饱受战乱之苦，宗教迅速成了人们的安慰剂，佛教在这个时候广为流传。

在南朝，佛教的教义与推崇清谈和玄学的士族阶层快速结合，成为他们风靡一时的信仰和广为流传的"时尚"。佛教的兴盛程度远远超过了儒教与道教。到了梁武帝时期，南朝寺庙多达三万座，僧尼超过三百万人。

而梁武帝带头信仰佛教，差点将佛教定为国教。他不仅亲自做监理，修建了十多座大型寺院，而且主持开办了多场大型的水陆法会、无遮大会，使得佛教救苦救难的形象，很快就在民众心中树立了起来。为了表达自己的敬佛之心，梁武帝居然异想天开，四次舍身入同泰寺修行，甘愿为僧众服务。

而每次都是群臣花一亿钱，才把他给请回去。四次舍身，给同泰寺带来了四亿钱的巨额收入。

可是佛教在北朝，一度受到冷遇。

北魏太武帝拓跋焘听说佛教盛行，了解佛教的宗旨和盛行缘由后勃然大怒，开展了长达七年的灭佛运动，烧毁佛经、捣毁佛像。太武帝发动灭佛的原因是寺院不用缴纳赋税，出家人可以免除徭役，如果大家都出家了，北魏的"统一天下的宏图伟业"谁去完成？大家都听佛祖的了，谁听皇帝的？

但是这并不是最重要的，最重要的是：佛教是印度胡人传过来的文化思想，北魏自认是华夏文明的正朔，信仰的是儒家文化，怎么可以信奉胡人的旁门左道？

这一幕在北周武帝宇文邕在位期间也同样发生过，他专门举行了七次辩论大会，最后定儒家为先，道教为次，佛教为后。

但是北周武帝还不满足，觉得如果这样，自己信仰华夏文明不纯粹，于是下诏说，佛道两家经像皆毁，沙门道士一律还俗为民，全部佛教财产散发给臣下，寺观塔庙分赐给王公。这就是灭佛令！

在一度认为是华夏文明正朔的南朝，印度传过来的佛教广为流传，风头压过了儒教和道教，皇帝带头舍身入寺修行；而被南朝认为是胡人血统的北朝，却坚定地认为自己才是华夏文明的正朔，绝对不允许胡人的宗教在自己的地盘传播，因为儒家文化才是纯净的文化。

公元304—589年，是长达近三百年的大分裂时代。如果一定要在狼烟四起的历史长河中，找到一条主线，那就是胡人思考与探索如何成为中原人并学以致用，努力成为华夏文明正朔。

06 匈奴人刘渊，意图统一华夏

第一个出场的是匈奴人，他说自己姓刘，叫刘渊，是汉朝的继承人。因为匈奴的冒顿单于与大汉和亲，迎娶了大汉宗室的公主，所以冒顿单于就是大汉的女婿，而自己就是大汉的后代。

刘渊的确是汉朝文化的铁粉，他从小生活在洛阳，饱读诗书，对《史记》《汉书》倒背如流。虽然是南匈奴单于的孙子、左贤王的儿子，但刘渊从来都认为自己比汉人还汉人。

公元304年，刘渊率领匈奴人自立为王，众将领说道："以陛下的雄才伟略，必然可以光复匈奴的伟业。"结果刘渊马上回复道："匈奴的伟业有什么好恢复的，我要学就学汉高祖，统一华夏！"

于是刘渊建年号为元熙，建造汉高祖以下三祖五宗的神位进行祭祀，追尊刘禅为孝怀皇帝……刘备没完成的梦想，居然差点被一个匈奴人就实现了。

接着刘渊采用汉朝官制，署置百官，任命右贤王刘宣为丞相，以崔游为御史大夫，左於陆王刘宏为太尉……

刘渊，可以说是五胡十六国里面第一个对汉朝文化推崇备至的人。他认为，只要自己打起了汉朝的旗帜，再加上自己的雄才武功，自然可以统一中原。

哪里有这么简单的事情。

华夷之辨，胡汉矛盾，游牧文明和中原文明的冲突已经持续数千年，你说你是汉帝之甥、汉帝之弟你就是了？别人凭什么信你？刘渊自己推崇汉朝文化，可部属和子孙们信奉吗？他们完全不理解这一套。

刘渊的继任者刘曜，根本不吃这一套，直接改国号为赵，再也不愿意祭拜大汉宗室，而是重新认祖归宗，变回了冒顿单于的后代。

于是，匈奴的血性复活了，他们仍用部落头领的那一套来管理中原，纵情声色、嗜杀成性。

刘聪抓到晋怀帝后，让他在自己的宴会上做服务生，为自己端茶倒酒，所有的中原旧臣看到皆失声痛哭。刘聪勃然大怒，认为汉朝依然是民心所向，一刻都不能容忍，便诛杀了晋怀帝。

刘渊建立的汉赵政权，注定就长久不了，汉赵政权存在不过仅仅二十五年。这个政权让胡汉矛盾更为尖锐，加剧了民族仇恨。

匈奴人失败了，他们所谓的恢复汉室仅仅是做了一个样子，用的仅仅是汉朝旗号，干的却还是游牧民族的事。

07 羯族石勒，推开汉化的那扇大门

第一个真正想学习大汉文化，进行胡汉融合，进而统一全国，勉强可以称得上乱世英雄的人，是羯族石勒。公元 319 年，石勒建立后赵政权。

石勒可以说几乎恢复了汉朝的制度。在军中时，他就专门设立了以汉人为主的参谋部。在统一大半个北方后减租缓刑，开办学校，核定户籍，重新制定度量衡，促进北方经济发展。

石勒重视文化教育，在各地设立太学，以明经善书的官吏作文学掾，选了部下子弟三百人接受教育。后来，石勒又在襄国增置宣文、宣教、崇儒、崇训等十多间小学，选了部下和豪族子弟入学。石勒曾亲临学校，考核学生对经典的理解，成绩好的就奖赏。

但是这些就够了吗？我只能说还远远不够。

因为基于农耕文明的儒家文化和基于草原文明的部落文化，实在是差异太大了，思想、伦理完全不同，胡人完全不懂或不理解汉人的礼法……仅仅一个皇帝，改变不了局面。

让习惯了放牧、打猎甚至是抢劫的部落，去和编户齐民的民族和平共处，几乎是做不到的，因为这是两种不同生活状态的民族。石勒可以约束自己，但并不能约束自己的部属。毕竟羯族军事部落是自己的基本盘，万万不能得罪。

一边是代表了自己军事权力的草原部落，一边是代表了自己所向往的农耕文明和未来的雄心，石勒只能在中间找平衡。

几百年来，草原部落长期越过长城抢劫，中原人对他们的厌恶与痛恨由来已久，而胡人又必然对此心生敏感而多疑，这种矛盾难以调和。

羯族夺取了北方政权，对汉人称呼他们为胡人极为羞愤，由此石勒制定了一条法令：无论说话写文章，一律严禁出现"胡"字，违者问斩不赦。

作为统治阶层，羯族依然改变不了欺压其他民族、动辄抢劫的本性，胡汉矛盾，常常一触即发。

根据《十六国春秋》记载，有一次，石勒召见地方官员，当看到襄国郡守樊坦穿着打了补丁的破衣服来见他时，他很不满意，劈头就问："樊坦，你为何衣冠不整就来朝见？"樊坦愤恨地说道："一帮羯贼将臣的家财洗劫一空，连衣物都抢掠去了，害得我只好褴褛来朝。"他刚说完，就意识到自己犯了禁，急忙叩头请罪。

这也充分说明，胡人本性难改，依然忘不了自己的老营生，喜欢抢劫，喜欢以暴力解决问题，从草原来到了中原，看到什么都喜欢动手抢过来。

那石勒有什么办法呢？没办法，这种民族矛盾和文化差异，想要融合必须经历漫长的时间。

08 雄才大略却又有妇人之仁的英雄

如果说五胡十六国时期的皇帝，刘渊可以打十分，石勒可以打三十分，而前秦的苻坚就可以打到八十分以上了。

苻坚是一个真正有雄才大略的皇帝。他灭前燕、平前凉、攻伐西域三十多国，真正实现了中国北方的统一。

苻坚是氐族人，却是一名汉学家。他自小熟读经史，即位后最重文教，每月亲临太学，考问诸生经义。他曾经说自己的目标是道德上要不逊于周公孔子，实践上要超越汉武光武。

苻坚撰写的文章诏书至今还留有二十篇，这些文章诏书里的文字华美典雅，韵味十足。可以说对儒家文化中"仁"的理解和学习，古代的帝王很少有可以超越苻坚的。

他想要真正实现孔子所说的"以德服人"。他一边计划攻打东晋统一全国，一边已经在朝廷里为东晋君臣留好位置、修好府邸，要模仿"兴灭继绝"的周朝。对周边部族的攻伐，他没有杀掉任何一个亡国之君。不仅如此，每灭一国，都会让该国的宗室成员入太学，让他们学习汉人的儒学经典。

无论是对汉族还是对少数民族，苻坚都做到了真正的"仁政"，在十六国皇帝中应该算是做得最好的。苻坚俘虏了慕容冲却不肯杀，同时安排慕容暐与慕容垂君臣入朝为官。无数人劝他消除隐患，但他始终不为所动，而这最终也酿成大祸。

苻坚绝对是一个另类，后世对苻坚的评价，几乎是清一色的赞誉有加。所有史书对他的记载，几乎都是正面的：励精图治、重用能臣、整顿吏治、广招贤才；抑制豪强、开垦荒田、开发山泽、休养生息；祭祀华夏先贤，广建太学，学校兴旺……

在苻坚统治下的前秦，几乎已经看不出胡人政权的影子，老百姓安居乐业，民谣说道："长安大街，夹树杨槐。下走朱轮，上有鸾栖。英彦云集，诲我萌黎。"

周思源认为苻坚有三大贡献：一是统一中国北方，使百姓不受军阀割据混战之苦；二是大力提倡汉文化，促进中国北方文化交流与民族和平融合；三是平定西域，延续了从汉代开始的中原政权对西域的管辖和影响。

如果没有淝水之战，苻坚的成就，堪称完美。

公元375年，苻坚最核心的谋臣王猛去世，死前留下遗言说，晋朝虽然僻处江南，但为华夏正统，而且上下安和。臣死之后，陛下千万不可图灭晋朝。鲜卑、西羌降伏，贵族贼心不死，是我国的仇敌，迟早要成为祸害，应逐渐铲除他们，以利于国家。

苻坚放声痛哭，但内心深处想必对王猛的话感到非常不爽。因为在苻坚看来，自己才是汉帝国的继承者，是华夏文明的正朔，治国才能、人品与军功都是偏安一隅的东晋司马家族完全无法比拟的。

他们有什么资格配得上华夏文明的正统？的确，苻坚的才能，比起任何一个司马家族的皇子，强的不是一星半点，而是完全没得比。

如果一定要说苻坚的不足，朱元璋在近千年后评价他说："坚聪敏不足而宽厚有余……所谓匹夫之勇，妇人之仁也。"对于动辄杀功臣的朱元璋来说，苻坚确实是宽厚有余。我无法说宽厚有余究竟是苻坚的优点还是缺点，但作为一个皇帝来说，这是他毋庸置疑的短板。后世普遍认为，淝水之战还没打，苻坚就已经输了，因为他太宽厚有余了。

苻坚认为自己仁爱地对其他民族——无论是汉人，还是匈奴、鲜卑、羯、氐、羌——就可以让各个民族亲密无间地融合起来。但是民族的融合，不是任何一个君主靠个人能力可以短期内完成的，只有长时间的积累才能做到。

苻坚公元357年登基，公元383年兵出东晋，在淝水之战中失败，中间只有短短的二十余年。这二十余年，前秦快速扩张，拿下了整个中国北方，几乎所有的部族全部归附。他的军队，是真正的"多国部队"，是一大锅夹生饭，各族人马都有。如果说要找到里面的基本盘，是找不到的。当然，苻坚不这么想，他认为自己应该是中原共主，人心归附。

短短二十多年，各民族根本没有什么所谓的融合，大家各怀心思，根本没有什么共同的"大国梦"，也不想搞什么统一，更不想打仗，所以淝水之战前的御前会议，反对的声音一浪高过一浪。

前秦部队号称百万大军，结果各军队相互推诿。勉强凑够二十万人，作为先锋部队抵达前线，而东晋部队只有八万人，打起仗来前秦部队却是一触即溃，兵败如山倒。

雄才伟略的苻坚，为什么败得如此狼狈？因为没有政治基础或者说没有群众基础，军队中各个民族的人同床异梦，根本不想打仗。

要知道，苻坚统率的这些部族，前几年还在互相攻伐，现在却让他们团结一致，为统一去流血牺牲，这是不可能完成的任务。

苻坚只是简单地将各民族放在一起，将各个部族聚集在他的麾下，依托他的个人魅力与军事才能来维系统治。

在宽容和平等的背后，各部族该做什么还是做什么，苻坚依然是以"部落联盟制"的模式管理中原地区，各民族并未实现有效融合。

所以，在苻坚淝水之战失败之后，很快就回到了老样子，所有的部族再度分崩离析。刚被统一的鲜卑、羌等部族酋豪一刻都不愿意等，纷纷举兵反叛，建立割据政权。

苻坚对敌人宽厚，敌人却没有对他宽厚。苻坚很快被羌族围困，为了避免被别人侮辱，忍痛杀了自己的两个女儿，而他自己则被绞死于新平佛寺内。至此，前秦政权覆灭。

苻坚的口号是"混一六合，以济苍生"，终究是没有实现。

09 均田令

再次看到统一的曙光，已经是约一百年后的北魏孝文帝时期了。

如果说苻坚可以打到八十分，那孝文帝拓跋宏绝对可以打到一百分。因为除了迁都改制等，拓跋宏执政期间还完成了重建华夏文明的最关键的一步——均田令。

苻坚没有让各族有共同的大国梦，而拓跋宏的均田令就完成了这一步。拓跋宏奠定了坚实的经济基础，统一已经是势在必行，只看是由谁完成了。

公元485年，冯太后以孝文帝的名义将北魏所掌握的土地和大量的无主荒地分配给各族人民，农民向政府缴纳租税，并承担一定的徭役和兵役。

均田令概括起来如下：男子十五岁以上授露田四十亩，女子十五岁以上授露田二十亩，奴婢男妇授露田数与上述同；丁牛授田为每头三十亩，限四牛；所授之田都以两倍之数给百姓，以供轮休，如果属于耕一年，休两年之地，则给三倍；人老时免交租赋，死时田地归还政府。注意最后一句话，也就是说：土地为国家所有，不得买卖。

这一法令，从根本上获得了民心，也改变了从东汉时期开始恶化了几百年的土地兼并。

均田令是南北朝时期从分裂走向统一最关键的一步。这样一来，不管原来是什么族，不管原来是做什么的，现在都成了北魏政府下的编户齐民。

以户为单位来管理人民，叫作编户。同时废除过去部落、氏族或地方贵族的长老、族长等"野生领袖"，所有人统统是政府的臣民，叫作齐民。总称"编户齐民"。

编户齐民是大一统管理的基础，而经济条件就是农耕文明。在游牧部族文化中，人员是流动的，年景好就放牧，年景不好就抢劫，是不能出现"编户齐民"的，这也是农耕文明与草原文明的最大差异。

所有人都扛起锄头种地，民族差异就会随着时间的流逝慢慢消失。如果说孝文帝的文化改革奠定了华夏正统的思想，那么均田令造就了经济基础，让整个北方再度快速回归农耕文明。

孝文帝心怀"仰光七庙，俯济苍生"之志，却于公元499年积劳成疾而逝世，年仅三十二岁。在他之后，北魏再度分裂为东魏和西魏，但他所制定的一系列政策都被沿用了下来，均田令也一直执行到隋唐时期。中国北方，从文化到经济，已经不可逆地汉化了，统一仅仅只是时间问题。

后世很多人认为孝文帝的民族融合政策过于激进，导致三十五年之后北魏再度分裂。其实我认为孝文帝的最大问题是寿命太短了，年仅三十二岁就已经去世，如果他能多活一二十年，历史将完全改写。完成统一大业的也许未必是孝文帝，但就极有可能是北魏。

孝文帝和秦始皇一样，对一切都很自信，结果没有想到早早就离世，甚至没有安排好自己的身后事，当然也没来得及巩固自己的功业。

孝文帝开启了真正的民族融合时代，打造出草原与中原两种文化的二元型政权。

他的改革，如果一定要找问题，那就是将六镇排除在门阀之外，没有做好权力平衡，导致他们没有动力去有效地拱卫中央集权。但还是那句话，如果再有十年的时间，孝文帝不会留下这个历史隐患。

10 中国强大的基因来自哪里

在孝文帝去世四十二年之后，杨坚出生在北周。

杨坚是一个汉人，是东汉太尉杨震十四世孙。而他的妻子独孤伽罗，是鲜卑人，北周太保独孤信第七女。可以说，杨坚具备一个非常合适的身份。最终，结束近三个世纪战乱的统一大业落到了杨坚的头上。这，就是另外一个故事了。

此时的北方地区，已经经过了三百年的胡汉融合。杨坚还可以查到族谱，但是作为很多普通人来说，早就分不清楚谁是汉人谁是胡人了。活动于中原地区的匈奴、羯、氐、羌等族，已经和汉族完全融合在一起。而北方的政权，除军事贵族，也由游牧部族转移到了传统自耕农手中。自西晋末年以来的民族矛盾已经趋于缓和，民族之间的对立已经不复存在。

或者可以说，这些民族已经全部被吸收进全新的中华民族。到了唐代，新的胡人是突厥、回纥、靺鞨族、吐蕃、六诏，而以前传统的五胡都找不到了，因为他们都已经成为"新汉人"了。

三百年的战争与分裂，从五胡十六国到南北朝，这段历史对于中国的意义是什么？可以说，没有这三百年的融合，就不会有绚丽到夺目的盛世隋唐。

盛唐，和宋明是完全不同的概念。比宋朝，大唐有强悍得多的武力与广阔空间；比明朝，大唐有更多的色彩与自由，完全开放地挥洒自己的个性；比元清，大唐有更广阔的自信与包容。

唐朝，完全吸收了农耕文明和草原文明的优势，有着农耕文明的制度优势和强大的生产力，管理高效，还有着草原文明强烈的进取心和优秀的机动性，这让大唐的军事能力和拓展能力无比强大，对边远地区也有着有效的控制。

唐太宗、唐高宗、唐玄宗等被称为"天可汗"，即天下之共主。强烈澎湃的自信，让唐朝成了全球真正的中心。贞观时期，各种肤色、各种语言的外国人无限崇拜地来到长安并长期定居。在鼎盛时期，七十多个外交使团，三万多名外国人，同时在长安学习。

大唐的疆域，最鼎盛时达到了一千二百五十万平方千米以上，但遗憾的是，唐朝已经达到了古代文明技术与管理能力的极限，而这也导致了唐朝的衰落。

看完这一段历史，我们就明白，为什么中国的历史和欧洲完全不同？中国的历史，为什么一定是分久必合？

089

在近三百年的乱世中，无论是北朝还是南朝，但凡是有想法的皇帝或将领，没有不想统一的。不仅仅是北朝屡次想统一中国，即使南朝有些浑浑噩噩混日子的皇帝，装也要装出想统一的样子来。衰落的东晋，以及偏安一隅的宋齐梁陈，固然国力远远不如北方，也先后发动了十二次统一战争。而北朝那些胡人建立的政权，更加努力地要证明自己才是中原文化的正统，要全力以赴地学习儒家文化。

可以说中国的统一，仅仅是一个时间的问题。

第八章
隋 唐（一）

那些权谋、制衡和猜忌，安史之乱的真正原因本来按照李隆基的谋算，自己没死之前，安禄山一定不会反。但是，李隆基错就错在让杨国忠当了宰相。杨国忠有李林甫的阴险，却没有李林甫的智慧，和安禄山根本不是一个等级的对手。李林甫能够制衡安禄山，而杨国忠绝对没有这个能力。

第八章 | 隋唐（一）：那些权谋、制衡和猜忌，安史之乱的真正原因

01 隋炀帝干了三件事

隋朝统一天下，短短二十九年后，公元618年，隋炀帝杨广被绞杀于扬州。李渊在逼迫隋恭帝禅位后正式称帝，唐朝建立，自此开启了中华民族最绚丽多彩的盛世王朝。而隋朝只存在二十九年就结束了，是历史上短命的王朝之一。

但凡王朝存在时间过短，历史上都不会留下什么好的记载，因为王朝都已经灭亡，谁还替它说好话？隋炀帝杨广给后世的文学家留下了大量的素材和遐想空间，各种野史尽情发挥想象力以博人眼球，尤其是重点描述杨广的荒淫无道，简直是"前无古人，后无来者"。

比如杨广修建了迷楼。所谓迷楼，意思是神仙在里面也要乐得迷路。这是杨广所修建的秘密淫乐场所，他派人从全国各地甄选美女送到迷楼里供他玩乐。杨广还下令皇家画工绘制无数春宫图悬挂在迷楼中。

翻看历史，将所有的想象和修饰去掉之后，隋炀帝杨广干的三件事情却是板上钉钉的。

杨广干的第一件事情是远征高句丽。一定要注意，这里的高句丽可不是今天的韩国，熊猫不是猫，高句丽也不是高丽。至南北朝时，高句丽在辽东地区已经营二百多年。他们是农耕民族，而不是游牧民族。他们依山修筑许多易守难攻的城池，鼎盛时期军队人数有几十万，可以说是枝繁叶茂、根深

蒂固。当时高句丽城池坚固，是中原王朝的强大威胁，远征高句丽是开启大一统王朝的必要任务，也是为了收复辽东地区汉朝时的固有疆土，而不是单纯的好大喜功。

所以，从隋文帝时期开始，中原王朝便多次攻打高句丽；到了唐太宗时期，李世民也屡次攻打，非要打下来不可，一直到公元668年，历经大半个世纪最终才搞定了这件事。李世民的治国与军事才能远高于杨广，这是事实。

杨广时期，隋军远征高句丽，三次惨败，死者达十之八九，根据记载就是在瞎搞。杨广下诏集结天下的军队，不算后勤部队的纯兵力就有一百万以上，要求无论南北远近，都要会合于涿郡。除了军队以外，另外长期来往在路上的有数十万民夫，这些人挤满了道路，昼夜不停，死者相枕，臭秽盈路，天下骚动。这导致隋朝人口锐减二百万。高句丽没有打下来，大隋已经烽烟四起，这成了杨广身死国灭的导火索。

在唐太宗时期，面对隋朝的历史教训，唐太宗说："炀帝无道，征辽东时，人们打断自己的手足来躲避出征与徭役。朕现在征高句丽，都是选那些愿意出征的人，募十得百，募百得千，据说一些没能跟随出征的人，都愤叹郁悒。"

远征高句丽时，唐太宗的车驾至定州，太宗亲自慰问生病的士兵，把他们托付给州县治疗。最后有很多人自愿以私装从军，都说"不求县官勋赏，唯愿效死辽东"。所以，无论怎么给杨广洗白，历史都是不能改变的。

杨广干的第二件事情是修建大运河。

修建大运河也是必须要干的事情。隋唐时期，长安和洛阳成了国家的中心，但北方经过长期战乱，民生凋敝；长江以南的地区在三国以后却相对平稳，几百年中得到了长足的发展，经济在全国占据重要地位。当时的荆州与

第八章 | 隋唐（一）：那些权谋、制衡和猜忌，安史之乱的真正原因

扬州非常富庶，整个南方成了全国鱼盐杞梓以及丝麻布帛的供应地。

可是黄河和长江都是东西走向，江南的物资通过内河航运根本到不了长安，而陆路运输的成本又是河道运输的十倍以上，于是修建一条南北贯通的运河，有效地把首都与许多经济重镇连接起来就成了头等大事。这件事情关系国家千秋大计，影响深远，杨广干了，李世民也在接着干。你可以说杨广在修建大运河时横征暴敛，但没有人能否认大运河的价值。

这项伟大的工程跨越地球十多个纬度，纵贯中国最富饶的华北平原和东南沿海地区，地跨南北八个省份，是中国古代南北交通的大动脉，在中国历史上产生过巨大作用，是让后世王朝稳定的一项核心工程。

杨广干的第三件事情是要他命的科举制度。

前两件事是隋朝灭亡的导火索。如果不搞科举制度，以当时隋朝的国力，杨广还可以继续作妖五十年，但是科举制度一搞，杨广就彻底没活路了。

公元606年，杨广迫不及待地设置进士科为朝廷输送新鲜血液，避免再次出现皇权旁落、贵族不断坐大的现象，这也标志着影响中国历史的科举制度正式诞生。政论文章是科举考试的主要内容，朝廷选出那些才华出众、文笔优秀的人才并对他们委以重任。第二年科举考试的科目已经增加到十科。

远征高句丽、修建大运河这两件事情劳民伤财，导致民生凋敝，老百姓怨声载道，但官僚贵族的利益没有损失，反而可能还有好处。而第三件事情得罪的是整个门阀阶层，威胁到贵族的权力，从上到下杨广都没有民意基础了，最终被以关陇贵族为首的门阀集团推翻。

王朝之痒

02 九百年的战争画上了句号

南方有士族，北方有门阀，只是不像南方盘根错节那么多年。

当年隋朝的建立与关陇贵族有着不可分割的关系。所谓关陇贵族，就是北周时代确立的八位柱国，每个人都赫赫有名：宇文泰、元欣、李虎（李渊的爷爷）、李弼（李密的曾祖父）、赵贵、于谨、独孤信（杨坚的岳父）、侯莫陈崇。

这八个世家纵横北方一百多年，严格意义上来讲，西魏、北周、隋、唐都是这八家来回争夺建立的。他们为着共同的利益，崇尚军功，交替支持，有斗争也有合作，是活跃在中国历史舞台中央的军事贵族集团。

杨坚建立隋朝时就对关陇集团深怀戒心。为了打压军事贵族集团，杨坚用心良苦，不断地提拔更有生机的中下层地主走上政治舞台，释放民间生产力，推动国家的改革发展。同时杨坚对府兵制进行君主直辖，最大限度地限制了关陇集团的权力。

但是，这些对传统贵族来说都不是最要命的，真正要命的是杨广所进行的改革。杨广开启了一个新时代，就是进行全新的政治结构的塑造，以科举制度选拔国家需要的人才，这将彻底终结贵族的权力世袭之路。因为以往选拔官吏都是大家坐在一起讨论，根本没有标准，相互给面子，怎么选拔都是在大家认识的几个人里面倒腾，现在可好，游戏规则完全变了。

第八章 | 隋唐（一）：那些权谋、制衡和猜忌，安史之乱的真正原因

杨广废除九品中正制[1]是适应历史趋势的官吏选拔制重大改革。中下层地主与贫寒子弟从此可以通过读书应考成为国家官员，一举扩大了人才来源和统治根基。

不仅如此，杨广还剥夺了大部分关陇集团贵族世袭爵位的特权。他下诏原有的王、郡王、国公、郡公、县公、侯、伯、子、男九等爵位，只保留王、公、侯三等，剩下的都废掉。

这几套组合拳下来就要了关陇贵族的老命，严重触犯了他们的利益。他们原有的军事、经济、政治特权被逐步剥夺殆尽。

我们要清楚一点，灭掉隋朝的军队绝非农民起义军，而是关陇集团组织的贵族军队。首先是关陇集团核心人物杨素的儿子杨玄感，他趁杨广第二次征伐高句丽时在黎阳起兵，关陇集团的后裔从旁支持。

随后星火燎原，关陇集团贵族加上农民起义军成为打击隋朝的中坚力量。公元617年，蒲山公李密和唐国公李渊相继起兵，割据一方，众多关陇世族纷纷加入其中。而此时的杨广本想靠远征高句丽增加自己的军功，没想到一次败得比一次惨。最终杨广意志完全崩溃，他彻底放弃，在离宫内整天饮酒作乐，颓废不堪，走上了不归路。

某种程度上可以说杨广是一个具有雄才大略的君主。他做的三件重要的事情从长远看都是对的，否则李世民也不会接着干。但奈何他眼高手低，过于急躁，最后功败垂成，被关陇集团反扑。开科取士这件事情李世民也在接着干，因为不这么干，最终完蛋的就是自己，君权必然再次旁落。

经过隋末乱世的战争，关陇集团已经开始整体崩溃，山东豪杰与科举寒门的加入加速了其瓦解进程。李世民有条不紊地推进科举制度。到武则天时

---

[1] 九品中正制是魏晋南北朝时期重要的选官制度，实际是察举制的另一种表现形式。

期，不只科举制度得到完善，朝廷还非常重视科举人才的选拔，录取名额远超前期，人才一经任用便委以重要的职务。从这时开始，大量寒门士子得以进入朝廷，取代了世袭士族，成为各方博弈的新力量。

公元 659 年，长孙无忌被武则天流放岭南，这标志着关陇集团的最终瓦解。从公元前 202 年到公元 659 年，历经近九百年的皇权与贵族之间的战争最终皇权胜出，而中国也进入真正的大一统的中央集权时代。

03 太子是皇帝的敌人

皇帝是所有职业中风险最高的。中国历代皇帝，非正常死亡率约为百分之四十四点五，可以看出这个工作比战士在前线厮杀还危险。所以，多数情况下皇帝都处于高度紧张的状态。皇帝天天担心的是：人还没死，皇权没了。这种心态很正常，别说皇帝，做个州长被前呼后拥，一旦退休了就门庭冷落，很多人都接受不了，一夜之间老了十岁。但是，比皇帝更危险的是太子。某种程度上，皇帝最忌惮的就是太子，而太子最怕的就是皇帝对自己有疑心。

太子每天游山玩水、酒池肉林、不问政事，就会被皇帝斥责没有接班人的样子，不似人君，于是会被皇帝废掉；如果太子积极参与国事，甚至还跑到边关去慰问将士，皇帝就会说："你想造反。朕还没死你就急着拉帮结派想架空朕？等你羽翼丰满是不是还要搞政变？"一道圣旨下来，太子被幽禁起来当高级囚徒。

因此，太子往往如履薄冰，要小心做人。但旁边一堆人等着给太子挖坑，不是想推他到悬崖边，就是让他蹚地雷阵。皇帝御驾亲征打突厥，前脚刚走，后脚就有人把一个个报告打上去了，十个报告里有八个说太子在收买人心，想造反。太子如果早请示晚汇报，皇帝会说太子一点用也没有，遇到事没主意，不敢担责任。

太子这个工作还不能不干！不干吧，有其他兄弟干，其他兄弟以后大概率要收拾你；干吧，除了爹收拾，还有兄弟收拾。

假如你是皇帝，三十八岁，太子二十岁，看着每天盯着皇位的壮年小伙子，你怕不怕？你五十岁，正当壮年，太子都三十二岁了。太子追求进步，每次上朝都积极发表意见，连宰相都唯他是从，你怕不怕？要知道这里可没什么父子之情，皇帝不会每天辅导太子做家庭作业，更不会去学堂接送太子。太子做什么，皇帝都要防着。

历史上除了朱元璋和朱标、雍正和乾隆，皇帝家没几个能搞好父子关系的。

04 李世民开了个坏头

公元626年，李世民在玄武门杀害李建成和李元吉，随后将李建成的家眷切瓜砍菜一般杀了个干净，不给李渊留一点念想。

李世民顺利登基，开启贞观之治，成就中国历史上的不世伟业。但玄武门之变从此给唐朝以及后世留下了坏榜样，此后皇族之间猜忌不断，皇帝、皇子们有样学样，每一朝父子之间的关系都高度紧张。

李隆基出生在搞权谋的环境中，也是靠搞权谋成长起来的。当然，这不怪他，唐朝的政治风气就是这样，或者说在君主专制制度下没得选择。李隆基从儿童时期起就被武则天幽禁，他在刀锋上成长，稍有不慎就万劫不复。武则天执政期间，李唐宗室几乎被连根拔起，李隆基生母被迫害致死，身边的随从动不动就被来俊臣等酷吏叫过去严加审讯，而自己也动不动就被诬告有"异谋"。李隆基还未成年就经历了神龙政变[1]，亲眼看到的你死我活的宫廷政治斗争比我们看的宫斗剧还多。

公元 710 年，李隆基发动唐隆政变，诛杀韦后与安乐公主。但随即就被自己的姑母算计，李隆基又发动先天政变，处死了太平公主，这才算大权在握。对于李隆基来说，根本没有家人亲情，因为从小到大要弄死自己的全部都是"家里人"。他对别人可能还会网开一面，但对自己的亲人，一旦有猜忌，必然会下死手。

公元 737 年，李隆基的三个儿子，太子李瑛、鄂王李瑶、光王李琚被李隆基的妃子武惠妃召唤入宫，说是要缉拿宫中的盗贼。结果武惠妃反咬一口，构陷说他们是带兵杀入宫中谋反。这个计谋并不高明，但是五十二岁的李隆基毫不迟疑，一点也没手软就处死了这三个儿子。对于李隆基来说，但凡遇到这种对自己有威胁的事情，他只有一个原则：宁可信其有，不可信其无。防火防盗防太子，越是和自己亲近的人，李隆基越怕。

李瑛被杀之后，李亨做了太子。这位太子平时做事真的是战战兢兢、如履薄冰。做什么都要被猜忌，他稍微和大臣多说一句话就要被李隆基怀疑是不是要结党，他把自己关在家里闭门谢客就被李隆基怀疑是不是要阴谋造反，他见父皇多了就被怀疑是不是要借机夺权。公元 746 年，李亨上街散

---

[1] 神龙元年（公元 705 年），太子李显、宰相张柬之、崔玄暐等大臣发动兵变，逼迫女皇帝武则天退位，迎唐中宗复位，史称神龙政变。

心，不巧碰到了小舅子韦坚，一时间多说了两句话。但是太不幸了，就在几天前，陇右节度使皇甫惟明回长安汇报工作，对李隆基说太子和韦坚见面。

不得了了，就这点鸡毛蒜皮的事情马上就有人指控说太子想谋反，勾结边关将领是在做准备啊。李隆基雷霆大怒，下令严查。李亨心胆俱裂，又惊又怕，为了撇清关系，马上和韦氏离了婚。

这样的事情多得数不清，简直是太子的日常生活。如果李隆基要废掉太子，对于整个长安城来说，绝对不是什么新闻。安禄山说："臣只知道陛下，不知道太子。"李隆基听了龙颜大悦，心里比喝了蜜还甜，看着安禄山心想："这才是我唐朝的忠臣，其他和太子交好的大臣，你们是何居心？是不是等着我死，你们坐享拥立之功？朕看你们都不是好人！"

李隆基最猜忌太子，太子是怎么想的没人会知道，但只要是个正常人，谁会喜欢过这种朝不保夕的日子？谁不盼着李隆基早日驾崩？做太子不怕受委屈，最怕的是委屈受了皇帝还没做成。李亨过的日子比犯人好不到哪里去，每天被人监视，大气都不敢出。

监视李亨的人是宰相杨国忠，他就像李隆基最忠诚的猎犬，每天在太子身边蹭来蹭去，充分发挥自己的想象力和创造力，一旦发现太子谋反的蛛丝马迹，就会兴冲冲地跑去向主子报告。

05 李隆基的权术

李隆基玩了一辈子权术，所有的人、事都被他牢牢地控制。根据他的算计，安禄山是不可能造反的。等到烽烟四起的消息传到长安时，李隆基居然眉开眼笑地对杨贵妃说："他们又逗我玩，说安禄山造反了。"

安史之乱爆发时，李隆基已经七十岁了。他奋斗了一辈子，此时早就已经失去了开拓创新的锐气，没有了先前励精图治的精神，也没有了改革时的节俭之风。李隆基骄奢淫逸、挥霍无度。他每天玩命地花钱，心想人死了，攒了那么多钱都便宜了别人。

政治方面李隆基就玩一件事情，即搞权力制衡，稳定唐朝的局面。搞权力制衡最常用的手段就是让整个朝廷内斗，就好比有些目光短浅的老板特别喜欢在公司内部挑拨离间。这样做的结果就是财务部和销售部恨不得打架，总经办看谁都是贼，研发部和市场部天天抢功劳，制造部觉得采购部专门坑他们。而这样做的好处就是在一个公司里谁都不可信任，大家觉得只有老板最贴心，所以有什么事大家都喜欢和老板交流，任何信息老板都是最快掌握的。比如采购部买个螺丝贵了一元钱，马上就有人找老板告状。

皇帝带头，大家有样学样。杨国忠做宰相之前，宰相是口蜜腹剑的李林甫，他经常是一边和你攀交情，一边在桌子下面磨刀子。李林甫最大的特点就是嫉贤妒能，和谁都搞不好关系，谁有能力他就排斥谁，而且他还往死里弄太子，结的仇遍布天下，最后整个朝野的人都想他死。

李林甫也知道人们恨他，所以平时小心谨慎，每次出门都有百余人随身护卫，并让金吾卫士卒在前方数百步外进行清道净街，公卿大臣都要回避。回家了也不得安生，他居住的地方不但重门复壁，而且用石头砌地，墙中夹置木板，甚至一个晚上多次转移住处，谁都搞不清楚他住在哪里。

李林甫越这样，李隆基就越高兴。这不就是孤臣吗？为了皇帝不惜得罪天下人，周边的人越说李林甫坏话，李隆基对李林甫就越信任。

当然，李林甫不仅仅是一个小人。他的确能力超群，简直就像会读心术一样。李林甫每次与安禄山交谈都能猜透他的心思并抢先说出来，这让安禄山又惊又怕，大冬天的被吓出一身汗。安禄山返回范阳后，每次长安有人过来他都会跑上去问："李林甫最近有没有谈到我？"

公元753年，李林甫得病死了，结果唐朝马上就出了问题，因为李林甫排挤人才太厉害了，稍微有点能力的人都被他搞走了，整个朝廷没有能用的人了。最终杨玉环的远房哥哥杨国忠小人得志，入朝为相。杨国忠和李林甫一样，是"孤臣"，上台后就到处得罪人。当然，天天盯着太子是他的日常工作，敢不收拾太子，自己就会被李隆基收拾。

06 终于反了

李隆基喜欢大臣们做孤臣，让整个朝廷相互牵制，文官和武将结仇，西北节度使和东北节度使不共戴天。下面的臣子也是人精，不可能看不出来。李林甫知道，安禄山当然也知道。

李隆基高度信任安禄山，就是因为安禄山除了李隆基谁都不认。安禄山看似粗野，但拍马屁的功夫在古代绝对名列前茅。李隆基认为自己懂安禄山，可安禄山也是最懂李隆基的人。不说别的，安禄山能从最底层的小贩爬到民政军一把抓的节度使，还能懂九国语言，岂是泛泛之辈？

安禄山见了太子不行礼，说："臣只知道陛下，不知道太子。"后面又补了一句："你说皇帝死了就是太子当皇帝？不，皇帝怎么可能死！"说完后一副痛彻心扉的模样，比死了爹还难受，眼泪都挤了出来。李隆基一听这话，心里那个乐啊。

安禄山深得帝意，变得骄横跋扈，这让杨国忠恼羞成怒，上台后就和安禄山杠上了，两人简直就是仇深似海，一有机会就互相挤对。杨国忠天天说安禄山要造反，安禄山天天说杨国忠祸国殃民。李隆基看在眼里，乐在心里，心想："你们互相敌视，朕来做裁判，这就安全了。"下面的人左右制衡，相互告密，李隆基觉得自己的江山无比稳固。

李隆基也在防着安禄山，心中有数。虽然安禄山兼任了多个节度使，相当于是东北军区的总司令，但他拥兵不到二十万，大约也就是全国总兵力的三分之一。如果要造反，不仅不得人心，在兵力上也是打不赢中央的。而且西北军区的哥舒翰和他是死对头，天天防着安禄山，就盼着有一天安禄山造反，然后去灭了他。按照李隆基的权谋，除了自己和杨玉环，整个朝野都反感安禄山，尤其是杨国忠，恨不得生吞活剥了他。这样安禄山一定惶惶不可终日，只有加倍地对皇帝表忠心，以寻求安全感。

对于李隆基的种种念头，安禄山心里跟明镜一样。除了皇帝，人人都要搞他，尤其是太子，皇帝一死，自己的好日子就到头了。这样一算，造反是迟早的事情，但是李隆基毕竟对自己有知遇之恩，可以拖一拖再造反。

本来按照李隆基的谋算，自己没死之前，安禄山一定不会反。但是，李隆基错就错在让杨国忠当了宰相。杨国忠有李林甫的阴险，却没有李林甫的智慧，和安禄山根本不是一个等级的对手。李林甫能够制衡安禄山，而杨国忠绝对没有这个能力。

杨国忠天天对李隆基说安禄山要造反，但是一年过去了、两年过去了，安禄山还是没有造反。最后说多了李隆基都不想搭理他了，于是杨国忠成了天天喊"狼来了"的放羊娃。他心中又是失落又是愤怒，最后灵光一现，想明白了：你不反，我就逼你反！

于是杨国忠找了一批人专门收集安禄山的罪状，还在大街小巷造谣说安禄山要做皇帝，已经准备妥当，说得一次比一次生动。

第八章｜隋唐（一）：那些权谋、制衡和猜忌，安史之乱的真正原因

安禄山怕了。虽然按照正常的逻辑，李隆基是不会相信自己会造反的，但万一他信了呢？人最怕的就是万一。只要李隆基相信了，自己就死在长安了。敢去赌吗？最后安禄山横下心来，原来是要等皇帝死，现在不等了，迟早都要造反，时不我待，就趁现在。

公元755年，安禄山从范阳起兵造反，称奉唐玄宗旨意率领部队讨伐逆臣杨国忠。安禄山率领各族骑兵、步兵十五万，半夜行军，黎明吃饭，一天前进六十里，浩浩荡荡奔赴长安。

安禄山造反的消息传到朝廷，杨国忠乐得嘴都合不拢了，比过年还开心："我说了安禄山要造反吧，你们都不听我的，现在好了！看你们谁还不信我！"

第九章
隋　唐　（二）

史诗级帝国的崩溃，农耕文明的极限

安史之乱后，唐朝至少出现了三位雄主令唐朝出现中兴之治。唐宣宗开启宣宗之治，唐武宗开启会昌中兴，唐宪宗开启元和中兴。所有能开启中兴的唐朝皇帝首要的成绩就是遏制了节度使的野心并削减他们的兵权。但无论怎样努力，都无法跳出与节度使博弈的轮回。好在江南一直平稳，为唐朝提供了源源不断的税赋，才能让唐朝再续命一百五十年。

第九章 | 隋唐（二）：史诗级帝国的崩溃，农耕文明的极限

◈ 01 安禄山造反，大家都很开心

安禄山造反了！消息传到长安，人们各怀心思。

自己最看重的爱将造反，生生打了自己的脸，李隆基茫然失措，不愿接受现实，心想："你们是骗我的吧？"

但是不开心的恐怕只有李隆基一个人，其他所有人心里都憋着笑。各地的节度使都恨透了安禄山，恨不得杀鸡宰羊庆祝："好你个昏君，这就是你天天给予重赏厚赐的所谓忠臣？"太子李亨脸上挂满了忧虑，其实心里头也早就乐开了花："你个老糊涂，你信杨国忠、安禄山，却把自己儿子当贼一样防着，你也有今天！"当然，最开心的还是杨国忠，他简直抑制不住自己的喜悦，见到人就说："你看看，我说安禄山要造反吧！我没说错吧！哎，皇帝不听我的啊，我有什么办法！"

虽然人们各怀心思，但有一个想法是一致的：摁死安禄山就和摁死一只臭虫一样简单！

此时的唐朝正值巅峰，开元盛世，万国来朝，是世界的中心。李隆基已经算好账了，这个时候的唐朝一共有五十万边防军（含随安禄山造反的军队），八万中央军，而安禄山才二十万人。三十八万人打二十万人，肯定能打赢，而且朝廷人心所向，安禄山众叛亲离。

可惜，打仗不是数学。他们都没有想到，这场动乱终结了唐朝的盛世。

八年时间，整个北方沦为战场，人民流离失所，十室九空。唐朝虽然击败了叛军，且延续了近一百五十年，但后来的唐王朝长期处于藩镇割据的内战状态，再不复从前。

数天时间，安禄山不费吹灰之力就占领了河北全境，此时李隆基还在恍惚之中：他真的造反了？六天之后，等李隆基清醒过来，安禄山已经兵临城下，打到了东都洛阳。高仙芝、封常清赶紧募兵镇守洛阳。可是，不到十五天，洛阳失陷。

安禄山的前锋兵力已经逼近潼关。过了潼关，叛军将一马平川，直指长安！此时距离安禄山起兵还不到一个月！

安禄山的二十万边防军长期与彪悍的游牧民族作战，战斗力爆表，岂是养尊处优的中央军可以比拟的？何况其他三十万边防军和中央军又不是说集中就能集中，说平叛就能跑过来平叛，坐火箭也要时间啊。

为了凑人数，高仙芝、封常清在长安和洛阳找了几万平民充军抵抗叛军。这简直就是去送人头的，军队被安禄山切瓜砍菜一般打散了。

但是潼关成了安禄山的噩梦。潼关地势险要，经长期经营和修筑，是真正称得上一夫当关万夫莫开的关隘。潼关把安禄山挡在了长安之外。安禄山硬啃了一个月，恨不得拿牙咬，但潼关纹丝不动，任自己损兵折将却没有任何进展。对于任何叛军来说，关键是打闪电战，迅速把中央王朝拉下马，迟则生变。中央毕竟掌控着百分之八十以上的钱粮和税赋，况且所谓"清君侧"的谎言时间拖得越久越不得人心。

本来在这个时候局势已经相对稳定了，但李隆基又开始作死了。

第九章 | 隋唐（二）：史诗级帝国的崩溃，农耕文明的极限

02 李隆基作死永无止境

高仙芝长期不出兵，就在潼关防守，杨国忠心里先慌了。因为安禄山造反，打的旗号就是要除掉皇帝身边的小人，而这个小人正是杨国忠。

杨国忠一看高仙芝不出潼关与安禄山决战，又一想历史，心都颤了。汉朝时期的七国之乱，吴王刘濞造反，也是说要清君侧，结果御史大夫晁错就被汉景帝给杀了。高仙芝长期不出战，不会是想和安禄山议和，最后说服李隆基杀了他祭天吧？

杨国忠越想越怕，绝对不能让事情朝这个方向发展。于是杨国忠和监军太监天天在李隆基面前说高仙芝的坏话。唐朝搞不定叛军，还把洛阳给丢了，现在居然不敢出战，都怪高仙芝！此时的李隆基心中又羞又怒又怕，早就失去了基本的判断能力，竟然斩杀了高仙芝。可怜高仙芝这位唐朝一代名将，战功赫赫，就这样死于杨国忠等人的谗言之下。

接下来镇守潼关的是唐朝另一位名将哥舒翰。哥舒翰为唐朝开疆拓土，在与吐蕃的战争中屡建奇功，是不世出的良将。这个时候一部分边军回防，加上征集的中央军和临时募集的兵丁，哥舒翰统兵二十万。现阶段安禄山绝没有任何可能拿下潼关，哥舒翰最终会不战而溃敌之军。安禄山因久攻不下，都快绝望了。他将所有的精兵都隐藏了起来，只留下五千老兵在潼关外叫阵。安禄山的诡计被久经沙场的哥舒翰一眼看穿，他依然坚守不出。但是

李隆基已经愤怒了:"这么点儿叛军,你拥兵数十万还躲在潼关,难道你也有其他想法?"

万般无奈,哥舒翰抚膺恸哭,仓促应战,以二十万临时抽调的兵力对抗安禄山手下的精兵悍将。果不其然,哥舒翰被安禄山打得大败,二十万兵力就剩下八千人逃回了长安,自己也被俘虏了。

潼关失守。朝廷人心尽失,上朝的官员不到百人,大家都想着卷铺盖走人,李隆基心急如焚。随后就是大家知道的马嵬驿兵变,处死杨国忠,令杨玉环自杀,肃宗即位……李隆基失去了皇帝的宝座,成了太上皇。因为他曾经百般挤兑自己的儿子,最终在自己退位后也被儿子百般挤兑,剩下的是几乎被封禁的岁月。唐朝也由盛转衰。

在郭子仪等中兴三杰的鼎力扶持下,唐军用了近八年的时间平定了安史之乱,但整个北方已经生灵涂炭。幸好南方得以保全,唐朝始终控制着南方的税赋。而后有唐宪宗、唐武宗等一批励精图治的皇帝,唐朝在随后的一百五十年中开启了三次中兴。即便如此,却始终无法扭转颓势,也无法再现万邦来朝的局面。

安史之乱不仅让唐朝显现颓势,更埋下了一个隐患,战乱让所有节度使看到了唐朝的虚弱。这些节度使都在心里琢磨:我和吐蕃、突厥拼命砍,那帮人都彪悍得很,风险大,收益低,与其和他们对砍,为什么不去抢唐朝呢?

安史之乱后,唐朝就一直在设置节度使和削弱节度使的两难中反复,而最终权力又落到了宦官手中。公元878年,唐朝爆发了黄巢起义,破坏了唐朝的统治根基。公元907年,朱温篡唐,建立后梁。

李唐王朝至此落幕。

第九章 | 隋唐（二）：史诗级帝国的崩溃，农耕文明的极限

03 农耕文明与游牧文明的千年争锋

谈到唐朝由盛转衰，节度使是一个绕不开的话题。

很多人谈到节度使，都认为是李隆基糊涂才设置了这个岗位。真的是这样吗？其实李隆基设置节度使时不过四十多岁，正当盛年，他就糊涂到了这个地步吗？

我们今天看古代的制度沿革往往会陷入一种误区，即用现在的管理和技术解析古代的制度。同时我们往往会忽略唐朝所处的环境，那就是强敌环伺。游牧文明和农耕文明争锋，这是数千年历史发展的一条主线，也是古代军政制度设置的重要根据。谈汉朝，必然会有匈奴；谈晋朝，必然会有北方民族混战；谈宋朝，必然有辽、夏、金、元；谈明朝，必然会有蒙古和女真。

但是唐朝的敌人都被我们忽略了，因为唐朝实在是太强悍了。我们只记得安史之乱是内战，最后唐朝被农民起义军推翻。难道唐朝真的没有外敌吗？拨开历史的迷雾，我们需要了解这个古代最强悍的王朝背后的秘密。

王朝之痒

04 从长城读懂帝国的最大难题

谈到为什么要设节度使,就如同今天问古代为什么要修建长城?那么低矮的城墙,能阻挡游牧民族吗?甚至有人会说,修建长城是中华民族没有进取心的表现。然而,即使今天,我们也想不出比修建长城更好地抵挡游牧民族的方法了。

农耕文明很难彻底打败游牧民族。游牧民族有马,他们跑得更快,在广阔的草原和大漠潜伏,随时可以过来抢劫,让农耕民族防不胜防。为什么农耕民族没有马,或者农耕民族的马没有游牧民族的好?对于游牧民族来说,马是生产资料;对于农耕民族来说,不打仗马就没用。拉车用牛,看门用狗,马有什么用?马还特别能吃,所谓马无夜草不肥。但这个问题对于游牧民族来说就不是问题,草原上到处都是草,随便吃,养马对于他们来说是零成本。

游牧民族拥有高度机动性,即使打不过敌方,也总能跑得过。即使在汉武帝时期,调动全国的人力、财力也没能将匈奴完全剿灭,只是让他们远遁而去。要知道,数百年之后,少数民族与南方政权对峙的起点就是匈奴贵族刘渊起兵于离石,建立了汉赵政权。

而且,茫茫大草原,方圆几千里,游牧民族居无定所,去哪里剿灭游牧民族?很多时候都是按下葫芦起了瓢,匈奴、鲜卑、羯、羌、氐……古代没有卫星定位系统、追踪系统,农耕文明对游牧民族束手无策。

还有就是，在古代农耕文明无法同化游牧民族。我们看地图上长城的位置会发现，长城几乎就是沿中国 400 毫米等降水量线修建的。这并非历史巧合，而是因为降水量低于 400 毫米的地方几乎无法进行农耕，或者说在这样的环境中，农耕文明无法存在。

这里的地理环境只适合游牧民族生存。而中原王朝的文化、政治、经济等基本上是按照农耕文明的特点来制定的，追求的是编户齐民，进行人丁管理。但是这套方法无法匹配草原文明。游牧民族逐水草而居，不断地变换地点，怎么来抵挡控制？

所以，修长城就是这个时期最好的方法了。有了长城，游牧民族的人过得来，马却过不来，这样他们就"废了"。而且长城能将所有针对游牧民族的贸易点有效地控制在朝廷手中，高效打击走私商人。这好处还不够明显吗？

05 群敌环伺的唐朝

唐朝有别于汉朝，也有别于明朝，它是一个兼收并蓄、兼容并包的帝国，有游牧文明和农耕文明两种基因。

因为北方长期战乱，空置了大量的土地。公元 582 年，隋文帝杨坚在北齐、北周均田的基础上发布均田令，这为隋一统天下奠定了坚实的基础。

隋唐的版图突破 400 毫米等降水量线，深入到草原、沙漠和高原的腹地。我们常关注隋炀帝三次出征高句丽，但不知道隋朝曾和突厥长期作战，平定北方，杨广还是草原帝国的大可汗。而唐朝在隋朝的基础上更上一层楼，李世民被称为天可汗。隋唐是农耕文明与游牧文明的共主。

因为有着游牧文明和农耕文明两种基因，唐朝一开始就有着更为强烈的进取心，对疆域的拓展雄心万丈。

公元 669 年，唐朝疆域达到极限。此时中亚的绿洲地带受唐朝支配，唐朝疆域南至罗伏州（今越南河静省），北括玄阙州（今俄罗斯安加拉河流域），西及安息州（今乌兹别克斯坦布哈拉），东临哥勿州（今吉林通化），面积达一千二百三十七万平方千米，也有一种说法是一千零七十六万平方千米。

此时的唐朝已经深入游牧民族的腹地，自然被群敌环伺。高昌、吐蕃、突厥、回鹘、吐火罗、小勃律、石国、波斯……多到我们数不清！

在武则天时期，唐朝的外部防线遭遇了一连串的打击。突厥复国漠北；吐蕃在几次大会战中屡败唐军，一度占领安西四镇；契丹亦一度祸乱营州（今辽宁朝阳）。

到了李隆基时期，形势依然严峻。《通典》记载："我国家开元、天宝之际。宇内谧如，边将邀宠，竞图勋伐。西陲青海之戍，东北天门之师，碛西怛逻之战，云南渡泸之役，没于异域数十万人。（天宝中哥舒翰克吐蕃青海，青海中有岛，置二万人戍之。旋为吐蕃所攻，翰不能救而全没。安禄山讨奚、契丹于天门岭，十万众尽没。高仙芝伐石国，于怛逻斯川七万众尽没。）杨国忠讨蛮阁罗凤，十余万众全没。向无幽寇内侮，天下四征未息，离溃之势岂可量耶！"

唐朝认识到，目前的疆域是极限。以后的战争将是与各民族之间的内部冲突，冲突的状态将长期存在。但是武则天和李隆基时期的唐朝所面临的问题绝非二人能力的问题。

英国的疆域在最广阔的时候超过了三千三百五十万平方千米，沙俄的疆域最广阔的时候达到二千二百万平方千米。唐朝的管理难度远远高于英国和沙俄，因为英国和沙俄是用工业时代的技术、军备在进行管理，唐朝是在用公元 7 世纪的农耕文明管理这片广袤的土地。如此大的版图，仅仅后勤运输这一块就已经难以承受。

而且农耕文明的管理制度——租庸调、编户齐民等根本无法管理游牧民族，最适合游牧民族的始终是部落首领制。所以，在几百年的历史中，农耕文明和游牧文明是无法一次性融合的，如突厥先臣服后反叛，反叛后再臣服，或者分裂成数个敌人。

唐朝所面对的突厥，其实力远超汉朝时的匈奴。突厥已经不是简单的游牧民族，而是早就走上了国际扩张道路的超级强敌。突厥和中亚古老的族群——粟特人联合（安禄山就是粟特人）走上了国际贸易的道路。粟特人将东方的商品沿着突厥控制的草原一直送到波斯，再送到欧洲。粟特人为突厥带来了源源不断的财富，突厥成了一个强大的草原帝国。在几百年的历史中，突厥一直是唐朝的强劲对手之一。

06 节度使为什么是最好的选择

这个时候，唐朝的府兵制和募兵制已经无法适应帝国的需求。

唐朝的府兵制源于隋朝，简单来说就是给士兵发土地，士兵在和平时种地，战争时打仗。打仗的时候士兵只带长矛和弓箭，其他的由国家来出，而且士兵不用服劳役。府兵制不仅节省了国家的军费开支，还保障了农业建设。但是到了李隆基时期，这个制度显然已经不行了。

第一，土地兼并是中国古代王朝的通病，到了李隆基时期，伴随人口的快速增长，国家早就没有土地可以发了。第二，帝国的疆域已经扩展到草原的腹地，还能去哪儿找新的土地呢？第三，如果让普通的步兵和游牧民族打仗，大概率打不赢。要打游牧民族，步兵根本不行，上去就是送死，唐朝真正需要的是比游牧民族更强悍的精锐骑兵。

唐太宗李世民刚掌权不久，突厥颉利可汗率领数十万大军一路攻杀至长安城下，李世民不得不亲自出面议和才解决了这一危机。这充分说明，平时耕地、战时出征的步兵可以平定内乱，但无法和游牧民族一较高下。当然，四年之后李世民一雪前耻，大败突厥，俘虏并善待了颉利可汗，不过这是后话了。

既然府兵制已经无法满足唐朝的需求，于是募兵制就成了唐朝的主流军事制度。李隆基时期就开始征募职业士兵，国家发工资，给装备、粮饷，短时间内就有了一支强有力的军队。但是很快李隆基就发现这样玩不转了。

士兵的工资政府还勉强能够承受，最痛苦的是后勤补给。经过了南北朝的长期战乱，北方生灵涂炭几百年，唐朝的经济重心已经移到江南了。这个时候的唐朝还是租庸调制度，收的是实物税。从江南地区将粮食物资运送到边陲很难，这样的运输难度根本不足以支撑唐朝的边疆战事。战事不停，迟早会把帝国的经济拖垮。

从另外一个方面来看，李隆基时期，唐朝面临东北、漠北、西北、西南等方面的敌人，一共在全国设置了十个战区。如何确保每个战区的士兵都能得到补给和装备呢？李隆基做出了决定：设置节度使统管当地的民政、财政和军务。也就是说，节度使有了收税的权力。一旦节度使有了收税的权力，就离军阀不远了。

李隆基在位期间，边镇十节度使拥兵四十九万，而中央禁军不过十二万，

第九章 | 隋唐（二）：史诗级帝国的崩溃，农耕文明的极限

典型的外重内轻、强枝弱干。而且唐朝从一开始玩的就是以夷制夷那一套，边防军官很多都是胡人，这样危险系数更大。

从理论上来说，唐朝一共设置了十个节度使，相互制约，并进行合理的调度和轮岗，这是没有大问题的。然而，在安禄山的超级马屁功夫下，再加上李隆基因年岁渐长导致的糊涂昏聩，让安禄山拥有了近二十万的强大兵力，最终酿成了大祸。

要知道，安禄山一个人任三镇节度使，几乎就是平卢、范阳、河东三大重要边区的土皇帝。他对辖区内的各种人才、军备简直了如指掌，而且他的辖区已经深入河南腹地。毕竟陕西到洛阳咫尺之遥，其他边区的节度使即使想过来救援也来不及。中央禁军又如何是久经沙场的边防军的对手？

李隆基最终还是玩砸了！

安史之乱后，唐朝至少出现了三位雄主令唐朝出现中兴之治。唐宣宗开启宣宗之治，唐武宗开启会昌中兴，唐宪宗开启元和中兴。所有能开启中兴的唐朝皇帝首要的成绩就是遏制了节度使的野心并削减他们的兵权。但无论怎样努力，都无法跳出与节度使博弈的轮回。好在江南一直平稳，为唐朝提供了源源不断的税赋，才能让唐朝再续命一百五十年。

江南之所以能平稳，是因为其地处腹地，根本没必要设置节度使。

唐朝是一个让中华民族目眩神迷、让后人无限崇拜的辉煌时代。唐朝的兼容并包、海纳百川的精神更是超越了时代，永远释放着夺目的光彩。唐朝节度使的设置并不能说是一次完全的失败，它也是雄心万丈的传奇王朝的不断尝试与实践，以期完成游牧文明和农耕文明的融合。

我们不能用今天的标准去评判唐朝，因为我们早已突破了农耕文明的极限。我们对唐朝的敬意将超越时代，因为唐朝时国家的管理难度超越了任何一个朝代，而这个难度恰是源于唐朝的不懈追求。

第十章

五代十国

帝国的转身

五代十国，是唐朝崩溃后的一段大分裂时期。

　　这一时期，中原地区先后出现了后梁、后唐、后晋、后汉和后周五个政权，即五代，而中原地区之外，出现了前蜀、后蜀、南吴、南唐、吴越、闽国、南楚、南汉、南平、北汉十个地方割据政权，即十国。

　　这是一段错综复杂的历史，复杂到大家不愿意去了解，因为实在太混乱了。

第十章 | 五代十国：帝国的转身

01 唐末的割据势力

很多人认为唐朝与宋朝相隔似乎非常久远，事实上从公元907年唐朝灭亡，到公元960年赵匡胤黄袍加身建立北宋，中间只隔了五十三年。但五代十国的历史却要从公元907年一直算到公元979年北宋灭掉北汉，共七十二年。对比南北朝，这不算长。

不过在中国历史上，宋朝事实上也只是一个和辽、夏、金、元对峙的政权，唐朝灭亡后几百年中国才重新实现了大一统。

五代十国，很多历史学家都没有将它作为一段单独的历史，而是作为唐朝的延续，或者说是安史之乱后军阀混战的延续。

中国军阀的历史，可以追溯到唐玄宗时期，那时叫藩镇。唐玄宗年轻时励精图治，开创了开元盛世，是中国历史的一个巅峰。但对他来说，开疆拓土才是梦想。

唐玄宗开疆拓土当然没错，可问题很快来了：疆域太大，以当时的技术和管理手段，实在管不过来。原有的制度，并不能适应新的形势。镇守边疆成了最大的难题，府兵制明显是不管用了。

府兵平时为耕种土地的农民，农隙训练，战时从军打仗。参战武器和马匹都是自备，全国都有负责府兵选拔训练的折冲府。

唐朝初期，中央对军权进行了有效的控制：战争时，中央任命将帅，调动军队；战争结束，将帅交回兵权，参战部队各回自家兵府。

但是现在可好，农民平时种地，兼职镇守边疆，兵府还都在内地，要打仗的时候一年腿跑断都没到，还不说粮草辎重的运输都要累死人。

因为战争的常态化，要想持续开疆拓土，这个方法不能再用了。于是唐玄宗在全国设立了十个藩镇，任命节度使进行管理，随后把财政权、民政权等一股脑儿地都给了下去。节度使在自己的区域进行征税，总领军政大权，中央也不需要给他们调集物资了。

唐玄宗觉得这样干简直太省事了，终于不用操那么多心了。问题是节度使有财政权，有行政权，还有军权，且没人监督，很快就容易变成独立政府，凭什么还要听皇帝的？在这种情况下，安史之乱最终爆发。

当时边镇兵力五十万人，安禄山一个人能调动二十万人，而中央军才不到八万人。

借助其他藩镇的力量，唐朝于公元763年平定了叛乱，但此时唐朝已经是精疲力竭，开始走下坡路了。此后一直到唐朝灭亡的一百四十四年，中央和军阀斗智斗勇，军阀想办法对抗中央加强自己的权力，中央想办法把军阀的权力收回来让他们乖乖听话。

中央为了巩固权力，要么胁迫，要么利诱，要么鼓动其他听话的藩镇去打不听话的藩镇。不能说唐朝不努力，在安史之乱后，唐朝出现了三次"中兴"，分别是元和中兴、会昌中兴、大中暂治，有力地打击了藩镇，加强了中央集权。

尤其是元和中兴，优秀、年轻的皇帝唐宪宗李纯，几乎让全国所有的藩镇尽数归附，只要再过数年，唐朝就可以重现气象。可惜唐宪宗很快就骄傲自满，开始躺平享受成果，天天想炼金丹，最后得罪了太监，被毒死了。而精明的爹往往有个不上心的儿子，接下来的唐穆宗李恒，骄奢淫逸，各地的军阀趁机发动叛乱。

在这种情况下，每次的"唐朝中兴"，也就是昙花一现，好不过十年。

其实，在唐朝的中晚期，藩镇虽然不听中央的话，但也还没想着造反，仅仅是不听指令，不想纳税。这让唐朝的局面还能勉强苟延残喘地维持下去，但是两件事情终于让唐朝崩溃了。

一是宦官把持朝政。到了唐朝后期，至少有七次皇位的人选是由权倾朝野的宦官决定的，皇帝要不听话，往往就被太监弄死了。

二是黄巢起义。黄巢起义让唐朝彻底崩溃。

黄巢是私盐贩子出身，但自认为饱读诗书、才华盖世，一直想当官，参加了几次科举都没考上，对唐朝一肚子埋怨。公元875年，关东大旱，黄巢乘机揭竿而起。

黄巢起义后的所作所为比唐朝还要恶劣。后世对他的记录中，最骇人听闻的就是黄巢每攻陷一个地方，便胁迫青壮年参军，而老弱病残直接被他当成军粮。最恐怖的是他发明了舂磨砦，就是一个巨大的钵，将人推进去捣碎了做军粮。

《旧唐书》记载说："贼围陈郡百日，关东仍岁无耕稼，人俄倚墙壁间，贼俘人而食，日杀数千。贼有舂磨砦，为巨碓数百，生纳人于碎之，合骨而食，其流毒若是。"

当然，古代历史书中对农民起义多诽谤抹黑，但是架不住所有的文献都写他"手段极其残忍，影响极其恶劣"。最后不管真假，也没人敢给他洗白了。

除了残暴，黄巢军还有一个特点，那就是流动作案，似乎他们不想巩固统治并建立长期政权。六年的时间里，他们到处流窜，到一个地方抢一个地方，对于当地的人，听话的纳入军队扩充实力，不听话的则当军粮满足补给。他们跑遍了山东、河南等十几个地方。

整个唐朝后期，作为重要税收来源和经济中心的江南地区，也被破坏得不成样子，这下子就彻底动摇了唐朝的统治基础。

而此时的唐朝，已是命若游丝，哪里还架得住这个。

公元880年黄巢拿下潼关，公元881年攻占长安。根据历史记载，黄巢刚进入长安的时候纪律严明，还向长安贫民下发财物赈灾，估计是想完成从黑恶势力首领到合法皇帝的蜕变，但没过几天就约束不了自己的部队了，索性原形毕露，又开始到处抢劫。

其部属"杀人满街，巢不能禁"，留在长安没跑成的唐朝宗室和官员们都被抢劫了个精光，只要钱没给够就被一刀砍死，惶惶不可终日。

最后黄巢干脆什么都不管了。他进入富丽堂皇的宫殿后迈不开腿，过起了纸醉金迷的日子，仿佛已经天下尽在掌握，连逃跑的唐僖宗也不去追击。

很快，唐军卷土重来，并找来各个节度使围攻黄巢，而黄巢还在浑浑噩噩地享福。

唐军要反攻，第一个打的就是同州。唐军打来后，同州防御使朱温很快就被打得丢盔弃甲，眼看顶不住了，忙向黄巢求救。可黄巢大军正忙着在长安享福，没人搭理他，朱温一怒之下就要投降。

在黄巢的军队中，朱温算是最能打的人之一。听到朱温投降的消息，唐僖宗大喜过望，马上策动朱温打黄巢。可这个时候黄巢的军队数量还是远远多于朱温，于是唐僖宗找了一个人过来帮忙。

李克用，沙陀族，率领着沙陀骑兵冲锋陷阵无往不利，诨号"飞虎子"，是大同军防御使，也是唐朝的割据势力之一，更是中央的眼中钉、肉中刺。唐僖宗曾经找了很多人去削藩，结果都被李克用给削了。

现在唐僖宗也顾不上那么多了，下诏书召回李克用，并任命李克用为代州刺史、雁门以北行营节度使。

李克用大喜过望，带着一万七千沙陀骑兵赶了回来，一路上"自行筹备"后勤补给，走一路抢一路。朝廷这个时候还等着他出力，便睁一只眼闭一只眼，全当不知道。

沙陀骑兵的战斗力确实厉害，和朱温的军队配合，势如破竹地就打下了长安。黄巢怒气冲天，心不甘情不愿地结束了皇帝梦，继续流窜去了。黄巢原来的部队大部分向朱温投降，朱温来者不拒，全部笑纳，实力得到了空前的加强。

围剿黄巢结束后，李克用的军队途经汴州。作为东道主，朱温想拉近关系，好吃好喝地招待，没想到李克用根本看不上朱温，心想：你一个降将居然拿到了那么好的地盘，凭什么啊？你也能当节度使？没我的沙陀骑兵你怎么打？借着酒劲，李克用拼命地羞辱朱温，说朱温是个反骨仔，没有资格和自己称兄道弟。

当着下属的面被羞辱，朱温怒从心中起，恶向胆边生，看到李克用喝多了，主力军队又都驻扎在城外，当场就翻了脸，命令士兵火攻李克用。不巧碰上大雨，李克用趁着雨翻墙逃去，但自己带的数百亲随都被朱温的部将灭掉了。

李克用从没吃过这么大的亏，恨得牙齿都咬碎了，但此时的朱温吸收了黄巢的大部分残部，兵力正盛，如果发生正面冲突，必然两败俱伤。李克用找唐僖宗告状，唐僖宗想到李克用原来长期不听命令，乐得他和朱温相互制衡，于是便和稀泥两不相帮。

这件事情，让李克用和朱温结下了死仇，为后面的历史发展埋下了伏笔。

打下长安后，朱温四面出击，追击黄巢的残部，边围剿边吸收，开启了贪吃蛇模式，部队越滚越大，地盘也从河南一直扩张到了山东。手下还是原来的那群农民军，却成了唐朝势力最为强大的合法藩镇。

公元900年十一月，朱温的命运改变了。

这一年，太监们软禁唐昭宗，立太子李裕为帝。

朱温知道这个消息后大喜过望，即刻向京城进军勤王。太监们只控制了京城极少的中央军，根本不是对手，挟持着唐昭宗跑到了凤阳，找节度使李茂贞帮忙抵挡朱温。

李茂贞在打了几仗后发现根本打不过，最后一寻思，自己根本犯不着拼命，于是把唐昭宗送给了朱温。

这下子朱温救驾有功，唐昭宗感激涕零，但自此成了傀儡皇帝，朱温全面控制了唐朝政权。朱温将不听话的人统统除掉，太监们被重点关照，杀掉了很多。

心满意足后，朱温安排自己的侄子朱友伦常驻长安，"监督"唐昭宗，自己则回到了洛阳。没承想朱友伦在和唐昭宗打马球的时候，居然莫名其妙地坠马死了。

朱温勃然大怒，认为是唐昭宗搞的阴谋，便将整个唐朝朝廷搬到了洛阳，把皇帝身边的人全部换成了自己的心腹，连陪着打马球的人都没放过。根据史书记载，小黄门及打球供奉、内园小儿二百多人全部被朱温灌醉后坑杀。这个时候的唐昭宗，成了真正意义上的孤家寡人。

朱温还是觉得三十多岁的唐昭宗不好控制，就把唐昭宗给杀了，立十三岁的李柷为皇帝。

这个时候，唐朝还剩下为数不多的大臣，朱温越看他们越不顺眼。朱温的谋士李振早年在科举考试中名落孙山，对这些考上功名的大臣们非常痛恨，天天鼓动朱温干掉他们。他对朱温说："此辈常自称是清流，应当投入黄河，使之变为浊流！"朱温听了觉得太有创意了，连称妙计，于是斩杀了三十余位大臣，扔到黄河里喂鱼去了。

这样一来，唐朝的根基就给刨干净了，而朱温就要开始考虑当皇帝了。可以说，到了这个时候，"君权神授"的合理性与神秘性已经荡然无存。

在朱温之前，即使是在魏晋南北朝的乱世，很多权臣武将就算威名再大，也不敢轻易动改朝换代的念头。如曹操那么功勋卓著，平定整个北方，权倾朝野，也只敢给自己晋爵为魏王，依然保留着汉献帝。

要想当皇帝，除了长期的谋划，还有一系列复杂的流程，如封大国、加九锡、加殊礼等，以表示自己皇权的合法性。可是朱温说我想当皇帝就当，不管什么流程。心腹们劝说朱温要先加九锡，朱温一脸不高兴，九锡是什么东西，别给我整这些没用的。

公元907年四月，朱温逼迫唐哀宗退位，随后就下手把他给毒死了，唐朝正式灭亡。朱温正式登基，成了五代的第一个皇帝，改元开平，国号大梁，一般被人称为后梁，五代十国的乱世算是开始了。

刚建国的后梁，国土面积小得可怜，也就能控制现在的河南、山东两省，加上陕西、湖北的一部分，对比唐朝来说，简直是精简后的迷你版。

而要想多拿地盘，朱温首先要做的就是清除藩镇。

唐朝藩镇众多，虽然在安史之乱后大家还是不听话，但还真没几个想着造反，毕竟唐朝再孱弱再混乱，好歹也代表着一种秩序。在这种秩序之下，节度使们用合法的身份当土皇帝，日子过得简直太爽。

节度使们井水不犯河水，各自在自己的地盘捞钱，而一旦这种秩序崩溃了，连名义上的仲裁者都没了，所有人就会陷入混战。你可以杀别人抢地盘，别人也可以杀你，谁能保证自己会笑到最后？

朱温篡了唐，要说有人服，那是不可能的。最不服的，就是和朱温有深仇大恨的李克用。

在汴州被朱温算计后，李克用无时无刻不想着报仇，这些年没少和朱温打仗，还一度想着攻打长安把皇帝抢走。在朱温建立后梁后，李克用便拉起了光复唐朝的旗帜，自己用的依然是唐朝的年号。

如果朱温的后梁统一了北方，那么第一个要收拾的就是李克用，所以李克用只能先下手为强。为了征讨朱温，李克用找了一堆盟友，甚至和契丹的耶律阿保机结拜了兄弟。他要拉大家一起光复唐朝，可是这些人哪里有这个心思。

郁郁寡欢的李克用在后梁建立的第二年因病去世。死前，他给了儿子三支箭，每支代表一个仇人，嘱托儿子要消灭自己的仇人。

第一支箭，除掉幽州的刘仁恭。当初他兵败后，来太原投奔于我，我不但赐他良田豪宅，而且带兵替他打下幽州，之后更是为他向朝廷讨了卢龙军节度使的位置。后来唐昭宗被劫，我向他借调卢龙兵马勤王，他非但不借，还写信骂我。朱温建立后梁后，他又当墙头草投靠朱温。不拿下他的地盘，黄河以南就无法拿下。

第二支箭，干掉耶律阿保机。当年他与我结为异姓兄弟，说好一起匡扶唐朝，他却趁我和朱温大战时数次到中原来抢劫，令我腹背受敌。我与他约定共同讨伐朱温，他却因朱温势强背叛于我。

第三支箭，就是大仇人朱温，当年我与他共同讨伐黄巢，事成后他却想置我于死地。如果能灭掉朱温，那你就可统一天下，而我九泉之下也能瞑目。

李克用的儿子含泪接过箭矢，为了表示谨记父亲的托付，将箭供在祖庙，每除掉一个人，就拔掉一支箭。李克用的儿子叫李存勖，在五代十国的历史上，是个战争指挥天才。

朱温看到李克用病死，认为机不可失，马上派大军攻打太原。不想李存勖用兵如神，在半路上埋伏截杀，几乎全歼后梁大军，一战封神。朱温不甘心，亲率数万最精锐的禁军再次北上，结果还是被打得落花流水。

朱温这才知道自己碰上了狠人，感叹道："生子当如李存勖，李克用虽死犹生！我的儿子与之相比，就像猪狗一样！"

公元912年，朱温的二儿子朱友珪看到朱温已经病重，而自己争夺皇位无望，于是带领五百士兵杀入皇宫，砍死了朱温，而自己则登基称帝，这就是五代的第二个皇帝。

朱温虽然荒淫无耻，但在处理军事和政务上还是有一手的，否则也不可能从一个农民军叛将成长为割据一方的大军阀，而朱友珪却没这么大的能力。

五代十国的规则，就是谁拳头大谁当皇帝。现在朱友珪上位了，将领们说："你算老几？你打过仗吗？会打仗吗？"很快，朱友珪就发现，他这个皇帝根本没什么用，除了中央禁军，就没人听他的。朱友珪不甘心，想要搞军区调动。实力最雄厚的杨师厚第一个不满意了，说皇上你这是要造反吗？你不听话，我就换个听话的。杨师厚发起兵变，逼迫朱友珪自杀后，拥立朱温的第三个儿子朱友贞称帝，他是五代的第三个皇帝。

从后梁建国到朱友贞称帝，前后不过数年时间，便陷入了唐朝的循环：朱友贞想拿回军权，将领们各种斗争内耗。

朱友贞在将领们的拥戴下当了皇帝，为了表达感激之情，几乎把国库掏空了进行犒赏，但杨师厚并不满意，觉得要没有我们，你能当上皇帝？

朱友贞又气又怕，但是拿杨师厚一点儿办法都没有。如果局势再发展下去，朱友贞搞不好就要走唐昭宗的老路了。不想天有不测风云，杨师厚居然病死了。知道消息的朱友贞高兴地蹦起来了，当天就在宫廷里大摆宴席，欢送杨师厚。

随后，朱友贞安排人接收魏博镇，并派出中央禁军护送上任，想将这个军事重镇一分为二，彻底拆散，将原来河北的士兵调到河南。可魏博将士们说我们在这里待得好好的，干吗要背井离乡？群情激愤下，士兵聚众哗变，纵火大掠，最后干脆投靠了李存勖。

魏博是后梁实力最强大的地区，能拿到魏博，对李存勖来说简直就是天上掉下了一块大馅饼，笑得嘴都合不拢。有了魏博的久战精兵的加入，李存勖的军事实力大大地增强了。

此时的李存勖还牢记着他老爹的遗愿，励精图治多年，不断扩张自己的地盘。

公元911年，刘守光建立桀燕，自称大燕皇帝。后来李存勖带兵攻破城门，灭掉刘守光部队，将刘仁恭、刘守光父子俩捆绑到太庙向李克用献祭，取出了太庙中的第一支箭。

数年后，耶律阿保机率领全部军队南下。李存勖仅用几千骑兵就打退契丹军队。契丹撤退的路上桥狭冰薄，不计其数的契丹士兵都被冻死、饿死，或者掉到河里淹死。此战让契丹元气大伤，连耶律阿保机的儿子耶律牙里果都被活捉，被关起来当了人质。李存勖取出了第二支箭。

最后的敌人，就是后梁了。

02 沿用"唐"国号的朝代

公元923年四月，李存勖登基称帝。这是五代的第四个皇帝。

李存勖和朱温不一样，比较注重合法性，他沿用"唐"为国号，一般我们管这个政权叫后唐。

第十章 | 五代十国：帝国的转身

当上皇帝的李存勖，开始全力进攻后梁，朱友贞哪里是对手？对于后梁的士兵来说，到哪里当兵都是当兵，于是纷纷叛逃，跑到李存勖的旗帜下，连传国玉玺也给了李存勖。

朱友贞众叛亲离，眼看逃兵越来越多，却束手无策，最终在宫殿中抹了脖子。至此，后梁灭亡。这个创立于公元907年，覆灭于公元923年的政权，不过存在了短短的十六年。

李存勖是个军事天才，但在治理国家上是个蠢材。李存勖攻灭后梁后就开始享受人生，他懒得处理国政，却有两大爱好。

第一个是敛财，苛捐杂税，横征暴敛，将搜刮到的钱财全部放到自己的私库里，表示都是自己的，和国家没关系。

在挣钱这个方面，他还有一个完美合伙人，就是皇后刘氏。刘氏权力极大，所发布的懿旨与皇帝圣旨具有同样效力，各地官府都必须执行。

刘氏一门心思地想着捞钱，每天光琢磨怎么搜刮民脂民膏，派人到各地做皇权特许的垄断生意，连柴火果蔬之类的贩卖都要插一脚，从中获利。

这两口子的贪婪是出了名的。有一年后唐出现大旱，遍地饥荒，宰相率百官上表，请李存勖开内库赈灾。

李存勖不情不愿，最后咬牙同意，但刘氏又不肯答应，说生死有天命决定，非人力所能挽回。宰相跪下来求她给钱，好说歹说刘氏才同意出点血，结果给了宰相自己的梳妆用具、两口银盆，说我就这么多，其他的要钱没有，要命你有本事来拿……

李存勖的第二个爱好就是听戏，是个超级票友，有时候自己还跑上舞台客串一下，过下明星的瘾。慢慢地，他对戏子们百般宠信，一旦听戏上头，什么条件都答应，任命了不少戏子做刺史等高级官吏。

戏子们更是随意出入宫禁，把皇宫当自己家。他们仗着李存勖的宠爱肆

133

无忌惮地欺凌大臣，大臣们敢怒不敢言，有些有眼色的大臣还会反过来巴结戏子，让他们在皇帝面前帮自己说话。

这样一来，李存勖很快就搞不下去了。最不满的是各地的节度使，说我们流血流汗给你打下江山，却连个戏子的地位都不如。

而李存勖还在继续作死，觉得当了皇帝就应该享受，开始大兴土木修建皇宫。皇宫规模大了，管不过来，于是诏命各地的前朝宦官来京师洛阳，以致宫中宦官激增到近千人。这些宦官有的担任诸司使，有的充作藩镇监军，都被李存勖视为心腹。

当一天皇帝作一天死，李存勖最终惹了大祸。

公元925年，李存勖派魏王李继岌领兵六万征讨前蜀，军中尚有郭崇韬。

郭崇韬军事能力极强，是李存勖平灭后梁的主力将领。这次南下，很快就把蜀地给打下来了。可他还忙着在当地剿灭盗贼时，李存勖旁边的太监、戏子们就开始嚼舌根，天天对李存勖说郭崇韬要自立为王。

消息传到皇后刘氏的耳朵里，刘氏深信不疑，因为她早听说蜀地遍地是财宝，现在郭崇韬把后蜀灭了，这么久居然还没把财宝拿回来孝敬自己。刘氏找到李存勖，说郭崇韬要造反。李存勖第一反应是不相信：那是我过命的兄弟啊，他要弄死我有的是机会。刘氏一看李存勖还在迟疑，干脆自己给军队中的心腹下了指令，骗郭崇韬去开会，然后砍死了他。

可怜郭崇韬对李存勖忠心耿耿，立下赫赫战功，最后就这么不明不白地死了。接到郭崇韬的死讯时，李存勖还在看戏。而且心想人都死了还能怎么办？干脆一不做二不休，把他全家都杀死得了。

这个消息传出来后，所有的将领都坐不住了。要知道郭崇韬的功勋比所有人都高。后唐刚建立的时候，李存勖给了郭崇韬丹书铁券，说要恕十死，没想到连他都不明不白地死了。

真要说起来，朱温虽然人不怎么样，但在管理国家上却比李存勖强得多。李存勖的一系列作为，最终让所有人都有了危机感，邢州、沧州相继发生兵变，李存勖让李嗣源带兵平叛。

李嗣源是李克用的养子，善于用兵，打仗勇猛，在李存勖建立后唐的过程中，是一员猛将。但是李嗣源带领部下开赴魏博的时候，亲兵全部哗变，挟制了李嗣源。亲兵和魏博的叛军不但没打，还搞了联欢。亲兵们对李嗣源说："你看李存勖配做皇帝吗？这还能搞得下去？要么你带领我们打回去，我们拥立你做皇帝，要么我们砍死你得了。"

李嗣源客气了几句，马上汇合各路叛军，打了回去。李嗣源的进攻非常顺利，几乎一路平推打到了洛阳。李存勖缺德事干得太多，根本没人愿意给他拼命了。李嗣源所到之处，基本上不用打，就有一大群归附的人。

到了最后，只有少数几个亲兵还愿意跟着李存勖拼命。史书记载李存勖的武力值特别高，最后时刻自己披甲上阵，亲率宿卫出战，一个人就杀死数百乱军，但再勇猛也架不住对方人多，最终被乱箭射死。

李嗣源当了五代的第五个皇帝。

对比同时代的许多皇帝，李嗣源还算是不错的。并不是说李嗣源有多强，只是他不乱搞，好好休养生息了几年。政治上，他杀贪腐，褒廉吏，罢官人，除伶宦，废内库。李嗣源还特别关注民间疾苦，中原出现了难得的太平景象。国库也很快充盈起来。契丹国东丹王归附。形势不断好转，号称明宗之治。

可惜李嗣源做皇帝的时候已经六十岁了。七年后，李嗣源的二儿子见老爹马上就快七十岁了，还没有封自己做太子，按捺不住起兵造反，不过还没准备好就被禁军扑灭。年迈的李嗣源见到这一幕又伤心又恼怒，很快就病重而死。

李从厚仓促登基，做了五代的第六个皇帝。

李从厚没有什么军功，越看周围的节度使越不安心，觉得他们随时都会造反，于是一心想着削藩。尤其是李嗣源的养子李从珂和女婿石敬瑭，他们是李嗣源最能打的左右手，也是李从厚最大的眼中钉。

李从厚想到的招数是换防，也就是把李从珂和石敬瑭都调离原来的藩镇。李从珂知道皇帝要收拾自己，果断起兵造反，不过因为还没准备好，很快就被李从厚的大军包围了。李从珂一看，围剿自己的几乎都是原来的军中兄弟，急中生智，把上身的衣服脱掉，露出身上的一个个伤疤，在城墙上大哭道："我自小就跟随先帝出生入死，身经百战，满身创伤，才有了今天的江山社稷；你们大家跟着我，这些事都看在眼里。现在，朝廷宠信佞臣，猜忌自家骨肉，我究竟有什么罪要受此惩罚啊！朝廷能这样对我，或许下一个就轮到你们了。"

看到李从珂这么说，大家都沉默不语，李从珂接着说："现在皇帝身边有坏人啊，你们只要愿意和我'清君侧'，每个人都能拿到一百缗钱作为奖赏。"这句话一出，士兵们再也不犹豫了，平叛大军成功被李从珂策反，杀向洛阳，不到一个月就赶跑了李从厚。李从珂当了五代的第七个皇帝。

当了皇帝后，该李从珂兑现承诺了，没想到一打开国库发现根本没那么多钱。跟着他造反的士兵都不干了，声称没钱就接着造反。

李从珂没办法，便纵容士兵们到洛阳城到处搜刮，甚至直接抢劫，挖地三尺搞了二十万缗钱，这样才让士兵们不再闹了。

李从珂当了皇帝，石敬瑭就成了最大的刺头。李从厚没有干完的事业，李从珂接着干，又要把石敬瑭调离自己的根据地。石敬瑭拒绝调动，李从珂一不做二不休，说石敬瑭要造反，派部队杀到了太原，决定斩草除根。

石敬瑭打不过，想到一个绝招，就是卖国。石敬瑭跑到契丹搬救兵。为了让契丹支持自己，石敬瑭承诺把燕云十六州送给契丹。耶律德光一听，高兴得都快疯了。一旦拿到燕云十六州，中原将无险可守，全是一马平川的平原，契丹的骑兵可以随时南下，任何时候都可以抢劫。

石敬瑭还生怕耶律德光对这个条件不满意，又说以后和耶律德光以父子相称，喊小自己十六岁的耶律德光为爹。

对此种认贼作父、卖国求荣的行径，连石敬瑭的心腹太原节度使刘知远都看不下去了，说道："称臣可矣，以父事之太过。厚以金帛赂之，自足致兵，不必许其土田，恐异日大为中国之患，悔之无及。"石敬瑭认为现在李从厚都打到家门口了，自己的命都快保不住了，哪里管得了这些。

得到了石敬瑭的许诺，耶律德光亲率五万骑兵支援石敬瑭。李从珂很快就顶不住了，被一路打到家门口，最后带着老婆孩子和传国玉玺登上玄武楼自焚而死。

其他的节度使见此形势，也纷纷投降了石敬瑭。后唐从公元923年李存勖建国，到公元936年被石敬瑭灭国，存在了短短十余年光景。

03 用燕云十六州换来的皇权

石敬瑭当上了儿皇帝，也就是五代的第八个皇帝，取国号为晋。他当皇帝的代价是把燕云十六州送给契丹，至此中原完全暴露在契丹的铁蹄之下，一直到朱元璋时期才收回了燕云十六州。

石敬瑭当皇帝，有两个特点。

第一，石敬瑭对契丹千依百顺，非常谨慎。石敬瑭每次书信皆用表，以此表示君臣有别，称耶律德光为"父皇帝"，自称"臣""儿皇帝"。每当契丹使臣至，便下跪拜受诏敕。除每年进贡大批财物，每逢吉凶庆吊之事还赠送好奇之物，以致赠送奇异之物的车队相继以道。

成德节度使安重荣上表指斥石敬瑭卖国求荣的行为，表示要与契丹决一死战。石敬瑭发兵斩了安重荣，还将他的头颅送给了耶律德光。

石敬瑭大肆搜刮民脂民膏孝敬契丹，生怕惹耶律德光不满意。中原本来久经战火，现在更是危机重重，民不聊生。

也就是在这一段时间，契丹的实力得到了空前的加强，为后来辽国的建立打下了基础。

第二，说好听点叫无为而治。石敬瑭什么都懒得管，反正出事了还有他爹耶律德光罩着。

各个地区的节度使不听号令，将领们对石敬瑭的行为冷嘲热讽……石敬瑭说你们随意，我才懒得管你们，我就孝敬好我爹。

虽然对外做了儿皇帝，但是石敬瑭完全没耽误自己享受。他称帝后觉得都城洛阳太破，就迁都到开封，过上了混吃等死、穷奢极欲的日子，连宫殿都用黄金、美玉、珠宝装饰得富丽堂皇。

一边自己大把花钱，一边还要孝敬契丹，当然就是吏治腐败、朝纲紊乱、民怨四起，石敬瑭就发明创造了一堆残酷手段去震慑不听话的人。

看到皇帝浑浑噩噩，下面的节度使就乘机"做大做强"，大家各过各的。

石敬瑭本想一直享受下去，可没那么简单，当初他把燕云十六州割让给契丹，其中包含了雁门以北的吐谷浑部落。契丹拿了地盘，就把吐谷浑部落当奴隶用，不是压迫就是抢劫，吐谷浑部落不甘屈辱，投靠了太原节度使刘知远。

看到自己居然被挖了墙脚，耶律德光勃然大怒，找石敬瑭兴师问罪。石敬瑭想到这几年刘知远在太原潜心发展，实力非常强大，反复掂量后，发现自己未必打得赢。可是耶律德光又每天派使者过来找自己要说法，两边都得罪不起。石敬瑭反复纠结，没过多久就给憋屈死了。

石敬瑭死后，他的侄子石重贵当了五代的第九个皇帝。

石重贵是个财迷，上任后，一看每年要给契丹孝敬那么多钱，心疼得眼泪都掉了下来。他给耶律德光写信说："以后自己愿意称孙，但不能向契丹称臣。"这类似于你可以侮辱我，但不可以侮辱我的国。

接下来说的才是重点，石重贵认为每年给契丹的进贡太多了，而自己现在也没那么多钱，所以以后的进贡减半。耶律德光早被石敬瑭孝顺习惯了，看到书信后大为震怒，既然石重贵不给，那自己就去拿。

公元944年，契丹进攻后晋。石重贵看到这一幕，又给耶律德光去了信，说自己只是说着玩的，没有造反的意思。但耶律德光根本不搭理，石重贵被逼无奈，只得在众将领的簇拥下"亲征"。

反抗契丹当然是对的，但石重贵是个纨绔子弟，根本没有军事才能。痴迷音乐的他，甚至还在军中带着全套的乐器，让歌姬给他表演。历史记载："浅藩军校，奏三弦胡琴，和以羌笛，击节鸣鼓，更舞送歌，以为娱乐。"石重贵动辄还不满意，认为歌姬表演得不好。

这仗打了两年，石重贵基本没发挥什么作用。他指挥无能，用人不当，但是因为举起了民族大义的旗帜，所以中原军民奋勇抵抗，再加上各节度使心里也清楚，要是契丹把中原打下来，所有人都要遭殃。

打了两年，契丹接连失利，最后只好悻悻北归。而石重贵看到自己一雪前朝之耻，成了民族英雄，有了盖世伟业，回去就过上了醉生梦死、声色犬马的生活。

石敬瑭已经很奢侈了，但石重贵觉得还不够。他大建宫室，装饰后庭，广置器玩。为铺地毯，不惜用织工数百，费时一年……完全忘了契丹的威胁。

本来现在已经不用再给契丹进贡，国库应该充盈才对，结果在他的折腾下，国库更为空虚。

就这样过了两年，石重贵玩腻了，想找点更刺激的。他想到原来自己居然叫耶律德光爷爷，简直太屈辱了，现在契丹被自己打跑了，他们也没什么了不起的，于是想一举歼灭契丹。他发布了征讨契丹的诏书，写得气势如虹："先取瀛莫，安定关南；次复幽燕，荡平塞北！"

决定征讨契丹后，石重贵任命杜重威为先锋，让他带领十万大军去打契丹。杜重威根本没把契丹当回事。他在行军路上一直饮酒作乐，稀里糊涂地就被截断了粮道。

杜重威一看大军没东西吃，就胁迫其他将领带着十万大军投降了。

大势已去的石重贵也没心思听音乐了，在皇宫里面准备自焚，虽然被群臣好说歹说拦了下来，但他已经锐气全无，派人把玉玺、金印、降表全部送给了耶律德光，说只要能让自己做孙皇帝，一定好好尽孝。而耶律德光却不接受投降，很快就打到了汴梁，把石重贵一家老小全部掳去了契丹。

后晋总共就出了两个皇帝，一共延续了十一年。

༄ 04 最黑暗的朝代

耶律德光原来也经常南下掳掠，但这次杀到了汴梁，就不想走了。他想做皇帝。

其他的节度使一看耶律德光想做皇帝，虽然心有不满，却没人出头，都力图保存自己的实力，只要耶律德光不动自己的地盘就行。

公元 947 年，耶律德光过了一把皇帝瘾。他下诏建国号为"大辽"。

五代时期过去的四十年，皇帝再混蛋，好歹也代表了一种秩序，但耶律德光这时建立的辽朝，根本就不是个正经朝廷。

没有粮草了，就去打谷草；看到什么好东西，直接上去抢，抢不过就杀人放火；契丹任命的县令更是率领部队带头抢劫。

老百姓们彻底活不下去了，纷纷揭竿而起。他们组成规模不一的军团，大部多至数万人，小部在千百人，他们攻破州、县城，杀死契丹任命的官吏。

原来的节度使们一看"民心可用"，也开始率部起义。耶律德光陷入了人民战争的汪洋大海。没过几个月，契丹就只剩下汴梁一座孤城，周边全都失去了控制。

耶律德光心惊胆战，心想这时再不走，估计北上的道路也会被截断。于是他在汴梁疯狂地劫掠了一把，到处放火烧屋，杀人泄愤。抢无可抢后，他带着后晋宫女、宦官数百人以及诸多财物，逃离了中原，但他跑到河北就病死了。

耶律德光在中原大肆劫掠的时候，太原节度使刘知远早早地奉上了投降表，然后躲在太原谋发展。

等到耶律德光一跑，刘知远觉得机会来了，便率领大军快速进入汴梁登基称帝。因为姓刘，他就想方设法地和汉朝攀上关系，取国号为汉。

这就是后汉，而刘知远也成了五代的第十个皇帝。

刘知远是一个残暴阴险的人。前边讲过吐谷浑部落不堪忍受契丹的掠夺，归附于刘知远。后来契丹兴师问罪，刘知远处理问题干脆利落，屠了吐谷浑部落的四百多人，并抢走了他们剩下的战略物资、粮草、马匹等，吐谷浑部落就此消失在历史中。

当了皇帝，刘知远就关起门来享受做皇帝的乐趣。他把税赋提升了五倍，任命了一堆酷吏横征暴敛。他治理天下简单粗暴，就一句话："严刑峻法，谁不服就杀谁。"

在刘知远的统治下，官员们玩命地换着法子敛财。王守恩管财务，为了聚敛钱财，他规定连上厕所、上街乞讨都要交税，有时候有人家里出殡，不交税也不许埋葬。要是没钱交税怎么办？那就惨了。史弘肇为中书令，心理极其变态扭曲，只要有犯人，无论偷窃还是抗税，不问青红皂白，一律极刑。最离谱的就是历史中记载太白星白昼出现，史弘肇看到不少人抬头眺望后，说谁让你们看了，我给你们下命令了吗？于是下令将这些人全部抓起来腰斩，而他就在一旁饮酒欣赏。

后汉，被称为五代中最黑暗的朝代。

朱温虽然人不怎么样，但比起刘知远来，算得上圣人了。刘知远当了一年皇帝就病逝了，他儿子刘承祐登基，成为五代的第十一个皇帝。

刘承祐和他爹一个德行，但不一样的是他几乎没有从军经历，也没有能力约束军队，大臣们都不把他当回事。

刘承祐越想越怕，看谁都像要造反，天天担心自己的位置不保。想来想去，刘承祐和一些大臣们想到一个对策，那就是刘承祐觉得谁有反心不听话，就通知他到皇宫开会，等对方进了宫殿就关闭宫门，让事先埋伏好的侍从把这个人乱剑砍死。

自古以来，皇帝要赐死大臣，还从来没有这样做过，大臣们也没想到居然还能这样。史弘肇、杨邠、王章等一众权臣，都被他用这样的方法给稀里糊涂除掉了，但刘承祐最不放心的是郭威。

郭威是后汉将领中军事能力最强的人,他为后汉拿下河中地区,还曾经大破契丹,军功显赫,在朝廷中的威望如日中天。而且郭威崇尚节俭,仁爱百姓,不仅没有苛捐杂税,还将自己缴获的上万头耕牛给农民使用,到一个地方就用心治理一个地方。

看到郭威不和大家比烂,刘承祐越想越害怕,这不就是收买人心志在天下吗?郭威不除,刘承祐天天做噩梦。

公元 950 年,刘承祐决定故技重施,召集郭威等将领回来开会,准备将他们一网打尽。可郭威在朝廷中人缘极好,刘承祐的计划刚制订出来就被人泄漏了。郭威知道后自然不会坐以待毙,便召集其他将领商议对策。众人也不傻,看到朝廷中动不动就有官员"人间蒸发",不知去向,早就惴惴不安,现在一看郭威挑头,自然推选他做盟主,要杀回汴梁"清君侧"。

刘承祐见郭威起兵造反,恼羞成怒,把郭威留在汴梁的家属全部屠尽。郭威痛哭流涕,牙齿都咬碎了。他带领部队一路平推,一个月不到就拿下了汴梁,刘承祐在乱军中被杀死。短命的后汉就此被终结,仅仅延续了三年。

公元 951 年,郭威登基称帝,建立后周,是五代的第十二个皇帝。

༄ 05 五代十国最杰出的两个皇帝

郭威进入汴梁后,发生了一件很诡异的事情。

群臣都说后汉无德,要求郭威做皇帝,一个比一个呼声高。可群臣把嘴都说破了,郭威却坚决表示不行,认为如果自己做皇帝,就是一个叛臣。郭威说刘知远的养子刘赟做皇帝才名正言顺。大家看到郭威这样说,也不知道怎么办了。

就在僵持不下的时候，前线传来紧急消息：契丹又打过来了。

郭威披挂上阵，带领大军北上迎敌。部队刚开赴澶州，威望极高的他却约束不了自己的军队了，将领们纷纷哗变，把郭威抓了起来，拿把刀放他脖子上威胁道："你要么当皇上，要么我们就杀了你。反正刘赟无德无能，他要做了皇上，我们都讨不到好。"

在暴力胁迫之下，郭威"万般无奈"，只好非常"委屈"地答应大家做皇帝。众将士欢呼雀跃，找了件黄袍披在郭威身上。而神奇的是，当契丹大军听到郭威做了皇帝，肝胆俱裂，快速地"撤离"了。至于刘赟，也在几年后莫名其妙地死掉了。

黄袍加身的第一人，历史上明确记载是郭威。只不过十年后，有个叫赵匡胤的年轻人，翻出了这个剧本，又演了一遍。

不管郭威做得对不对，他都是五代十国中最杰出的皇帝之一。

在郭威的治理下，久经战乱的中原地区，终于恢复了宁静。从他开始，统一的曙光已经出现。以往五代的皇帝，基本上都是醉生梦死，奢靡浪费，而郭威胸怀大志，当上皇帝后当众将宫中的珍玩宝器及豪华用具打碎，以显示自己的节俭之心。

后世对郭威的评价，几乎都是赞誉之词，尤其是和五代其他皇帝比起来，简直就是不世出的明君。可以说郭威把历代好皇帝做的事情全做了一遍：整顿吏治纲纪、减轻税赋、招抚流民、组织生产、治理河患、灌溉良田、拜谒孔庙……

郭威心态极好，为人谦逊低调，他对大臣们说："朕生长于军旅之中，不懂得学问，也不精通治国安邦的大计，文武官员有利国利民良策就直接上书言事，千万不要只写一些粉饰太平的无用话。"

郭威所做的这一切，已经是为统一华夏在做准备了。不过太可惜了，郭威在位三年就病逝了。

郭威临终前的遗言，堪称帝王楷模："朕若不起，汝速治山陵，毋令灵柩久留殿内。陵所务从俭素，不得募役百姓，不得多用工匠，勿置下宫，不要守灵宫人，并不必用石人石兽，但用纸衣为殓，瓦棺为椁，入窆后，可募近陵人民三十户，蠲免征徭，令他守视。陵前只立一石，镌刻数语，可云周天子平生好俭，遗令用纸衣瓦棺。每年寒食，可差人祭扫，如没人差去，遥祭亦可。汝若违我遗言，我死有知，必不福汝。"

郭威，是一个好皇帝，也是一个好人。

我们前边提到过，郭威全家老小都被刘承祐杀了个精光，连襁褓中的幼子都没有放过，唯一还和郭威有关系的，就是他的侄子，也是养子，柴荣。

柴荣的全家老小，也在当时被刘承祐杀干净了，与郭威可以说是同病相怜，郭威登基后就让柴荣做了皇储。

公元954年，五代的第十三个皇帝，一代英主柴荣登场了。如果说五代十国所有的皇帝中郭威排名第二，那柴荣就无可争议地排名第一。

我们可以看到，后汉疯狂作死，把国家搞得一塌糊涂，但郭威仅仅励精图治了三年时间，就为以后的发展和统一奠定了坚实的基础。这充分说明，只要不瞎搞，建立一个强大的国家并不是太难。

五代之外，还有十国。十国就是十个割据政权，里面也不乏精明能干的人，比如前蜀的王建，他注重农桑、兴修水利、扩张疆土。再如南汉的刘隐，他兴办学校、提倡教育、推广科举制度、与民休息。

但是历史进入了一个死循环，就是富不过三代，很多继任者疯狂铺张浪费，快速地败光了家产。

这都不是最关键的，最关键的问题是：五代十国的建国者们，都是节度使出身，他们很少有统一天下的宏图伟业，也就是靠着自己拳头硬，割据一方过小日子。

武力值是他们创业的初始条件，但是到了继任者这一代，武力值必然是大打折扣，如果拳头不硬，就不可能守住这份基业。

其他的节度使和将领们看到这种局面，都动了一些其他心思。反正你也守不住，别人抢走还不如我来抢，你都能做皇帝凭什么我不能做？

所以柴荣光有想治理好国家的心是不够的，他要做的第一件事，就是在军事上证明自己，这样其他人才会放心地跟着他干。

郭威于公元954年一月病逝，郭威在世时，慑于他的战功，契丹数年来不敢南犯。二月，后周北面的北汉世祖刘崇就按捺不住了，他找到了契丹皇帝耶律璟，联合攻周。

面对挑衅，柴荣力排众议，决定带兵亲征。他心里清楚得很，这一仗不仅要打服契丹和北汉，更要打服后周所有观望的将领。这是攘外，更是安内。

后周军队日夜兼程，在山西与敌军正面相遇。没想到刚看到契丹人的影子，右军樊爱能、何徽带着部队只打了一个照面就开始跑路，后周的右翼军队全线溃逃。看到大批的人跑路，中军一部分士兵竞相卸去铠甲，扔下武器，竟然向北汉投降了。

樊爱能、何徽为什么仗还没打就逃跑了？并不是他们通敌，只能说五代中皇帝换得太快了，不到五十年间先后换了十三个皇帝，一个朝代接一个朝代走马灯一样。柴荣不一定能坐稳皇帝的位置，樊爱能、何徽等将领自然也不愿意去拼命。

看到后周军队未战先溃，刘崇认为已经稳操胜券，不想让契丹人抢走这个大功，便命令骑兵一路平推了过去，而自己则跑到了中军帐中喝酒，静待捷报传来。

在后周全军惶惶不安之际,柴荣却无比冷静。他知道现在说什么都没用,也没人买自己的账。这一仗他若败了,皇帝的位置也坐不下去了。柴荣跃然上马,冒着飞石流箭,在阵前进行指挥。这一幕极大地振奋了后周的士气。禁军头领赵匡胤第一个清醒过来,高声喊道:"主上面临险境,我等当拼死一战!"

在柴荣的激励下,赵匡胤和张有德各率数千骑兵,左右夹击,以死拼杀。赵匡胤的举动,给其他士兵树立了榜样。殿前侍从马仁禹大喊"主辱臣死",邓州行军司马唐景思高喊"愿赐臣坚甲一联",均带头冲锋陷阵,奋勇杀敌。后周士兵无不以一当十,以十当百。

就在这个时刻,北汉主将张元徽在拼杀中马失前蹄,一个筋斗从马上摔了下来,后周士兵一拥而上,张元徽被当场格杀。指挥官被砍死后,北汉士气大挫,士兵再也无心恋战,开始逃亡。

刘崇见此形势,忙举旗收兵,但溃逃士兵越来越多。刘崇仅带着几百残兵逃回晋阳。而契丹元帅见后周大军勇猛无敌,将北汉军打得几近全军覆没,慌得丢下辎重、粮草、器械,开始逃命。

自此,柴荣彻底证明了自己的能力,也极大地增强了信心,立下了"以十年开拓天下,十年养百姓,十年致太平"的壮志。

在内政上,柴荣继承了郭威的遗志,他继续实施均定田赋、奖励农耕、兴修水利等举措,使得地方生产逐渐得到恢复。

在军事上,柴荣开始了华夏的统一战争。柴荣南征北战,并连战连捷,他西败后蜀,收取秦、凤、成、阶四州;南摧南唐,得到江北淮南十四州;北破辽国,连破三关三州。

后世对柴荣的评价,硬是挑不出一点儿不是来,均认为柴荣神武雄略,乃一代之英主。可以说柴荣是一个零差评的皇帝。

如果不出所料的话，柴荣就是结束乱世，重新让华夏一统的人。可惜，柴荣仅在位六年就突发疾病去世，年仅三十九岁。

柴荣成年的子嗣都被刘承祐杀光了，仅仅留下了一个七岁的儿子，他就是五代的第十四个皇帝柴宗训。

而这时历史又一次重演了。半年之后，公元960年的正月，又传来契丹大军要打过来的消息。赵匡胤照搬了郭威的剧本，再次上演了"黄袍加身"，仅仅延续了九年的后周被终结了。

赵匡胤篡夺了后周天下，抢走了郭威、柴荣所创立的基业，很难说他做得对不对。因为从唐朝后期开始，"君权神授"的那一套就已经被破坏殆尽，秩序几乎荡然无存，武力值最强大的人登基称帝成了唯一的规则。

"天子者，兵强马壮者为之尔"，这句话成了五代十国时期的真理。

就算赵匡胤不造反，后周宗室也很难完全信任他，因为武力值太不对等了，皇室和武将的猜疑链的形成，是迟早的事情。

如果说赵匡胤做错了，那最大的错误就是没有收回燕云十六州。北宋绝对称不上是统一了华夏，而是和辽国、西夏并列的割据政权。

如果赵匡胤能平定辽国，后世就不会对他有那么多的质疑。大家普遍认为，多给柴荣十年，以他的能力，必定可以一统华夏，拿回燕云十六州。可惜历史没有假设。

而赵匡胤最大的功劳，就是平息了这场持续了五十多年的暴力游戏，重新建立了秩序，让中原地区稳定了下来。

这也充分说明了，身体健康真的是太重要了。赵匡胤活了五十岁，在位十六年。这个时间也不长，五代中能做出点成绩的皇帝在位时间都不长，李嗣源在位七年，郭威在位三年半，柴荣在位六年，赵匡胤比他们多了几倍的时间。

如果赵匡胤在位就六年的话,他的成就可能也就和柴荣一样。当然,如果再给赵匡胤十年的时间,他要能活到六十岁,也许历史又会改写了,宋朝也许会真正地成为一个大一统的朝代。

所以,从这个角度来看,赵匡胤篡周并没有什么大错。

06 五代十国对宋朝的影响

公元979年,赵光义平灭北汉,五代十国的历史到此结束。

从宋朝开始,所有的皇帝一想到从唐朝开始的藩镇割据和五代十国的军阀混战,无不脊背发凉,把拱卫皇权的重要性远远排到了开疆拓土之上。

所以宋朝自建国初,就开始消灭这种隐患。首先就是把军权彻底分割。从宋朝开始,几乎再没有出现过武将造反的案例(这里要多说一句,朱棣是藩王而不是真正意义上的武将),因为军队的管理权、使用权、人事权、财政权被彻底分割,文臣对武将进行全面限制,再加上朝廷的监督,将领想随心所欲地调动自己的军队简直是难如登天。

从宋朝开始,掌控军事大权的枢密使再也不由武将担任,而是由文官担任,并且设置了一系列密密麻麻的官职,让他们相互牵制。

整个宋朝政治体制的核心是考虑如何限制军权,强化皇权。如强干弱枝,强化中央禁军,弱化边防军,这导致北边无险可守的宋朝集中了一半的军力在京城周边。再如将领频繁调动,兵不识将,将不识兵,要打仗的时候临时委派将领。

在这些举措下，至少五代十国这样悲惨的乱世不会频繁出现了。因为在乱世，当皇帝是靠武力，这样就必然纷争不断，谁当皇帝都没办法保证自己的后代同样能以强大的武力威慑部下。

但这套制度也成了一些想要开疆拓土的皇帝的阻碍。

狄青是不世出的军事奇才，数次大战无一败绩。在他的指挥下，北宋大破西夏，夜袭昆仑关，平侬智高之乱，而这些或许是整个北宋在军事上的巅峰。

狄青的赫赫战功，让宋仁宗极为感动，他大肆赏赐狄青府邸、财宝、美女、名誉等，就连子嗣也加官晋爵。最后仁宗还是嫌不够，硬是不顾群臣的反对任命狄青做了枢密使，统率全军，这可以说是破了北宋的天荒。

狄青因升迁，被群臣争相弹劾，但宋仁宗是开明君主，便对这些子虚乌有的弹劾置之不理。群臣问他："陛下忘记了藩镇割据，忘记了五代十国？是准备把祖宗基业送人吗？到时候是要愧对列祖列宗的啊。"

一顶大帽子下来，宋仁宗沉默不语。最后，朝廷找了个理由撤销了狄青的枢密使职务，调他到陈州，可宋仁宗是个重情重义的人，觉得自己实在对不起狄青，每个月都派使者去慰问他。

但狄青不明白宋仁宗的心意，每次听到皇上派使者来，都会整日惊吓疑虑，心想不会是派人来毒死我的吧？不到半年，狄青就生病去世了。

谁也说不清宋仁宗疏远狄青是对是错，只能说人性确实经不起考验，尤其在皇权面前。

第十一章
宋　朝　（一）

理想主义者和心中魔鬼，只有一步之遥

> 我说过,古代王朝很难走出三百年的宿命循环,因为土地兼并形成贫富悬殊,并最终导致一系列后果。皇帝通常都清楚这个原因,所以历代皇帝都在做相应的改革,打压豪强,抑制土地兼并。但是宋朝是明确采用"不抑兼并"政策的朝代。

第十一章 | 宋朝（一）：理想主义者和心中魔鬼，只有一步之遥

01 好皇帝与好人

我们很难用好人或坏人去评价历史人物，尤其是身居高位的大臣或者皇帝。有时候好人和好皇帝并非是统一的，甚至要做出取舍。

宋神宗赵顼是一个好人，也是一个有温情的人。他有理想，有抱负，有很强的事业心，一度坚定地推动变法，立志富国强兵，并有平定西夏的宏图大志。他为人宽厚、善良，是难得的有同理心的皇帝，懂得换位思考，对待臣民、妃子及宫女都十分客气。

《宋史》对赵顼的人品给予高度评价："帝天性孝友，其入事两宫，必侍立终日，虽寒暑不变。尝与岐、嘉二王读书东宫，侍讲王陶讲谕经史，辄相率拜之，由是中外翕然称贤。其即位也，小心谦抑，敬畏辅相，求直言，察民隐，恤孤独，养耆老，振匮乏。不治宫室，不事游幸，励精图治，将大有为。"

赵顼有着改革宋朝社会的雄心壮志。他登基后，立志平定西夏，对西北军务投入了巨大的人力、物力。1081 年，西夏皇室内乱，赵顼等到了最好的机会。宋出兵五路伐西夏，但结果因为后勤跟不上，无功而返。1082 年，宋朝在边陲筑永乐城，结果西夏发动大军围攻永乐城，宋朝惨败。

消息传到京师，三十五岁的皇帝赵顼在朝堂上当场崩溃，掩面痛哭，再加上王安石变法的失败，赵顼终于在巨大的压力下病倒，三年后就走完了自

153

己的人生。悲哀的是，赵顼的庙号是"神宗"。

"神"字用在赵顼身上可不是什么好评语。这里"神"的解释是"民无能名"和"不名一善"。"民无能名"是百姓无法对他的功绩进行评价，"不名一善"是百姓无法说出他到底做了什么好事。简单点说就是不知道说什么好。

这个看似金光闪闪的"神宗"庙号实际上是明褒暗贬，有功业不足、半途而废的含义。在中国历史上有"神宗"称号的还有朱翊钧。他几十年不理朝政，不郊，不庙，不朝，不见，不批，不讲……导致明朝政务全面废弛，是实实在在的昏君。可怜赵顼辛苦一生，三十岁就愁容满面，头发花白，每日宵衣旰食，居然和一个毫无作为的皇帝得到了一样的庙号……

遗憾吗？不公吗？其实也没有什么遗憾。皇帝这个职业有时候和总经理一样，你让员工去评价总经理，员工说："我们老大每天凌晨五点就到公司了，第一个来上班，每天最后一个走，特别敬业。我们老大很关心我们，经常对我们嘘寒问暖，还给我们发补贴。但是，公司的业绩年年亏损，最后公司倒闭了，所有的员工都失业了。"所以，对皇帝的评价永远是先看功业，而不是先看人品。

老百姓评价政治家和投资人评价公司一样，你怎么想的不重要，重要的是结果。很遗憾，赵顼辛苦了一辈子，主持的两件大事——西夏军务和变法图强全部失败。赵顼高度信任的王安石是一个工作狂，穷尽一生想富国强兵，吃饭的时候脑袋里都想着工作，只扒拉离自己最近的菜。朱翊钧玩了大半辈子，饱食终日，却有一个张居正让政府面貌焕然一新，经济状况也大为改善，朱翊钧至少前半生躺赢。相较朱翊钧与张居正，赵顼与王安石——两个最有抱负、踏实勤奋的理想主义者，为什么会失败？

02 宋神宗为什么会失败

很多人说宋朝是积弱而不贫，其实宋朝到底有没有钱现在都没有定论。但有一个事实是，到了赵顼当皇帝时是真的没钱了。

宋神宗上任才几天，三司使就告诉宋神宗国库没钱了。历史记载"仁宗升遐，及今未满四年，大祸仍臻，内外公私，财费不赡……自康定、庆历以来，发诸宿藏以助兴发，百年之积，唯存空簿"，这时只要稍有战事或天灾，宋朝或将面临崩溃。

为什么宋朝没有钱？我说过，古代王朝很难走出三百年的宿命循环，因为土地兼并形成贫富悬殊，并最终导致一系列后果。皇帝通常都清楚这个原因，所以历代皇帝都在做相应的改革，打压豪强、抑制土地兼并。但是宋朝是明确采用"不抑兼并"政策的朝代。

宋朝不禁止土地兼并，是因为赵匡胤开了一个不好的头，将大量的土地、宅产赐予了原来的节度使，让他们颐养天年，不要学"黄袍加身"。他用钱财换军权，自然不会对地方豪强进行压制。

到了宋神宗时期，宋朝已历百年，宋朝的土地兼并已经到了非常严重的地步。三分之一的自耕农沦为佃户，豪强地主隐瞒土地，不缴税赋，历史又一次重演。这样的状态宋朝是怎么解决的呢？

一方面是宋朝工商业发达，解决了部分就业；另一方面就是朝廷让大量的失地农民去当兵。据推测，北宋在鼎盛时期有一百六十五万士兵。根据《宋史·兵志》记载，仅中央禁军最高峰时有七十二万之众。宋代抗金名将李纲曾说："熙丰盛时，内外禁卒马步军凡九十五万人，承平既久，阙额三分之一，失于招填。"

后来不少历史学家推测，宋朝拥有士兵的真实数字不可能如此庞大，因为宋朝存在着大量的士兵吃空饷的现象。但不管有没有领空饷，都要按照登记的百万士兵名额发工资，因为宋朝实行的是募兵制。

所以，三司使蔡襄在《强兵篇》中问："臣约一岁总计，天下之入不过缗钱六千余万，而养兵之费约及五千万。是天下六分之物，五分养兵，一分给郊庙之奉、国家之费，国何得不穷？民何得不困？"

宋朝拿税收的六分之五来养兵，这还能好？

宋朝维持如此庞大的军队，其一是为了解决就业，将失地农民和很多罪犯都编入军队养了起来。在宋太宗时期，土地兼并导致的农民起义时有发生，有一部分农民甚至攻占了成都，建立了大蜀政权，控制了四川大部，这对一个开国不到五十年的王朝来说是非常罕见的。

其二是宋朝所面对的巨大的军事压力。宋朝没有燕云十六州，也没有河套地区和河西走廊，连养马的地方都没有。宋朝曾拨出巨额费用养官马，结果被官吏贪污了。于是宋朝只能在无险可守的华北平原硬刚游牧民族的骑兵，最后不得不搞人海战术，先保数量，再保质量。

03 沉重的财政负担，皇帝的噩梦

与庞大的军备开支比起来，宋朝还有非常严重的问题，那就是官员太多了。

宋太祖赵匡胤通过兵变夺权起家，因此他生平最担心的事情莫过于别人学他。苦思冥想之后，他终于找到了解决方案，那就是设立一套多部门相互制衡的制度，从而降低权力过度集中在个人手中的风险。这样的管理制度特点就是官僚体系极其庞大，因为在这种制度下，一个官员的职能被拆分成多个官员负责，导致宋朝官员数量是历朝的三倍以上。

比如，北宋枢密院有调兵之权，但不能直接掌管军队；三衙（殿前司、侍卫亲军马军司、侍卫亲军步军司）掌管军队，但无调兵之权。军队各部门再进行细致分工，通过兵与权的分离，杜绝了武将集团拥兵自重的可能性。

这样精密的划分贯穿整个宋朝。《皇宋通鉴长编纪事本末》记载，1112年官员总计四万三千多人，这些官员仅仅是文官，相较宋朝总人口，官员数量不算多，但这只是官，不是吏。要知道，在中国古代王朝，多数时候一个县衙正式纳入编制的官员就一个县官。明朝的疆域要比宋朝辽阔得多，但正德年间也就约两万名文官。

而且宋朝给官员的俸禄优厚。因为与士大夫共治天下，所以宋朝的官员基本是生活在蜜罐子里，工资分为正俸、加俸、职田三类，从基本工资到各种补贴福利应有尽有。不仅国家给配备仆役，还有衣服钱粮、茶酒厨料、时令水果、薪蒿碳盐等各种补贴。

冗兵和冗官成了宋朝的沉重负担，另外，宋朝每年还需向辽朝缴纳"保护费"。很明显，不变法，宋朝已经撑不下去了。

04 王安石变法

变法开始于王安石进京城之后，这时宋神宗刚完成祭天大典。

按照宋朝的惯例，完成祭天大典就要给所有官员一笔赏钱，但是这一次给不出来了，因为真的没钱了。大臣们很失落，在朝堂上展开了讨论，王安石与司马光发生了激烈的争执。

王安石认为，朝廷没钱是因为不会理财，需要变风俗、立法度，其实就是改革朝廷的财政管理制度。司马光激烈反对。在司马光看来，所谓理财就是歪门邪道，就是与民争利，因为天下的财富是恒定的，假设没改革之前是官府拿三成，百姓拿七成，而改革财政制度就是"横征暴敛"，变成官府拿七成，百姓拿三成。这样必定会导致民怨鼎沸、天下暴乱四起，令国本不稳。

王安石说："我不用增加赋税就能增加国库收入。"

司马光说："你这不是吹牛吗？怎么可能，你所谓的变法就是盘剥百姓。"

按照今天的标准来看，司马光显然完全不懂经济，因为财富是可以增长的，经济是需要循环的。王安石是一个具有超前意识的人，他的经济思维模式可以说具备了凯恩斯的风格。更厉害的是，他完全领悟到了金融的作用与效力。可惜,他在一千年前的朝堂上讲这些话,没有一个人听得懂,支持他的也只有宋神宗。

05 王安石超前的政治理想

王安石首推的法令是青苗法。

王安石有长期做地方官的经验。他勤政爱民,业绩斐然,百姓交口称赞。他非常清楚民间疾苦究竟是什么。对于普通农民来说,最难的时候是在春天,这个时候秋天收获的粮食已经吃完了,而春天又到了播种的季节,农民却没有种子。而此时此刻就是地主发财的好机会。他们乘机放高利贷给农民,然后土地兼并就开始了。

王安石的想法是,朝廷为什么不给农民贷款买种子呢?这样他们就有了生产资料,到秋收的时候还能还给朝廷一些利息,国家不就有收入了吗?此外王安石提出的很多举措,可以说在宋朝之前从来没有人这么干过。

比如市易法。原先商人囤积居奇,操控商品,导致物价飞涨,大发横财,尤其是大丰年的时候谷贱伤农;而碰到水灾、旱灾,粮价又开始暴涨,地主富户乘机盘剥农民。王安石说:"朝廷为什么不统一采购,在便宜的时候买进,在贵的时候抛售,平抑物价,稳定市场呢?商人黑心得很,一元钱买的米,他们敢卖十元;我们卖一元两毛钱就行了,还能赚两毛。"

比如均输法。以前京城所需物资都是由各省统一征调,如河北输送十万斤大米,四川输送十万斤大米。王安石说:"四川送十万斤大米来,人吃马喂,路途遥远,运费都不止十万斤大米,为什么不让四川直接缴一万钱呢?

然后朝廷可以拿五千钱到邻近地区去买大米啊。这样四川也轻松了，河北还能挣到钱，朝廷还有结余。"

再比如免役法。普通农民都要给官府服劳役，每年大约有两个月的劳役时间。有个叫大刘的农民春天播种季节需要种地，这时官府要他去修桥补路，不去就坐牢，结果大刘服役两个月回来后发现地都荒了。王安石说："大刘隔壁的刘老三地早就没了，一天到晚游手好闲，朝廷为什么不把劳役折算成钱，然后雇人服役呢？要知道，让大刘去服役，他的地就荒了，这块地损失的钱就白白损失了。现在我们就按每户的财富状况收钱，然后需要修桥补路的时候雇佣劳动力不就可以了吗？大把的闲散人员给国家打工，让他们有钱赚，也能刺激消费，从而刺激经济。"

王安石说，朝廷还应丈量土地，让富户隐藏的土地无处可逃，根据耕地的质量重新衡量赋税，这是方田均税法。王安石说，朝廷还应大搞基建，鼓励垦荒，兴修水利，费用由当地住户按贫富等级出资，也可向州县政府贷款，这是农田水利法。王安石还说，朝廷还应裁剪冗兵，整顿厢军及禁军，士兵五十岁后必须退役；还要对士兵进行测试，测试不合格的禁军则改为厢军，测试不合格的厢军则改为民籍，这是裁兵法……

王安石变法在宋神宗的支持下轰轰烈烈地开始了。但是，王安石变法几乎被全天下人反对，因为没有人理解他超前的政治理想。整个朝廷的官员几乎没有一个人支持王安石。其实反对王安石变法很正常，不反对才不正常。

如果我们单纯地看王安石的政策，很多大臣说王安石与"民"争利，这个"民"很有意思。王安石的一系列政策如果说真的与民争利了，这个民就是指地主、富户，而这些人和官府衙门都脱不了干系。原来没有青苗法，地主可以放高利贷兼并土地；没有市易法，商人可以囤积居奇大发横财；没有裁兵法，军头可以喝兵血、虚报数量……

现在王安石来了，这些都搞不成了，这就是与"民"争利。面对朝野的反对，王安石说："天变不足畏，祖宗不足法，人言不足恤！"即使全天下人都反对他，也不可能改变他的理想和初衷。

1043年，范仲淹曾主持庆历新政，但只过了一年就在反对声中偃旗息鼓。同样，王安石变法导致天下鼎沸，赵顼的案头堆满了弹劾王安石的奏章，但是王安石和赵顼都是意志坚定的人，他们知道，现在的宋朝不改革毫无前途。

1069年二月，朝廷设立制置三司条例司，统筹财政；四月，遣人察诸路农田、水利、赋役；七月，立淮、浙、江、湖六路均输法；九月，立青苗法；十一月，颁布农田水利条约。

1070年，朝廷颁布保甲法、免役法。1071年，朝廷颁布方田均税法并改革科举制度。1072年，朝廷颁行市易法。1073年，朝廷颁行免行法。

王安石和赵顼犹如两个坚定的创业者，坚信在自己的努力之下，宋朝必能富国强兵。

事实证明改革是有效果的。政府财政收入一改过去的入不敷出。通过一系列理财新法的实行，国家增加了青苗钱、免役宽剩钱、市易息钱等新的财政收入项目，在发展生产、均平赋税的基础上，财政收入有了明显的增加，国库充裕。财政收入的迅速增加彻底改变了朝廷积贫的局面。

王朝之痒

ᗡ 06 从独特视角看王安石的失败

王安石充满了信心,他认为他的理想终将实现。然而,国是富了,民却没有强。百姓怨声载道,苦不堪言。这里的"民"真的是黎民百姓,司马光的话被验证了。国库里的钱与其说是理财得来的,还不如说是从百姓手里抢来的。

1074年三月,天下大旱。一名在皇宫看守大门的小吏郑侠突然发疯一样拦住赵顼,说有绝密急情必须要当面交给他。等赵顼打开文件才发现,原来是一幅画。画的内容是,开封城外尘土飞扬的道路上,流亡的难民扶老携幼蜂拥而至,个个面如菜色、体无完衣。他们卖儿卖女、典当老婆也只能换来一些粗粮勉强糊口,没有家人可卖的便去吃树皮草根,饿死在城外是迟早的事。

郑侠说:"臣每天为陛下看护城楼,我画的都是我亲眼所见!京师尚且如此,何况千里之外!"画面栩栩如生,赵顼看了不禁泪如雨下。郑侠说:"自从王安石变法以来,天下民不聊生,请陛下开恩,取消祸国殃民的法令。现在天下大旱已是对陛下的警告,如果陛下停止法令后十天内不下雨,请陛下斩臣于宣德门外!"

王安石的初衷没有错,但是执行起来却好像全错了。宋朝的商业经济超越历代,但王安石的思想观念却超越了千年。王安石想国富民强,但他犯的最根本的错误是在所有政策的考核中只有国富，而没有民强。王安石的一些核心思路是让政府参与商业运作，其实就是国企的思路，但是宋朝的国企成了吞噬一切的怪胎，成了真正的官商一体。

这和我们今天看到的国企有本质的不同，现代国企是为了民强，而民强了国才能富。可宋朝的考核指标中最根本的一项就是盈利，让国库充盈。当然，在一千年前，我们根本没有办法考核地方官员的业绩，一没有信息通道，二没有考核手段和技术。王安石变法的考核就只剩下一项，那就是看地方政府和各部门赚了多少钱。赚得多就是干得好；没挣钱就是不支持变法，就是能力不够。

在当时的管理技术上，国家不可能统计出每个村有多少人脱贫了，也不可能统计出这个村村民的平均收入是多少。宋朝的官员数量再翻上三倍都干不了这个活。于是民有没有强，大家实在没办法考核。

在这样的指导思想下，所有的项目都变味了。王安石是一个单纯的人，他在州县任职的时候一心帮助黎民百姓。他以为大家都会和他一样去努力让百姓变富，但天下只有一个王安石。

如此一来，青苗法首先崩盘。本来王安石规定，凡州县各等民户，在每年夏秋两收前可到当地官府借贷现钱或粮谷，以补助耕作，贷款的利息是两分。这个初衷没问题，但是执行的时候变成了各州县为了完成业绩、增加收入，告诉所有的村民，他们借也得借，不借也得借。同时，各州县为了让自己的经营目标更完美，借贷的利息很快由两分变成四分，接着又变成六分……实际上已经超过了民间的高利贷，而且是强行贷。

想升官的官员会把得到的利息全部上缴，以此来完成自己的业绩考核，不想升官的直接把钱揣自己怀里了。而想好好干、体恤民情的官员呢？他们的考核多数不及格，在升迁上很快被刷了下去。劣币驱逐良币，官员越来越黑，一个比一个狠。土地兼并问题仍然严重，百姓流离失所。

其他的法令也相继崩盘。如市易法，政府直接下场进行经营，以盈利为目标，很快就成了比资本巨兽更可怕的怪物。

原本立足于平抑物价、抑制大商人重利盘剥的新政策，蜕变成国家垄断市场、货源、价格，甚至批发与零售也被政府官员操纵。当时任何民间商业想和国家竞争，都要到市易司登记、审核，先过政府官员这几道关口，这就给了官员捞好处的机会。同行是冤家，市易司不可能让民间商人比自己有优势，于是各种设限。各种商人步履维艰，致使城市工商业开始凋零。

最关键的是，市易司是要赚钱的。于是，在垄断的前提下，原本商人囤积居奇还有竞争对手，价格总不至于离谱，现在市易司垄断关键商品，致使关键商品的价格直接飞上了天。有的官员想升迁，就把价格拼命抬高，比奸商更黑更狠。为了升迁和敛财，官员根本不想那么多，王安石的要求根本不听，市场采购的时候只买贵的不买对的，大把捞钱，中饱私囊。

免役法就更狠了。王安石的本意是有钱的多交，没钱的少交，用收集起来的钱雇佣劳役。结果各州县变本加厉地向百姓索要费用，百姓叫苦不迭，连担水、理发、茶贩之类的小买卖不交免役钱都不许经营，税务向商贩索要市利钱，税额比本钱还多，乃至有的商人以死抗税。

保甲法推行时为了逃避供养军队的高额赋税与被抽去当兵的双重威胁，民间发生了很多自残事件，甚至有人砍下自己的手臂。

第十一章 | 宋朝（一）：理想主义者和心中魔鬼，只有一步之遥

07 理想主义者的悲剧

我们今天讨论王安石变法经常会说他的思想超越了时代，他的政治思维在一千年前的宋朝是没有办法执行的。以王安石如此天才的思维能力，他真的没有办法改变宋朝的局面吗？他成功的可能性很小。任何一项改革"缓而图之，则为大利；急而成之，则为大害"。改革往往都需要循序渐进，从舆论到教育进行全面辅助；或以某地为试点，发现改革的不足并不断修正，在试错中前行。

可王安石太自信了，从来没想过自己的变法会有问题。变法受到自上而下的抵制，大量反对的声音让他操之过急。他只认定一个目标，却忽略了在实现这一目标过程中必然会产生一系列问题。在短短数年间，王安石将十几项改革措施全面铺开，别说是宋朝，即使是现代化国家也扛不住这样的暴风骤雨。

1042年，王安石进士及第，之后历任扬州签判、鄞县知县、舒州通判等职，政绩显著，深受百姓爱戴。王安石深知百姓疾苦，所提出的变法措施都旨在改变民生最关键的问题。但王安石是个过于单纯的理想主义者，他心中装的全是自己的万丈豪情，除此之外没有其他。司马光对王安石的评价代表了当时很多人的意见："人言安石奸邪，则毁之太过；但不晓事，又执拗耳。"

在王安石变法之前，吴奎告诉赵顼："王安石为人迂阔，一根筋认死理，

却又从不自我反省，让他主持变法有很大的问题。"孙固说："以王安石的水平当个翰林学士没问题，但统御百官是要有度量的，然而王安石过于刚愎自用。"

如果王安石是用三十年的时间来落实他的一系列法令，还有可能成功。但是王安石在整个宋朝全面且极速推进这些法令，就注定了失败。治大国若烹小鲜，所有的改革都需要天时地利人和才能成功。

王安石的专注力极强，这是他的优势，也是劣势。他太专注于目标，以致在内心深处认为所有反对变法的人都是反对他本人，所以他拒绝在执行过程中对政策进行调整和修正。

关于王安石的专注力，在一些小事中可见一斑。

曾有人告诉王安石的夫人，说她丈夫喜欢吃鹿肉丝，吃饭时不吃别的菜，直至把那盘鹿肉丝吃光。夫人问他们把鹿肉丝摆在了什么地方？众人说摆在了他面前。第二天夫人把菜的位置调换了一下，鹿肉丝放得离他最远。结果大家发现，王安石只吃离他最近的菜，桌上摆着鹿肉丝他竟然完全不知道。

在一次宴饮中，歌姬正在表演，王安石突然哈哈大笑。在场官员以为王安石因歌姬的表演发笑，重重赏赐了歌姬。岂料王安石是因席间对"咸""恒"二卦有所领悟而不自觉发笑。

王安石一旦确定了想法，十头牛都拉不回来，因此被人称为"拗相公"——他性子执拗，菩萨也劝他不转。

王安石在变法过程中一贯我行我素，导致朝中大臣多与他决裂。这当中有人原来是他的靠山，如韩维、吕公著等；有人原来是他的荐主，如文彦博、欧阳修等；有人原来是他的上司，如富弼、韩琦等；有人原来是他的朋友，如范镇、司马光等。

这些人最后都与王安石分道扬镳，而王安石本人也在经历了太多的反对之后终于走向偏执和极端，谁支持变法就给予重用，谁反对变法就是敌人。偏执类型的人一般都有强烈的自尊心，且十分敏感、固执己见、自命不凡。

最后在变法派中，除王安石个人操守尚无非议，他最重要的支持者与助手吕惠卿，以及章惇、曾布、蔡卞、吕嘉问、蔡京、李定、邓绾、薛向等人的个人品质多有问题，很多人都被列入了史书中的奸臣传。其实这些人根本不懂王安石的想法和他的理论，只知道支持变法就能升迁，就能捞钱。

王安石被这些人所簇拥，已经失去了对现实情况的判断。1071年，开封知府韩维报告说境内民众为了规避保甲法竟有截指断腕者。宋神宗就此事问及王安石，不想王安石竟回答："这事靠不住。就算靠得住也没什么了不起！那些士大夫尚且不能理解新法，何况老百姓，必是受人蛊惑！"

宋神宗颇为不悦地说："老百姓的意见和想法如果是对的也应该听，怎么能完全不听、不顾他们的意见呢？"王安石仍是不在意，因为在他看来，就连士大夫之言都可不予理睬，更何况老百姓的话！他们懂什么呢？

到最后，两宫皇太后在皇帝面前投诉，而王安石竟然对宋神宗说："妇道人家懂什么？"最终，在郑侠呈上画卷之后，赵顼终于失去了对王安石的耐心。

变法后期，宋朝的政治生态全部被破坏，因为变法引入了大量野心勃勃、别有用心之人，党争开始出现，大臣们在朝堂之上变得越来越不理性，越来越过火，甚至发展到不问是非对错，而只是看是变法派还是保守派。

历史对王安石的评价是毁誉参半，我认为这是公正的。我们对政治家的评价永远是看结果而不是初心，因为初心是没有办法考察的。

第十二章
宋 朝（二）

从史诗王朝到战五渣，弱宋究竟少了什么

> 宋朝的悲剧从一开始就注定了,因为宋朝没有像汉、唐那样辽阔的疆域,不具备大一统中原王朝的基本条件。燕云十六州、河套地区、河西走廊,拿到这三个地区才堪称完整的中原王朝。

第十二章 | 宋朝（二）：从史诗王朝到战五渣，弱宋究竟少了什么

01 大一统王朝的基础

在我们的记忆中，唐朝和宋朝中间似乎间隔了相当长的时间，因为有一个五代十国时期。事实上，从公元907年唐朝灭亡到公元960年宋朝建立，中间仅间隔了五十三年。

时间虽短，但宋朝再无汉唐之雄风，在走向中华民族伟大复兴的今天，大家会向往强汉、盛唐，宋朝却很难让人向往。向辽跪，向金跪，向元跪……想起宋朝，大家的第一反应是靖康之耻和风波亭惨案。宋朝永远抹不掉"弱宋"的印记。在我们的历史书中，宋朝甚至都不是一个大一统的王朝，而是一个与辽、夏、金并存的历史朝代。

历史上，长期受到游牧民族威胁与袭扰的王朝很多，但是直接亡于游牧民族的几乎只有宋。北宋享国一百六十七年就灭亡，虽然南宋迁都临安，但此时的宋已经和东晋等偏安一隅的朝代是一样的历史地位了。

宋朝的悲剧从一开始就注定了，因为宋朝没有像汉、唐那样辽阔的疆域，不具备大一统中原王朝的基本条件。燕云十六州、河套地区、河西走廊，拿到这三个地区才堪称完整的中原王朝。

汉武帝之所以是千古一帝，是因为他夺回了被匈奴占领的河套地区，开拓了河西走廊，奠定了中原王朝的基本版图；并且，汉朝有效地控制了该区域，疆域一直北推，直至狼居胥山，饮马贝加尔湖。

王朝之痒

明朝尽管有万般不是，但绝不妨碍拥有万千明粉，因为明朝是所有中原王朝中得国最正的王朝。"驱除鞑虏，恢复中华"可不是孙中山的原创，而是明太祖朱元璋的历史功绩。明朝仅是一篇《奉天北伐讨元檄文》（又名《谕中原檄》），读来便荡气回肠，成为中华民族的经典之作。

> 当此之时，天运循环，中原气盛，亿兆之中，当降生圣人，驱除胡虏，恢复中华，立纲陈纪，救济斯民……
>
> ……
>
> 予本淮右布衣，因天下大乱，为众所推，率师渡江，居金陵形势之地，得长江天堑之险，今十有三年。西抵巴蜀，东连沧海，南控闽越，湖湘汉沔，两淮徐邳，皆入版图，奄及南方，尽为我有。……
>
> 如蒙古、色目，虽非华夏族类，然同生天地之间，有能知礼义，愿为臣民者，与中夏之人抚养无异。故兹告谕，想宜知悉。

朱元璋将蒙古人一路驱逐到漠北，将丢失数百年的三大战略要地全部拿了回来。

对于中原王朝来说，拿到燕云十六州就可以打六十分，可以成为中原王朝的正朔；拿到河套地区和河西走廊就可以打到一百分，开启一个绚丽多彩的时代。这样的中原王朝基本上都不会受到游牧民族的直接威胁，即使偶尔出几个不务正业的荒唐皇帝，王朝也可延续多年。但是宋朝一个都没有拿到。这三个地区实在是太重要了，没有这些地区，游牧民族就可以长驱直入中原地区。

02 燕云十六州

燕云十六州、河套地区、河西走廊，这三个地区几乎和长城相重叠，地势的险要再加上长城的阻拦，只能让游牧民族望墙兴叹，人能过来，马也过不来。而一旦越过这三个地区，尤其是燕云十六州，整个华北平原将无险可守，农耕文明的步兵将直接与高机动能力的骑兵正面交锋，这对中原王朝是一个沉重的打击。

燕云十六州指中国北方以幽州（今北京）和云州（今山西大同）为中心的十六个州，即今北京、天津北部，以及河北北部、山西北部地区。燕云十六州的东北是燕山山脉，西北是太行山脉。该地区涵盖了长城最重要的一段：古北口、居庸关、紫荆关、倒马关、平型关、雁门关。

崇山峻岭和坚不可摧的长城，简直是游牧民族的噩梦。一旦过了燕云十六州，就是游牧民族可以尽情驰骋的华北平原。从燕云十六州到北宋都城开封，中间只隔着一条黄河，此外再也无险可守。而古代的黄河，到了冬天在华北流域段是会结冰的，游牧民族可以骑马直接从燕云十六州一路飞奔到开封。

所以，中原王朝如果将都城定都在长安、洛阳或开封，没有燕云十六州，就相当于门户大开。对于汉、隋、唐来说，要想保证国都的安稳，燕云十六州是必守之地。

可惜安史之乱后唐朝迅速衰落，节度使纷纷自立，后唐河东节度使、后晋开国皇帝石敬瑭反后唐自立，向契丹求援。契丹出兵扶植其建立后晋，辽太宗与石敬瑭约为父子，当然石敬瑭是儿子。

公元936年，石敬瑭按照契丹的要求把燕云十六州割让给契丹，使得辽朝的疆域扩展到长城沿线。从此以后，辽朝的骑兵可以随时南下威胁中原，而往后数个朝代都没能完全收复此地。

宋朝建国之后，历代皇帝心心念念的就是拿回燕云十六州，否则不仅没脸说自己是大一统的中原王朝，更是犹如在一个没有门的房间里睡觉，心里永远都不会踏实。可惜，比起真正马上得天下的明太祖，宋朝历代皇帝差得太远了。

03 为什么宋无法打败辽、金

最初，宋朝的敌人是辽朝。

辽朝是一个比匈奴可怕得多的敌人。匈奴是一个游牧民族，逐水草而居，没有根据地，你打他就跑，你退他就追。而辽朝在公元916年就建立了自己的皇城，逐步向农耕文明加游牧民族的双系统进行升级。萧太后摄政期间进行改革，励精图治，注重农桑，兴修水利，减少赋税，整顿吏治，训练军队，使辽朝百姓富裕、国力强盛。不仅如此，辽朝还开始了全面汉化，实行科举，编修佛经。

辽朝对本族人和汉人实行不同的制度。辽朝法制注重"因俗而治""官分南北，以国制治契丹，以汉制待汉人"。对汉人、渤海人"断以律令"，即

第十二章 | 宋朝（二）：从史诗王朝到战五渣，弱宋究竟少了什么

依唐朝律令治理；对契丹及其他游牧民族则依"治契丹及诸夷之法"，即契丹习惯法治理。各族"衣服言语，各从其俗；四姓相犯，皆用汉法；本类自相犯者，用本国法。故别立契丹司以掌其狱"。

如果说以往的游牧民族是游击队，那么此时的辽朝就是正规军了。宋朝靠什么来打赢？

当然，没有打不赢的仗，只有打不赢的人。如果是朱元璋带着蓝玉、徐达来打，自然是一路高歌猛进，但现在宋朝挂帅的是宋太宗赵光义。

赵光义做皇帝之前大部分时间都在做文官，从事内政治理等工作，官职大多是同平章事、行开封府尹、中书令，最大的军功就是搞定了周太祖郭威的外甥李重进。逼死自己的弟弟和侄子很有手段，但打仗几乎没有任何经验，他靠什么去赢已经开始对汉文化、制度等兼收并蓄的辽朝？

宋朝在屡败屡战之后，于1005年和辽朝达成澶渊之盟，约为兄弟之国，宋每年送给辽岁币银十万两、绢二十万匹，宋、辽以白沟河为边界。这次的边界，燕云十六州辽朝占据了十四州，宋朝仅占据两州。辽朝已经深入宋朝的腹地。

澶渊之盟后，宋朝在燕云十六州之南建立了三个军事重镇——中山、河间、真定（今河北正定）——以抵御北方之敌。然而这些大平原上的军事重镇根本没有太大作用，因为没有任何关隘和山脉作为依托。在华北大平原上，敌军完全可以绕开军事重镇直取北宋都城。

北宋唯一值得庆幸的是，辽朝在草原部落联盟制与农耕文明的中央集权制中始终没能找到平衡点，左右横跳，最终也只是一个偏安一隅的政权。而澶渊之盟也为宋朝带来了一百多年的和平。但失去燕云十六州的痛很快就加诸宋朝。

宋徽宗时期，朝廷想联金灭辽，最终搬起石头砸了自己的脚。1125年十

月，金军两路军队来袭宋朝，一路是完颜宗望的东路军，从幽州出兵，直扑开封。我说过，这里的地形是辽阔的华北平原，根本无险可守，仅一个月时间金军就兵临开封城下，开始了第一次开封围城战。

西路军由完颜宗翰率领，从大同出发，直扑太原。太原是北宋唯一能抵御北境之敌的关口，过了太原就是洛阳，一旦占据洛阳，就切断了开封以西的所有要道。好在这一次太原顶住了金军的进攻。

完颜宗望的东路军数量有限，在包围开封后，面对坚城久攻不下，最终拿了笔赔款就走了。

但是没有了燕云十六州，宋朝一直是门户大开，金朝只要想来，随时都能来。不到一年时间，金军又来了，一样的进军路线，一样的统帅，一样的东路军，势如破竹，在华北平原上任意驰骋。东路完颜宗望九月八日从保州出发，当天破宋兵于雄州、中山。一周后攻下新乐，两周后克真定，再次兵临城下。

这次更糟糕，金军的西路军拿下了太原，开封被两路合围，并且堵死了潼关可以救援的临夏军。最终宋徽宗无力回天，爆发了靖康之变，北宋灭亡。

从金军发兵，到徽宗、钦宗投降，中间还经历了金军的攻城战和野外的战役，仅历时四个月，北宋就完了。这一切不能不说是没有燕云十六州、北宋无险可守最终带来的恶果。

一个完整的中原王朝，一旦拥有了整套防御体系之后，即使是平庸的皇帝和偶尔出现的懒政、怠政的皇帝，游牧民族要打进来也至少需要一关一关地啃，不会如北宋这样顷刻间大厦坍塌。

第十二章 | 宋朝（二）：从史诗王朝到战五渣，弱宋究竟少了什么

04 河套地区的历史

燕云十六州是宋太宗、宋真宗、宋徽宗、宋钦宗永远的痛，而河套地区则让宋仁宗痛彻心扉。河套地区是中原王朝西边的门户，意义重大，得之则关中、河北稳如泰山，失之则整个北方震动。

河套地区指的是黄河中游"几"字弯及附近包括依托狼山、大青山、贺兰山形成的后套、前套、西套三个平原，以及关中以北的鄂尔多斯高原。

河套地区之所以重要，一是因为它是中原王朝西边的门户，二是因为黄河在此蜿蜒而过，宜农宜牧。河套南接陕西，西隔河毗邻宁夏，东隔河毗邻山西，北与辽阔的蒙古高原接壤，可就地牧养战马以助军资。

概括来说就是两点：第一，这里可以放牧，可以农耕，几乎是唯一可以兼容两种文明的地区，不但物产丰富、土地肥沃，也是中原王朝与游牧民族交锋的最前线；第二，这里的气候和植被是中原王朝最重要的牧场，有了河套地区，中原王朝就可以有自己的骑兵团。当然，中原其他地区也能产马，但是远没有河套地区的马彪悍，更没有河套这样的天然牧场。

秦朝统一后，迁徙三万户到河套地区戍边，设云中、九原两郡。但秦末天下大乱，河套被匈奴人占领，移民纷纷返回中原。公元前127年，雄才大略的汉武帝派卫青出云中击败匈奴的楼烦、白羊二王，终于再次夺回河套地区。大臣主父偃上疏建议在河套筑城以屯田、养马，作为防御和进攻匈奴的

基地。

汉武帝接受了这一建议，当年即置朔方郡和五原郡，公元前 125 年置西河郡。人们引黄河水灌溉土地，当地农业迅速发展，经济繁荣，成为重要的"战马繁殖基地"、汉朝北方的重要门户。

隋唐时期，河套平原牢牢掌握在中原王朝手中，北方游牧政权突厥并没有像之前的匈奴那样对中原造成巨大的威胁，而且很快就被中原王朝打垮了。安史之乱后唐朝国力空虚，吐蕃趁乱进行扩张，很快占领了安西都护府。随后西平、武都、合川、怀道等地区全都落入吐蕃人手中。

五代十国时期，天下被各路节度使瓜分。盘踞在河西走廊一带的节度使李思恭家族也开始创业。李思恭是个典型的军阀，五代十国期间李氏军阀基本上是中原谁做皇帝他们就向谁称臣，给自己换来实实在在的赏赐和物资。

可以说李氏军阀是外交高手，他们十分谨慎地处理着与后唐、后晋、后汉、辽朝、宋朝等政权的关系。

当宋朝完成中原中部与南部地区的统一后，李氏军阀一看宋朝还挺能打，也就归顺了宋朝。其实这种归顺只是名义上的归顺。

很快，党项出了李继迁，他们连名义上的归顺都不干了，李继迁带着一帮兄弟公然反叛宋朝。为了保证自己的独立，李继迁不惜向辽朝称臣。辽朝非常高兴，因为他们早就希望削弱宋朝的力量。在辽朝的帮助下，李继迁占领了灵州地区。后来李元昊正式建立了西夏政权，和宋王朝彻底决裂。宋朝曾多次想要收复河套地区，可是完全不是西夏的对手。

第十二章 | 宋朝（二）：从史诗王朝到战五渣，弱宋究竟少了什么

05 宋朝屡战屡败，梦断西夏

宋朝与党项部落交战多次，几乎没有真正打赢过一次。

公元996年，李继迁截夺宋军粮草四十万担，又出大军包围灵武城。宋太宗派五路军击党项部落，皆败北。宋太宗驾崩后宋真宗即位，为息事宁人，割让夏、绥、银、宥、静五州给李继迁，丢掉了整个西北门户，事实上承认了党项部落的独立地位。

1002年，李继迁率部攻陷宋朝重镇灵州（今宁夏灵武），改名西平府；后又攻取西北重镇凉州（今甘肃武威），截断宋朝与西域的商道，阻止西域向宋朝进贡，同时禁止西域向宋朝卖马，严重影响了宋朝的国防建设。1038年，西夏建立。宋神宗即位以后，选取了在横山方向对西夏发起进攻。在宋神宗的激励下，宋朝一度占据上风。1067年，宋将种谔率兵逼降西夏绥州嵬名山部；1071年，韩绛统兵建抚宁、罗兀城以期尽城横山，实现进攻西夏的战略构想。此时的宋朝开始做一统天下的美梦。

宋军在围攻灵州时，久攻不下，西夏军放黄河水淹宋军营地，又断绝其粮饷之道，宋军士兵因冻溺饥饿而死者极多。形势急转直下，然而宋神宗屡败屡战。1082年，宋军再次西进，准备一举灭西夏。这个时候宋神宗下了决心，花费巨大的人力、物力在陕西米脂修建了一座永乐城作为自己的前沿阵地。

然而宋神宗用人不当，这场战争不仅没有取得任何战果，宋朝军队反而在永乐城被三十万西夏军围困。西夏截断了流经城中的水源，使得宋朝军民陷入绝境。最终西夏军攻破永乐城，宋军数万士卒役夫阵亡。消息传到开封，宋神宗当场痛哭失声，从此绝望，在三十八岁的盛年就带着遗憾离开了人世。

宋朝的几个皇帝不能说是不努力，尤其是宋仁宗、宋神宗，无论是抱负还是人品，在古代帝王中都可以说是上品。但是，让没有了燕云十六州和河套地区的宋朝去和已经建立了坚固城池，并且拥有强大畜牧能力，长期与各游牧民族交战的西夏交战，这个任务的确是超出了他们的能力范围。

西夏此时已经是坚城、耕地都有了，加上拥有发达的畜牧业，牛、马、羊、驼等牲畜驮兽数量庞大，将这些资源运用到战争中，就能让整支军队获得无与伦比的机动性。在马背上的西夏可以迅速集结和移动，可以做到迅速集结几倍于宋军的兵力围攻宋军，使其寡不敌众；战败后还可以在宋军的背后神出鬼没地进行游击战、运动战，使宋军不堪其扰，最终硬生生把宋军给拖垮。

铁鹞子是李元昊所创立的重装骑兵，最初是作为皇帝的贴身侍卫队和仪仗队，后来才被运用到战场上作为冲锋陷阵的前军。这支部队是西夏兵精锐中的精锐，相当于一支特种作战部队。这支部队只有十个队，每队三百人，这样一支部队来去如风，宋朝始终无法攻破。

《宋史》中曾经记载过这支部队。他们乘良马，有重甲装备，利箭和刀剑均不能刺穿，还用钩索铰链将人和马捆绑，骑士死在马上也不会掉下来。从这段描述我们就可以看出这是一支敢死队类型的骑兵团。铁鹞子是从皇室贵族近亲中选拔的，采用世袭制，子承父业，祖辈相传，这就让部队拥有了无比强悍的战斗力。

第十二章 | 宋朝（二）：从史诗王朝到战五渣，弱宋究竟少了什么

ᘒ 06 河西走廊，不能抵达的远方

公元前 121 年，汉军大将霍去病率兵出击河西地区的匈奴部，并占领河西走廊。匈奴为此悲歌："失我祁连山，使我六畜不蕃息；失我焉支山，使我嫁妇无颜色。"

祁连山与焉支山皆在河西走廊地区。河西走廊位于黄河之西，夹在祁连山脉与阿拉善高原之间，西连大沙漠，东西长约一千千米，南北宽三十至两百千米不等，包含今天的酒泉市、嘉峪关市、张掖市、金昌市、武威市全境以及兰州市、白银市、临夏回族自治州，因形似走廊而得名。宋朝要先拿到河套地区，再往西部偏南才是河西走廊，所以河西走廊只能是宋朝不能完成的梦。

开拓河西走廊是汉武帝的雄才大略，河西走廊不仅物产丰富，让各游牧民族垂涎三尺，还是通往西域的必经之路。汉朝在西域设立了都护府，都护府的根本作用就是保证将河西走廊上的各种政权都压制在西域，不让他们再东进一步而骚扰到汉朝的边疆重镇。那么，要设立西域都护府，自然要经过河西走廊，这是一条绕不开的路。而从汉武帝开始，在河西走廊设置了酒泉郡、张掖郡、敦煌郡、武威郡。

如果中原王朝没能将河西走廊控制在手中，那么就失去了西域与中原的重要过渡带，届时无论草原还是绿洲都会被他人夺去，中原便会陷入被游牧

民族团团包围的尴尬境地。而如果占据了河西走廊，游牧民族一旦南侵，南北间就会彻底失去联系，无法连接成一个整体。

同时我们更应该知道，汉朝与唐朝之所以强悍，是因为它们的博大与兼容，而这个前提就是河西走廊，它也是汉、唐成为国际化帝国的标配。

拥有河西走廊，唐朝控制了西域诸国，将唐朝的版图无限延伸；而如果没有河西走廊，那么唐朝不仅会丢失大量国土，其对外经贸也势必受到影响。在唐朝统治下的公元 7—10 世纪，河西走廊的经济繁荣程度仅次于都城长安和南方的苏杭。而在经济重要性上，河西走廊甚至超过苏杭，成为唐朝的经济副中心、最大的外贸中心，是当时中原王朝在全球重要经济的名片。

可是宋朝注定走不了这条路，西夏将宋朝向西发展的路牢牢堵死了。

07 宋朝问题的根源

整个宋朝的历史是非常憋屈的。

我曾经说"明朝能够辉煌是因为疆域辽阔，宋朝成为弱宋是因为疆域狭小"。纵观历史，你会发现一个真理：天上不会掉馅饼；没有白捡的便宜，而所有付出的努力最终都有回报。任何一个强大的帝国必然是经过血与火的淬炼。汉武帝、唐太宗、明太祖，他们以盛世武功奠定了自信强大的中原王朝的根基。

为什么晋朝注定不能成为盛世王朝？因为晋朝篡魏建立政权，皇帝从一开始就和士族进行私下交易，通过私相授受建立了自己的权威。西晋仅四世而亡，随后偏安一隅。宋朝也是一样，赵匡胤通过权谋建立宋朝。他们的天

第十二章 | 宋朝（二）：从史诗王朝到战五渣，弱宋究竟少了什么

下，不是打出来的。

宋朝一开始就不是一个自信的王朝，在战功还没有建立的时候，宋太祖就需要杯酒释兵权，将军权全线收拢到中央。更要命的是，无论在东北还是西北，宋朝都是门户大开，恰巧是最需要打仗和用兵的王朝。加上边陲无险可守，宋朝从一开始就需要在养兵上耗费大量金钱，然而却依然没有解决王朝的根本危机。

也可以说燕云十六州、河套地区、河西走廊这三大战略要冲是宋朝的致命伤，但并非问题的根本。

公元959年，柴荣正式对辽国用兵。他亲率大军自汴梁出发，直抵沧州，然后统步骑数万直入辽国境内，大军一路顺利进师，辽军非逃即降，后周军势如破竹，兵不血刃连下莫、瀛、易三州及益津、瓦桥、淤口三关之地。

柴荣就是周世宗，他致力于统一大业，立下了以十年开拓天下、十年养百姓、十年致太平的壮志。他在位期间对内整军练卒、招抚流亡、减少赋税，并修订礼乐、制度、刑法，使得后周政治清明，百姓富庶，中原地区经济开始复苏。后周对外南征北战，几乎战无不胜，西败后蜀，收取秦、凤、成、阶四州；南摧南唐，尽得江北淮南十四州；北破辽朝，一路势如破竹。然而，正当柴荣准备向幽州进军时，他却身染重病，只得班师回朝。这年夏天，周世宗病逝于汴梁，终年三十九岁。最终，赵匡胤得到了机会。这可能是中华历史上最遗憾的拐点。

第十三章
宋　朝（三）

没了岳飞，南宋的北伐成了闹剧

除了岳飞，南宋还有大量的优秀将领，如虞允文、李显忠、孟珙、王坚。这些将领，个个都可以独当一面，可是光有将没有用，南宋但凡有个皇帝能和越王勾践一样有坚定的意志，能够卧薪尝胆十年，甚至五十年，都极有可能拿下中原，恢复河山。

第十三章 | 宋朝（三）：没了岳飞，南宋的北伐成了闹剧

01 开始隆兴北伐

1162年，五十五岁的宋高宗赵构，将皇位让给了三十五岁的赵昚，自己做了太上皇。

历史上，皇帝一般都是在皇帝这个位子上待到去世，没有谁愿意去做"退休老干部"。更别说疑心病极重的赵构，此外赵昚还只是他的养子。不过赵构对自己的这个养子非常放心。

在登基大典后，下起了雨，赵构要回自己住的德寿宫，赵昚撇下所有工作，侍立在轿旁。起轿后，赵构让赵昚去"忙自己的"，但赵昚却不顾风吹雨打，双手搀扶着轿子，一路小跑跟着轿子把赵构送回了住所。从皇宫到德寿宫要绕一大圈，而且雨水让道路变得湿滑。到德寿宫后，赵构从轿子出来，发现赵昚仍然跟在旁边，跑得气喘吁吁，额头布满汗珠，沾满泥巴的袍子正在不断地滴水。赵构感动得眼泪都下来了，亲儿子也不见得这么好啊，他紧紧地握住赵昚的手，连声说："朕没有选错接班人，社稷得人矣！"

多数皇帝和太子是紧张的竞争关系，势同水火，而宋孝宗赵昚的这个"孝"字，确实实至名归。

赵昚担心赵构认为自己退位了就被冷落，每隔几天就带领群臣前往德寿宫朝拜。这样过了几个月，赵构也受不了了，说我想清静清静，你们别来得太频繁了。好说歹说，赵昚才同意一个月只带群臣来朝拜四次。不过赵昚自

己还是隔几天就跑去向赵构汇报工作，对赵构的饮食起居安排得极为细致。赵昚是个比较节俭的人，但对赵构极其大方，每月所发俸禄达到了四万贯，是太师的五十倍。可以说，赵构做太上皇的生活，比做皇帝时要好得多。

宋孝宗赵昚一直心怀感恩，大约因为这个皇位本来和他八竿子打不着。他作为宋太祖赵匡胤的七世孙，和皇位离得实在太遥远了。而皇位落到赵昚身上，或许很大一部分原因是皇室的大部分人都被金人掳走，而赵构又不能生育。

赵昚每次过去请安，赵构就开始了自己的碎碎念："儿啊，你做什么都没问题，就是别想着北伐，好好守着这半壁江山，这家业我们爷俩几辈子都吃不完。"

虽然赵构是赵昚的再生父母，比亲爹还亲，但是李世民才是赵昚的偶像，而岳飞是他的精神图腾。即位之后的第二个月，宋孝宗就开始做他最想做的事情，把赵构的方针推了个底朝天。

他做了两件事。第一件，颁布手谕，召主战派老将张浚入朝，共商恢复河山之事，并把赵构时期贬谪的主战派一个接一个地召回了朝廷。第二件，下诏为名将岳飞平反，追复其原官职，赦还岳飞被流放的家属。所有人都知道，赵昚这是要北伐了。

1163年，赵昚登基一年后就按捺不住自己的雄心，任命张浚为北伐主帅，开始隆兴北伐。刚一交手，金朝猝不及防，八万宋军一月之内拿下灵璧、虹县和宿州等地，威震中原。

初战告捷，在这个时候，赵昚或许想到了二十四年前岳飞的北伐。岳飞一路势如破竹，所向披靡，率领军队与擅长骑射的金人在平原上交战，连续五次大捷未尝一败，最终对开封六面合围。赵昚仿佛又听到了岳飞在说："直捣黄龙，与诸君痛饮！"

可惜在整个中国历史上，只有一个岳飞，没有人可以超越岳飞。如果说岳飞可以打一百分，这次隆兴北伐的总指挥张浚，连二十分都打不到。

02 大好局面却迎来了符离之败

宋军兵分两路，分别由李显忠和邵宏渊率领。

李显忠是陕西人，能力出众，军事经验丰富，一家人几乎被金人屠戮殆尽，与金朝有不共戴天之仇。北伐一开始，李显忠就像打了鸡血一样地扑了上去，很快就完成了自己的任务，两天拿下灵璧，本来想继续北进，却发现左军的邵宏渊还一点进展都没有。

等了五天没动静，等了十二天还是没拿下虹县。李显忠急了，他派灵璧投降的降兵跑到虹县去劝降，降兵跑到虹县城墙下喊话："兄弟们你们还是降了吧，我们两天就被李将军打下来了，你们现在不投降，过两天李将军率十几万大军过来后，你们还是只有投降这一条路。"虹县的守兵听到降军这么说，乖乖地把城门打开，投降了。

李显忠心花怒放，心想邵宏渊这次可是欠了我一个大人情。

可是这个时候邵宏渊连弄死李显忠的心都有了。他攻打虹县，十几天没打下来，李显忠三天就打下了灵璧，本来压力就大，这时候李显忠兵不血刃，几句话就把虹县给拿下来了，以后自己还能有什么威信？

邵宏渊不仅不感激李显忠，还一肚子意见，心想这不就是来抢自己功劳的吗？我本来快打下来了，你早不来，晚不来，偏偏这时候来，你安的什么心？

虹县和灵璧都拿下了，赵昚龙颜大悦。后面的计划是两军合并，共同进攻宿州。可等李显忠开拔到宿州城下，才发现根本没看到邵宏渊的影子。李显忠也对自己的能力比较有信心，没等邵宏渊的军队直接开打。六天后攻下了宿州，结果刚杀进城，邵宏渊的部队就过来了。看到邵宏渊抢功劳抢得这么明显，李显忠极为气愤。

赵昚每天都等着看前线的战报，但是将领间的不和这种严重的矛盾，他完全没有察觉，认为反正把宿州打下来了，他们吵吵架也没什么，只要打得好，都有赏。

这下子李显忠不干了，几个阵地都是自己打下来的，邵宏渊什么都没干，却要和自己平分功劳，有你这么糊涂的皇帝吗？

而且打下宿州后，召开指挥会议时，邵宏渊说将士们豁出命来把宿州打了下来，现在我们应该打开宿州仓库，把钱粮分了。李显忠一听傻眼了，说这是哪门子道理，朝廷同意了吗？况且宿州完全是自己打下来的，和你有什么关系，现在你居然唱高调做好人收买人心？

李显忠不同意，邵宏渊可算是得了理了，他在全军中到处说："大家拿命去拼，我说奖励大家，李显忠居然不同意。"一来二去，全军都开始抱怨李显忠，觉得他和将士们不是一条心，还是邵宏渊"识大体"，愿意"同甘共苦"。

随后，赵昚升李显忠为淮南、京东、河北招抚使，邵宏渊为副使。这下子两个人都不想干了。李显忠心里一百个不乐意。邵宏渊也不想干，跑到总指挥张浚面前打小报告，说李显忠抢自己功劳，自己绝对不当李显忠的副手。张浚说："以和为贵，别为了这事闹得不开心。你不想听他的就不听吧，以后你打你的，他打他的。宿州的赏赐一人一半总可以了吧。"

要不为什么说张浚二十分都打不到呢？赏罚分明，是带兵打仗的首要原则，张浚连这个都敢和稀泥。

南宋打了金朝一个措手不及。等金朝反应过来，金军很快开始了反攻。金军出动的先头部队只有一万人，李显忠带兵迎击挡了下来。接下来十万金军主力到了。这时的李显宗因为功劳的不平等已经没了打仗的积极性，而且李显忠部下只有四万多人，根本打不赢。

这时的邵宏渊率领三万大军在旁边看热闹。收到李显忠的求援指令，他让传令兵跑到阵前大喊："这么热的天，躺在军帐里面纳凉不好吗？干吗要打仗，这不是没事找罪受吗？"本来李显忠部下还在苦苦支撑，这句话一喊出来，呼地一下作鸟兽散，全军士气崩塌，再也没人想拼命了。邵宏渊帮了金人的大忙。

李显忠一路溃败，但依然边撤边战，孤军奋战。甚至击杀了金军的一位副帅。奈何大势已去，他叹息道："老天未欲平中原耶？何苦阻挠如此！"

金军一路掩杀，宋军仓皇撤退，一直退到淮河才勉强站住了脚跟，全军几乎损失一半，这被称为符离之败。

☙ 03 主战还是主和

赵眘得到了符离之败的消息，几乎不敢相信。朕又不是宋高宗，朕全力支持主战派，这也能失败？没理由啊。赵眘第一次开始怀疑人生，难道父亲不让自己北伐是对的？自己真的错了吗？

赵眘要给岳飞恢复名誉的时候，赵构已经一肚子的不高兴，但好歹有秦桧做背锅侠，再加上刚把皇帝的位置让出来，实在不好说太多，一直到北伐，赵构都没怎么干涉过。符离之败后，赵构再也忍不住了，他对赵昚说："你要早听我的，怎么会落到这一步？"

面对赵构的碎碎念，这次赵昚再也没有底气了。

朝廷中的主和派，纷纷跑到赵构的府邸吐槽："这皇上啊还是太年轻，拿国家大事当儿戏，金军眼看还要接着进攻，这可怎么办是好，要是太上皇你还在位，断不会如此啊。"

这些议论传到赵昚的耳朵里，赵昚越来越慌，越来越没底气，最后决定听主和派的建议，和金军和谈，并把被自己赶走的主和派官员汤思退重新请回来，让他担任左相主持大局，而刚被自己请回来的主战派大臣张焘、辛次膺和王十朋等再次被赶走。张浚也被降职为江淮宣抚使，都督两淮防线，抵挡金军南下，而李显忠和邵宏渊也接连被贬官。李显忠被贬为果州团练副使，撤离前线。李显忠那个怒啊，心想皇帝真是奖罚不分。

赵昚的噩梦才刚开始。符离之败后，金军并未停下，现已逼近黄河。主和派认为金人都是皇上招惹过来的，窟窿还要皇上自己填。

虽然局势危急，但朝廷的主和派心中却乐开了花："早说了不要北伐，你偏不听，一登基就把我们给赶走了，现在这个烂摊子，我看你怎么办？"

还能怎么办，赵昚只能派主和派去金军大营和谈。

其实这个时候的金朝，还真不想打仗，因为此时他们刚刚经历过内乱，政局不稳。被后世评价为金朝的一代雄主的皇帝完颜雍，才登基不久，深知发展才是硬道理，认为现在第一步是巩固金朝的内政，不愿意和宋朝有过多纠缠。

完颜雍虽然心中这么想，却不会流露出来，因为他要以战促和，所以摆出了一副要继续南下的姿态。对于南宋的求和，完颜雍开出了很高的条件：将金朝的降兵交出来；以后双方是叔侄关系，宋朝归还海、泗、唐、邓四州；

第十三章 | 宋朝（三）：没了岳飞，南宋的北伐成了闹剧

补齐亏欠的岁币。以上这些条件，没有讨价还价的余地。

这下子赵昚犯难了，光第一条他就接受不了。他一开始决定北伐时，金朝就有很多汉人官吏、士兵都归附了大宋，赵昚都给予了他们嘉奖，现在把他们还给金朝，那就是推他们去死。这不仅是疯狂地扇自己的脸，告诉天下人自己背信弃义，而且以后就绝了北伐的路了，以后再打过去，金朝的汉人都必然殊死抵抗。

谈判还在拉锯之中，但让赵昚万万没想到的是，主持谈判的主和派卢仲贤擅自给金人透底说，你们别急，皇上最后肯定会同意你们的要求的，别的不说，海、泗、唐、邓四州肯定归你们。这个消息走漏了风声，赵昚知道后，气得直哆嗦。

看到皇上每天都处于崩溃边缘，张浚等主战派人士开始推心置腹地和赵昚沟通，他们说："胜败乃兵家常事，哪里有毕其功于一役的道理。不就是一个符离之败吗，有什么了不起。我们怎么就打不赢金人了，刚开始的三场战役，我们都打得很好啊。你别怀疑自己，我们接着北伐，肯定能赢。"主战派的话，让赵昚精神大振。是啊，就打败了一次，凭什么说北伐最后不会成功。

赵昚又恢复了张浚右相的职务。从此之后的几个月，南宋朝堂之上，就开始了主战和主和的争论。以皇帝赵昚、右相张浚为代表的主战派，和以太上皇赵构、左相汤思退为代表的主和派，每天一上朝就开始无休止地争论，争得面红脖子粗。

赵昚越想越觉得还有机会打赢金朝，他命令张浚巡视两淮，全力备战，要与金朝决一雌雄。可张浚的实力水平怎样，我们在符离之败中都看得很清楚了。果然，张浚几次出兵都被金军打得大败，一点便宜都没占到。看到前线的战况，赵昚又开始怀疑自己的决定。

经过几次失败，主战派已经争不过主和派了，再加上南宋的整个班子的基础都是赵构搭建起来的，还是主和的人多。

汤思退痛斥张浚道："名曰守备，守未必备；名曰治兵，兵未必精。"赵构也冷嘲热讽地对赵昚说："你还指望张浚能北伐？那就是一个拿朝廷威信做人情的小人罢了。"不是不能北伐，而是如果让张浚指挥北伐，那真是一点希望都没有。

几个月后，看不到一点希望、理屈词穷的赵昚罢免了张浚的相位。张浚黯然离开临安，路上又气又急，直接给郁闷死了。

04 朝廷一会儿一个主意，前线士兵不干了

又过了两个月，赵昚思来想去，全面倒向了主和派，决定先答应金人的割地条件，他命令前线守备虞允文放弃唐、邓两州。

虞允文是一个坚定的主战派，更是能力极强的传奇人物。

1161 年，完颜亮率领大军南侵，准备一举歼灭南宋。宋军一路不战而降，望风而靡，都觉得根本打不赢。在危急关头，作为文官的虞允文被派往前线犒师。他本来是个文官，前线守备根本不关他的事，结果虞允文在采石前线上演了史诗级的一幕。他以自己优秀的组织能力将溃兵们团结在一起，让南宋以一万八千人的军队打败了十五万人的金军，打破了金军南侵的计划。

虞允文接到赵昚放弃唐、邓两州的命令，极为气愤，认为割地求和是下策，南宋可以守住。他拒绝执行命令。随后，虞允文被撤职，调离前线，指

挥官换成了完全不懂军事的汤思退，这摆明就是不想好好打了。

金军一看机会来了，马上挥师南下，宋军兵败如山倒，根本没有有效的防御，被轻而易举地突破两淮防线，楚州、濠州和滁州相继失守。

这个时候汤思退认为南宋光放弃淮河还不够，整个长江以北都要放弃才行。赵昚一听傻眼了，汤思退摆明了就是瞎忽悠，长江以北要都放弃了，金人肯定不会善罢甘休，一定会继续南进，于是赵昚在朝堂上怒斥主和派："有以国毙，不能从也。"

赵昚再次决定抗金，他把汤思退赶走，又把三个月前被赶走的主战派的陈康伯等人再次召回，任命陈康伯为左相，主持大局。

这个时候，距离隆兴北伐开始仅一年左右，主战派和主和派却已经换了三轮。他们在朝堂像走马灯一样地换来换去，下面的将领也不是傻子：朝廷都没想好要战要和，领导隔三岔五就换一波，谁还好好打仗。

在主战派的率领下，宋军又开始了进攻，可却像闹着玩似的，根本打不赢，也没心思打。最后，赵昚不得不再派使者与金朝议和，完颜雍也是见好就收。他不想把南宋逼得太紧，毕竟三年前才经历过采石大败，现在最重要的还是巩固金朝内政。

05 隆兴北伐草草收场

隆兴二年（1164年）岁末，宋金达成和议，史称"隆兴和议"。宋金达成如下条款：宋金世为叔侄之国；岁贡改为岁币，银二十万两、绢二十万匹；南宋放弃所占海、泗、唐、邓、商、秦六州，双方疆界恢复绍兴和议时原状；双方交换战俘，叛逃者不在其内。

这场战役，对南宋来说，得了面子，以后不需要对金朝称臣了，而只是叔侄关系，岁贡也改成了岁币；但里子却丢了很多，采石之战以后收复的海、泗等六州悉数还金，南宋丧失了大片国土。被赵眘寄予厚望的隆兴北伐，最终成了一个笑话。

经过隆兴北伐，赵眘的信心受到了极大的打击。他开始全力发展内政，在位二十七年，政绩可圈可点，南宋的经济达到了历史高峰。

在这二十多年的时间里，赵眘一刻都不甘心在军事上的失败。隆兴北伐之后，他对虞允文寄予重望。这儿有一个问题，那就是在隆兴北伐一开始的时候，赵眘为什么没让有成功案例的虞允义做统帅？虞允文虽然是坚定的主战派，隆兴北伐前也已经积累了丰富的作战经验，但他很清楚地知道，采石大捷确实是有侥幸的成分，是金朝政局不稳，给了自己机会。所以虞允文拒绝做统帅，并认为当时的南宋什么准备都没有，兵冗财匮，训练也是一塌糊涂，至少要给十年时间他才能带兵打仗。赵眘很不高兴，这时张浚跳出来说不要怂，直接上，统帅的位子就落在了他的头上。

几年后，赵眘任命虞允文为最高军事长官枢密使。1172年，加四川宣抚使。赵眘与虞允文密谈，让虞允文在四川准备军务，十年之后在江淮与川陕兵分两路合围汴梁，一雪国耻。

赵眘和虞允文约定：如果你出兵而朕还在犹豫，那是朕辜负你；如果朕已经行动而你仍在犹豫，那就是你负了朕。

从这一刻起，四十五岁的赵眘坚持练习骑马射箭，想着下一次北伐的时候御驾亲征，其间数次催问虞允文有没有准备好。可惜仅仅两年之后，六十四岁的虞允文便积劳成疾去世了。得知消息的赵眘掩面长泣，他知道此生再无北伐的可能。

宋孝宗是一个想一血国耻的皇帝，他让朝堂成了主战派和主和派斗争的战场。在宋孝宗之后，战还是和再也没有成为南宋坚定的国策，而成为两派斗争的工具。

06 从开禧北伐到端平入洛，北伐最终成了笑话

几十年后，韩侂胄与赵汝愚的权力之争，开启了庆元党争。为了巩固自己的权势，韩侂胄贸然发动了开禧北伐，准备有了战功后把自己的政敌理学派一锅端。

在当时看来，韩侂胄确实是有机会的。金主沉湎酒色，不理朝政，而金国北边部族又频犯边境。经过多年的交战，金国逐渐疲敝，国库打空了。

然而金朝烂，宋朝更烂。简单点说就是装备、战马、器械完全没有准备，很多宋军连铠甲都凑不齐。

北伐刚开始，金军被打了个猝不及防。宋军打下了灵璧等数地后，进军到宿州城下，金朝自己已经乱套了。

宿州周边的农民军（也叫忠义军）还认宋朝为正朔，协助宋军攻打宿州。宋军一看就慌神了，这要是被忠义军打下来，自己不就抢不到功劳了吗？于是他们开始射杀忠义军，忠义军还以为宋军是搞错了，大喊："是一家人犹尔。"宋军心想："我们打的就是你。"宋军一点都不手软，接着放箭。

宋军的操作直接逼反了义军，他们开始和金军合并守城。这么一搞，宋军攻城进度便延滞下来。忠义军满腔怒火，越战越勇，宋军打不下来，只得就地驻扎。领军的郭倬居然把大营扎在低洼处，当时正是雨季，一夜大雨使

军帐积水数尺，金军不失时机地偷袭焚烧了宋军的粮饷。数日大雨，再加上无粮饷，宋军不战自溃，金军追至蓟县（今天津市蓟州区）将宋军团团围住。

金军以此为契机发动了反攻，此时宋军在中原人心尽失，由进攻转为防守。很快真州、扬州相继被金军占领，重镇和尚原与蜀川的门户大散关也被金军所占。形势逆转，韩侂胄慌了神，想通过陕西河东招讨使吴曦在四川战场挽回败局，但是屋漏偏逢连夜雨，吴曦早已在四川暗通金兵，叛变称王。

这次北伐，要了南宋半条命。韩侂胄一看完全没戏了，开始找人去和金朝谈判。金朝这次狮子大开口，不仅要地要钱，更是直接说要韩侂胄的项上人头。

韩侂胄一看没办法了，只好硬着头皮死扛，但朝廷内的主和派早就对韩侂胄怀恨在心，在听到金人的条件后很快发动政变，杀了韩侂胄，开始了更加屈辱的求和。而韩侂胄的人头，成了主和派送给金朝的投名状。

同时代的辛弃疾看到这种结果后彻底死心，知道自己有生之年或许再也无法看到恢复中原了：

元嘉草草，封狼居胥，赢得仓皇北顾。
四十三年，望中犹记，烽火扬州路。
可堪回首，佛狸祠下，一片神鸦社鼓。
凭谁问：廉颇老矣，尚能饭否？

陆游不久后在绝望中病死，写下了"死去元知万事空，但悲不见九州同"。

这几次北伐虽然让南宋损失惨重，但南宋仍然发起端平入洛，而这也是

第十三章 | 宋朝（三）：没了岳飞，南宋的北伐成了闹剧

南宋的最后一次北伐，北伐的对象换成了蒙古。

这次北伐同样是党争的结果，是宋理宗在亲政之后想彻底清理史弥远一党的结果。

赵范作为主战派的代表，认为蒙古刚灭掉金朝，立足未稳，此时北伐，可以抚定中原、坚守黄河、占据潼关、收复三京。而以郑青之为代表的主和派，认为宋朝连金朝都打不赢，还想去打势如虎狼的蒙古，是谁给你的勇气？

宋理宗血气方刚，热血上头，正要建立自己的权威，当即说道："就是朕给他们的勇气！"

最终，宋朝什么都没准备，便开始了北伐。当时蒙古的确立足未稳，六万宋军一路北上，连像样的抵抗都没有遇到，两个月后直接攻占了洛阳。

然而宋军火急火燎地行军，对前线情况一无所知。到了洛阳才知道经过蒙金战争，这座千年古城早就成了一座废墟，根本无法休养和补给。所以宋军在取得"大捷"后就断粮了，连饭都没得吃。

一个月后，当宋理宗和主战派依然沉浸在收复三京的喜悦中时，蒙古大军开始回击，宋军完全不是对手，六万大军伤亡过半。

宋理宗目瞪口呆，不得已下达罪己诏，承认："兵民之死战斗，户口之困流离，室庐靡存，骸骼相望……是朕明不能烛，德有未孚，上无以格乎天之心，下无以定乎民之志。"

端平入洛后，孟珙被夺兵权，余玠被逼死，刘整投降蒙古，南宋再也不敢提北伐的事情。不久后，宋蒙战争全面爆发。

07 南宋并不缺名将，但是却没有卧薪尝胆的皇帝

除了岳飞，南宋还有很多优秀将领，如虞允文、李显忠、孟珙、王坚。这些将领，个个都可以独当一面。可是光有将没有用，南宋但凡有个皇帝能和越王勾践一样有坚定的意志，能够卧薪尝胆十年，甚至五十年，都极有可能拿下中原，恢复河山。

北伐，当然没有错。然而他们想得太简单了，太急功近利了，认为只要自己一声号令，整个中原唾手可得。

想北伐要具备北伐的条件，但宋朝的军政制度让北伐成了一场梦。

宋朝商品经济发达，但军队数量庞大，冗兵严重，朝廷养不活，不得不允许军队自行经商，称为回易，这不是潜规则，这是明规则。

这样做的结果想都能想到，基本没有不贪污、不中饱私囊的人，军队成了很多将领赚钱的工具。"借朝廷之势，以争利于市井，伤公害私，亏损国体。"军队成了商队，乌烟瘴气，堕落成风，大将们忙着发财赚钱，荒废正常的训练。

这是北宋崩溃的直接原因。宋徽宗时，军队数量达到了惊人的近一百二十万，朝廷为了省事直接把军队甩给了将领，而将领们把军队发展成了手工业团队，自己做起买卖来。

《宋史》中记载："既到军门，惟以番直随从，服事手艺为业，每营之中，

杂色占破十居三四,不复教以武艺。"

士兵们经常被大批调走,从事纲运等长途贩运,或者直接学会各种手艺,成为工匠,"营中多是技艺工匠""凡私家修造,砖瓦、泥工之类尽出军营"。

军队不经商,就活不下去,"诸州军禁旅虽多,训练盖寡。其间至有匠氏、乐工、组绣、书画、机巧,百端名目,多是主帅并以次官员占留手下"。堂堂大宋士兵不练刀枪、不学武艺,却成了各式各样的匠人、施工队、运输队。各级官吏、武将捞得盆满钵满,军队战斗力却极为低下,可想而知,这样的军队根本打不了仗。

08 宋朝再也没有了岳飞

这种情况下,岳飞能独善其身不经商吗?不经商怎么养军队,朝廷的军饷根本不够,难道就靠给他们洗脑?

岳飞经商养军队,并打造出了强大的军队。岳飞不仅是杰出的将领,还是有经营头脑的商人,但是他挣到的钱从来没有用到自己身上。

岳飞任命了一个叫李启的回易官,历史记载他"有心计,能斡旋财赋,唯著布衣、草鞋,雨中自执盖步行,佐飞军用甚多"。

李启专门打理岳家军在鄂州、襄阳一带的酒库、典库、营田、房钱。他经营的岳家军产业,"岁收息钱一百十六万五千余缗,营田稻谷十八万余石"。除这一宗外,在鄂州的典库、房钱、营田杂收钱,以及在襄阳府的酒库、房钱、博易场等零星收入一年也有四十一万五千余缗。岳飞本人则在庐山购置大量不动产,一部分租给农民耕种,一部分作为商铺出租,由于大批人口南下,岳飞的商铺"赁金日增"。

岳飞是宋代顶级企业家之一,在人们的印象中,他本应家财万贯。然而,1142年,赵构诬陷冤杀大英雄岳飞后,即刻下令进行抄家。他认为这次可以赚得盆满钵满,然而,让他失望的是,他在岳飞家中所抄到的不及他想象中的零头。

"岳少保既死狱,籍其家,仅金玉犀带数条,及锁铠兜鍪,南蛮铜弩,镔刀弓剑鞍辔,布绢三千余匹,粟麦五千余斛,钱十余万,书数千卷罢了……"就算是这些,岳飞都还有明确的遗命,即全部用为军资。

岳飞,是宋代最有钱的人之一,但根据《宋史》的记载,他的生活却极为朴素。

岳飞全家均穿粗布衣衫,妻子有一次穿了一件缯帛的衣裳,岳飞便道:"被掳走的皇后与众王妃在北方过着艰苦的生活,你既然与我同甘共苦,就不要穿这么好的衣服了。"自此妻子终生不着绫罗。岳飞日常的食物是麦面加齑菜,如果用荤食,也只是一味,并经常与最下等的军士共餐。即使同部属会餐,一般也只是家常便饭,另加猪肉。

每逢出师,士卒露宿,岳飞也露宿。宋高宗曾打算在杭州为岳飞建上等府邸,岳飞援引西汉名将霍去病的典故,辞谢说:"北虏未灭,臣何以家为?"

岳飞从不纳妾,也不要女使侍奉。吴玠曾经花钱两千贯买一姑娘送给岳飞。岳飞不好驳了吴玠的面子,对姑娘说:"我家的人穿布衣,吃家常便饭,女娘子倘能同甘苦,就请留下,否则,我不敢留。"姑娘只是在屏风后面笑。岳飞于是郑重地说:"既然如此,则不可留也。"遂把那姑娘连同嫁奁全退了回去。岳飞对吴玠说:"如今国耻未雪,岂是大将安乐时耶?"

赵构曾经听闻岳飞军中有钱二千万缗。他说的没错，根据《宋史》的记录，岳飞的确为北伐大业积攒了二千万缗，可赵构不知道的是，岳飞分文未取，全部用为军资。

岳飞爱护士卒，他在出戍或出征时，命妻子遍访将士家属，嘘寒问暖，以金帛周济；战斗时伤病者则亲自慰问，甚至亲手调药；战死者则优加抚恤，吊唁尽哀，养育孤寡。

面对财富和权力的诱惑，岳飞坚守精忠报国之心，赏罚分明，号令严明，才打造了让金朝闻风丧胆的百战之师。撼山易，撼岳家军难！有这样的将军，士卒们谁不愿意死战报国？

岳飞之后的三次北伐最终都狼狈收场，原因有很多。如果要简单来说，只有一点：宋朝，再也没有了岳飞。

第十四章

元　朝

草原帝国的巅峰与衰落

中国最早的纸币起源于宋代，但是真正成为全国通行的货币，却是从元朝开始。因为元朝统治者发现，这是最快的挣钱方式，他们不懂经济学，只是觉得纸币太神奇了，用纸就能换商品。

01 蒙古贵族想在中原地区退耕还牧

1234 年，金朝灭亡，蒙古也趁此拿到了中原的大好河山。放牧作为老本行、靠军事征讨四方的蒙古，面对一望无垠的农耕平原，两眼一抹黑，抓耳挠腮完全不知道怎么搞。

最早的时候，他们是"春去秋来，惟事抄掠"。草原气温高了就回去继续放牧，秋天气温低了就跑到中原劫掠一番，周而复始。但是现在中原成了自己的地盘，总不能自己抢自己吧，怎么办？

窝阔台很发愁，因为蒙古人完全不懂农耕帝国的管理，更加不知道还有农业税这么一说。拿到了大块的土地，却主要依靠北方的降将和豪强自行管理，搞的还是部落联盟那一套。历史记载，官吏多聚敛私财，货物数额巨大，赚得是盆满钵满，而朝廷没有储备，仓廪府库连一斗粮食和一尺帛都没有。

于是，蒙古贵族们纷纷向窝阔台提议："汉人无补于国，可悉空其人以为牧地。"也就是说把华北平原搞成一个大牧场，继续到这里放牧。

我们前边说过各游牧民族在入主中原地区后，无一不是潜心学习中原文化，想以此建立一个大一统的帝国。也只有蒙古，提出了如此脑回路清奇的想法。可就是这个想法，被蒙古朝野认为"此计甚妙"。

如果真这样搞下去，北方文明将遭遇灭顶之灾，可能历史就改写了。关键时刻，耶律楚材急忙建议道："陛下将南伐，军需宜有所资，诚均定中原地税、商税、盐、酒、铁冶、山泽之利，岁可得银五十万两、帛八万匹、粟四十余万石，足以供给，何谓无补哉？"也就是说，我们可以收税啊，中原物产丰富，都是打仗需要的物资，为什么要去放牧呢？

窝阔台根本不懂什么是"税"，但听耶律楚材的意思，好像是可以赚到钱，因为这个数字他听懂了，每年可以得到五十万两白银，八万匹绢，四十万石粮食，这太让他心动了。

再加上成吉思汗在世时对耶律楚材言听计从，曾在窝阔台面前指着耶律楚材说："此人，天赐我家，尔后军国庶政，当悉委之。"于是窝阔台将信将疑地说："善！卿试为朕行之。"

于是，在耶律楚材的安排下，蒙古采用了固定税收计划，设置了十路征收课税所，仿照唐朝的租庸调制，推行了以户调为基础的税收制度，命令每二户出丝一斤以供官用，五户出丝一斤以与所赐之家，每户的税收是十一两二钱，同时还制定了商业税收制度。

中原百姓通过几年的休养生息，大量的税征收上来，"十路咸进廪籍及金帛陈于廷中"。看到这么多财富，窝阔台乐得合不拢嘴。

虽然蒙古拿下了广袤的土地，但本质上依然是一个大部落联盟，从1227年铁木真死后选拔新一任的大汗的事件中就可以看出来。

当时铁木真留下遗嘱让窝阔台做继承人。蒙古还是一个大的部落联盟，实行的还是原始社会父系氏族制那一套——所谓幼子守灶，即其他儿子先分家立户，最小的儿子再继承父亲剩余的财产及社会地位。

蒙古在这个基础上又做了改进，由最小的儿子拖雷暂管成吉思汗的遗产，并监国，再由部族大会确认接班人，结果会议被拖了两年。这两年的时间里局面似乎没有任何变化，铁木真的儿子们依然在各地打仗，并且各打各的。

年长者多得，年少者少得，末子继承父业。这是蒙古继承体系的基本法，让人很难理解，而这也导致蒙古汗国和元朝在汗位、皇位继承问题上出现了一堆问题。

蒙古从最初的部落联盟，到后续建立的元朝看起来能像个帝国，和耶律楚材有很大的关系。耶律楚材是从小受中原文化教育的契丹人。在起用他之前，蒙古每拿下一座城市，除工匠外，其余人几乎全部遭受屠戮。在耶律楚材的建议之下，蒙古才开始有了文治的概念。

这么愚昧的一群人，为什么就开拓了历史上疆域最广阔的帝国呢？这就要从铁木真说起，虽然他大字不识一个，甚至连蒙古文都不认识，但他却是一个不世出的军事管理天才。

02 铁木真建立了一个中央集权的草原政权

部落联盟中的大汗或者单于，更像是各部族推选出来的一个代表，在需要集体行动，比如南下掳掠、遭遇天灾迁徙的时候，来担任军事首长。大汗对于各部落的约束力非常小，因为部落还是听各个氏族酋长的命令。这种管理制度非常不稳定与松散。如果大汗的权威性不够，各部族就会经常相互攻伐、互相吞并，不会受到约束。

比如完颜阿骨打，名义上是女真各部的都勃极烈，也就是大酋长，他能征善战，但他长期受到各部落的掣肘，下命令的时候各部落经常讨价还价。

但是铁木真在征服蒙古各部落后，开创式地建立了千户制。所谓千户制就是将以往的部落全部打散。这一点很重要，否则千户里面全是一个地方的老乡，大家还是听酋长的。铁木真将草原上的所有人都登记入册，建立最基本的单位叫作百户，百户之上则是千户，最终他将在草原上生活的人全部分在九十五个千户中。

千户并不是严格地指一千户人口，而是在战时能抽调大约五百名士兵的生活群落。千户之上，再以木华黎、博尔术为左右万户，去管辖千户。

千户制的建立也意味着蒙古开始按户征兵和派任务。在这个新的管理制度下，原来的部族酋长没有了，所有人必须听命于新的军事长官。千户长，不仅是军事首长，也是行政长官，管理一切相关事务。而相应的奖赏，如掳掠而来的战利品，也以千户为单位进行派发。

可以说，对比农耕文明的"编户齐民"，铁木真的千户制不仅是作战单位，也是草原的户籍与管理制度。在此之前，部落酋长连自己管辖多少人都不知道。

正是这一制度让整个蒙古成了一个大军团。铁木真将草原居民的机动性有效地调动起来，草原部落不再是一盘散沙，爆发了惊人的战斗力。

这还不够，铁木真充分考虑了在以往的战争中大汗对各战斗单位约束力不足的弱点，在千户之外又设立了"怯薛制"，即属于大汗自己的禁卫军体系。

怯薛主要由贵族、大将等功勋子弟构成，每名普通的怯薛军士兵都有极高的薪俸和军衔，在地位上甚至高于千户长。怯薛有着严格的纪律，完全听命于铁木真，里面的成员非富即贵，或者本身就是铁木真黄金家族的成员。怯薛的军械和俸禄，由黄金家族直接供给，远强于普通的千户士兵，保证了其最彪悍的战斗力。

通过怯薛制，铁木真建立了强大的个人权威，再加上千户制度，一套草原模式的中央集权制度形成了。

03 成就草原帝国巅峰的军事密码

蒙古军队的战斗力由两部分构成，第一是弓骑兵。

蒙古骑兵轻装上阵。蒙古马耐力惊人，矮小精壮，皮厚毛粗，耐受力强，可忍受零下四十摄氏度的严寒。蒙古马能在雪地里觅食，士兵可靠马奶充饥，只要带非常轻的辎重，就不需要粮草大军的补给。平均每名战士拥有三到五匹马，交替骑行。

这些让蒙古骑兵拥有了惊人的机动能力，可以随时发动闪电战。

根据记载，蒙古骑兵的日行军速度可以达到八十千米以上。欧洲的骑兵日行军速度还不到四十千米，而且还不能单独行动。

等到上了战场，欧洲的重装骑兵和蒙古的轻骑兵根本没得打。蒙古骑兵用的复合弓有效射程三百二十米，而欧洲骑兵没有弓。当然，欧洲也有弓箭手，但同一时代的英国长弓最远射程只有二百米左右。

这就使得蒙古骑兵在野外作战中立于不败之地，隔远了就密集射箭，对方的骑兵要追，压根追不上蒙古的轻装骑兵，而且蒙古人一边跑一边放箭。等欧洲人实在追不上骂骂咧咧地跑回营地，蒙古骑兵又跑回来射箭，几轮下来欧洲人就崩溃了。

第二是科技。

可以说同一时代的各个政权中，没有哪个比蒙古更重视科技。他们每打下一座城池就开始屠城，但是从来不杀工匠，对"科技工作者"高度重视。

随着打下的地盘越来越多，蒙古网罗到的工匠也越来越多，这群人互相交流，取长补短，制造出当时最精妙的云梯、抛石机等攻城装备。

抛石机是蒙古登峰造极的战斗装备，它可以把三十到一百千克的石弹抛出近三百米远的距离，给予城墙毁灭性的打击。

根据《元史》记载，抛石机"机发，声震天地，所击无不摧毁，入地七尺"。

蒙古军队攻打坚固的巴格达城时，利用强大的抛石机，将装满烈油的罐子点燃后抛射进城中，让整个城市下起了漫天火雨，陷入一片烈焰之中。

此外，蒙古军队还大规模使用火箭和火油筒等火器，打仗时把石油和硫黄等组成的燃料投掷到城堡里去。这些燃烧瓶投掷到城堡里面的房屋上面，立即就可以烧掉屋舍。除了烧死守军，也可以给对方造成极大的恐慌。

在巷战时，蒙古军队大规模使用火油筒，火油筒可以说是现代火焰喷射器的雏形，这种武器可以把敌人所处之地变成一片火海。1241年在和波兰人的决战时，蒙古人就是用火油筒把波德联军烧得焦头烂额。

强大的机动性加上"高科技"让蒙古骑兵所向披靡。

04 蒙古帝国的分裂与忽必烈的雄心

其实，对于铁木真来说，打仗的目标很简单，就是抢钱、抢粮、抢地盘、抢女人。这让铁木真组成了一个强大的暴力组织。铁木真攻陷的基本都是游牧民族，打下了地盘就继续放牧，用抢劫来的财物维系草原帝国的运转，他不知道未来要走向哪里。

窝阔台也是如此，所以他在拿下中原之后根本不知道应该怎么办。

1271年，忽必烈取《易经》中"大哉乾元"这句话，改国号为大元，次年定都大都。

1279年，忽必烈灭南宋流亡政权，结束了华夏长期分裂的局面。

元朝究竟是怎样一个朝代呢？那就要从黄金家族的分裂说起了。

成吉思汗在世时，由于他强大的权威性，蒙古可以说是一个中央集权的草原帝国，但是在他死后，很快就又成了一个部落联盟。

成吉思汗死后，长子术赤、次子察合台、三儿子窝阔台、小儿子拖雷每个人都分到一大块土地，然后开始各打各的，相互之间也没有什么战略合作，扩张方向也不同。

窝阔台继承了大汗的位置，被称为窝阔台汗，但是事实上已经没有什么中央集权了，这个大汗大多数时候就只是一个名头，而且这么大的地盘，窝阔台想管也没有能力，他能把自己打下来的地盘管好就不错了。

当然，还有一个原因是当时蒙古正处于高速扩张期，铁木真的儿子们面对增量市场，根本懒得去存量市场里面争权夺利。

1259年，蒙哥汗死后，形势又不一样了。这个时候，蒙古能拿下的地盘差不多没有了，大家对大汗的位置比较上心了，想去抢存量市场。这时，忽必烈登场了。

忽必烈从小读书，算是半个文化人，对名分还是非常看重的。于是，他和自己的弟弟阿里不哥展开了激烈的汗位争夺战。此时的中原乃至西南、江淮的大部分地区，已经在忽必烈的控制之下。以中原丰富的人力、物力为依托，忽必烈快速出兵击败阿里不哥，成了新一任大汗。

不过，此时的蒙古大汗，基本上已经成了摆设。忽必烈根本不知道怎么管，其他的汗国也不听他的，最多称呼他一声大汗，表面上恭恭敬敬，实际上该干什么干什么。

忽必烈统治蒙古本部和华夏地区，与其他的四个汗国各自为政。这让忽必烈又气又急，甚至计划重新召开整个蒙古的大会。但是他还是没想明白这么大的地盘怎么管。

但是，在忽必烈的心中，一直更看重的是自己大汗的身份，认为自己是黄金家族的继承人，不在乎什么"华夏文明的正朔"。

05 混吃等死的元朝

1279年，忽必烈完成华夏地区的统一，但依然在四处征战，可以说从来没有系统性地思考如何建立一个高效的政权。

中国历朝历代，士农工商中士的地位普遍较高，但是到了元朝发生了颠覆性的变化。宋朝"士大夫与皇帝共治天下"的美好局面彻底一去不复返了，元朝依然按照战时制度进行管理。打仗的编入军户，工匠编入工户，打猎的叫猎户，种地的叫农户。这是新的户籍制度，而读书人叫作儒户。

在蒙古，这些"户"都一样，没有不同。科举考试也没了，上升的通道被彻底关闭，重要官吏几乎都是蒙古贵族。根据元朝新的民族政策，读书人大多来自第四等的"南人"，最没有地位。读书人没了出路，还极其苦闷，只好去文艺创作，因此产生了一批优秀的文艺作品。

没有了科举制度和传统的官僚体系，元朝究竟是怎么管理全国的呢？说得好听点叫无为而治、自由奔放，说得不好听叫混吃等死、随便瞎作。

元朝一共存在了九十八年，可在这么长的时间里居然连一部法律都没有修订出来，或者说他们根本懒得琢磨这个事情，直接继承了金国的《泰和律义》进行断案。

后来忽必烈一想：不对啊，我把金给灭了，怎么还能继承他们的法律呢？于是就下令禁止用《泰和律义》。可是关键问题是，你把《泰和律义》给禁了，断案和诉讼的依据是什么？

依据就是没有依据，地方官爱怎么断案怎么断案，全凭个人喜好。根据史书记载，是"内而省部，外而郡府，抄写条格，至数十册。遇事有难决，则检寻旧例，或中所无载，则施行比拟"。元朝最喜欢用的是"酌情处理"，意思就是，你自己看着办吧。所以，没有了法律，地方官想不贪腐都不行，反正什么事都他们看着办，到处都是"窦娥冤"。

元朝统治者不修订法律，是因为他们根本懒得管，他们对这个事情根本没兴趣。长治久安对他们来说意义不大，人家根本没想那么长远。

他们操心的是怎么赚钱。前边说过耶律楚材教会了窝阔台收税，给蒙古统治者们打开了新世界的大门，蒙古人从此明白了，原来钱是这么赚的。但是蒙古统治者们想挣钱，又不想辛苦，觉得收税这个活太累了，能不能找人去干呢？

而在采用包税制的蒙古，相当一部分的色目人是包税人。蒙古统治者懒得收税，就让这些商人们去代他们收税，这些商人则成了税务包销商。

蒙古税务包销商几乎无所不包，有包天下河泊、桥梁、渡口之税的，有包燕京酒税的。这些商人们按定额一次性给元朝政府交一笔巨款，蒙古人就不管税收了，都交给他们去办。

显然，这样一搞，长此以往，国将不国。天下公器以后都是商人盈利的工具，想怎么收税就怎么收税。

中书令耶律楚材坚决反对，并奏请罢免包税制。他写得非常清楚："此皆奸人欺下罔上，为害甚大。"但是这回窝阔台不听了，因为包税制又快又省心，一次性赚一大笔，自己还不需要派官吏，这么赚钱的生意，为什么不干？

于是，蒙古官员勾结各族商人进入中原，承包了大量税收，包税制很快在全国盛行。

沙俄当时就是蒙古四大汗国中金帐汗国的包税人，而他们也因为搞这个赚到了第一桶金。

06 纸币流行的元朝

元朝为了挣快钱，根本不管以后会怎样，也不管政权稳定不稳定。

我们都知道，中国最早的纸币起源于宋代，但是纸币真正成为全国通行的货币，却是从元朝开始。因为元朝统治者发现，这是最快的挣钱方式，他们不懂经济学，只是觉得纸币太神奇了，用纸就能换商品。

元朝是真正意义上使用纸币作为全国范围通行货币的朝代，这也是世界最早的纸币。元朝的纸币还一度在东南亚流通，影响力遍及全世界。

元朝的管辖范围太大了，白银等金属货币在远途的商业交易中很不方便，所以忽必烈就以白银为支撑，发行了中统钞，也就是任何人都可以持中统钞按当时的银价到官库兑换白银。中统钞的发行，标志着元朝纯纸币制度的建立。中统钞作为支付手段，与金银具有同样的价值。国家的一切经费出纳都以之为准。之后，纸币广为流传，被大众接受。交易或交税时，都得用纸币。

但是元朝统治者很快就玩起了通货膨胀。因为在灭亡了南宋后，元朝基本上停止了对外扩张的步伐。一旦没有了对外扩张，就无法掳掠金银财宝，来钱没那么快了，就无法满足皇室奢靡的生活，于是元朝开始拼命地印刷纸币。

这让元朝的纸币每年都在贬值，很快，中统钞就贬值到没人要了。这时元朝又改印大银钞，但这次贬值得更厉害。元朝又改印正交钞……反正就是一路贬值。

1306年，元朝才建立不过三十多年，杭州米斗价卖到二十五贯，价格相比元初暴涨了两千五百倍。

但元朝统治者们根本懒得管，反正当时手中还控制着军队和武力。对他们来说，只是用一个新的、更高效的手段进行劫掠而已。

可以说这个时代是皇权不下省，能管到省一级就不错了，省以下的基层根本懒得去搭理。

搞笑的是元朝印刷纸币，民间也比赛一样地印刷伪钞，而这些也几乎没人管。这种情况所导致的结果，自然是官商勾结，疯狂压榨人民，所有人想的都是挣钱，还要挣快钱。

很多人说这是自由奔放的年代，的确是的。元朝皇帝只想收钱，别的一概不关心。

07 元朝失之于宽

朱元璋说过："元以宽失天下，朕救之以猛，小人但喜宽。朕观元朝之失天下，失在太宽。"结果很多人认为元朝的"宽"是宽仁，那是完全不懂朱元璋的原意。

这个"宽"就是什么事都不管，"小人但喜宽"这个小人，是指不良士绅、不法商人、地方豪强等人。对于他们来说，元朝真的是黄金岁月啊，做什么都没人管，可以随便作。他们可以随意贪赃枉法，因为根本就没有法。

在元朝没有文字狱，三教九流莫不崇奉，所有的思想一律平等。元朝觉得这些根本没有必要管。

元朝统治者什么事都不管，层层的压榨自然导致黎民百姓都生活在水深火热中。其他的朝代，皇帝再怎么昏庸，多半也知道水能载舟亦能覆舟，不敢让官僚们乱搞，但是元朝完全是放开了随便搞。

《奉天北伐讨元檄文》中写道："使我中国之民，死者肝脑涂地，生者骨肉不相保，虽因人事所致，实乃天厌其德而弃之时也。"这才是真实的状态。

在很长时间里，统治阶层依然没有改变自己的本性，搞的依然是部落统治奴隶那一套，掠夺与抢劫往往成为常态，底层民众的生活朝不保夕。《元史》记载："照得甲午年钦奉合罕皇帝圣旨：不论回回、女真、汉儿人等，如是军前掳到人口，在家住坐做驱口，因而在外住坐，于随处附籍，便系皇帝民户，应当随处差发。主人见更不得识认。如是主人识认者，断按打奚罪戾。""诸蒙古、回回、契丹、女真、汉人军前所俘人口，留家者为奴婢，居外附籍者即为良民，已居外复认为奴婢者，没入家财。"

如果非要说元朝的优点，那就是商业搞得好。

这一点，和蒙古人的基因有关。原来在蒙古高原上生存的草原帝国，生产力极度落后，需要与中亚的商人进行物资输送、交易，所以在元朝建立前蒙古统治者就对商业高度重视。

现在草原上的商人们转身做了包税人，与元朝统治者关系融洽，成了他们的衣食父母，元朝统治者自然完全不抑商。所以，元朝把士农工商几乎完全掉了个个儿，变成了商工农士。

在此期间，皇帝直辖地的商业税一度降到了六十税一，即每赚六十元，只交一元的税。甚至还给一些做买卖的船工、船商免除了朝廷要求的义务劳动。

即便是这样，商业税也成了元朝的重要收入之一，加上元朝对其他国家的商人几乎没有任何限制，泉州很快成了全球第一港口，富庶程度超过了宋朝。

1294年，忽必烈逝世。他活着的时候，巨大的军功让他有着强大的权威，无论元朝怎样千疮百孔都还维持着运转。但是他死了之后，元朝马上就进入了内耗与权力斗争。元朝的继承制度本来就乱，加上权臣参与，各方斗得不亦乐乎。

而这也让元朝在短短的三十年之间，换了七个皇帝，并且这些皇帝不是被毒死，就是被刺杀。

08 眼睁睁看着朱元璋做大做强的元朝

元朝崩溃的导火索是运河。

元朝时，江南已经是全国的经济与物产中心，物产资源丰富。1271年，忽必烈定都大都。为了保障大都的物资丰富，他恢复了隋朝时期修建的运河永济渠。后来发现永济渠太绕太慢，又修建了会通河等大量的枢纽工程。但是，效率依然比较低，最终形成了漕运加海运的双枢纽。

1351年，黄河淤积导致整个运河系统瘫痪，元朝赶紧强征了十五万民夫疏通运河。既然是强征，那肯定是没有工钱的。此外经常不发粮食，导致河工挨饿受冻，群情激愤。

终于，"石人一只眼，挑动黄河天下反"，从韩山童、刘福通起义开始，反元大起义的序幕正式拉开。大家都参加起义，根本没人管运河了，所以通往大都的运河彻底被中断了。

这还不算。1353年，泰州张士诚起义。张士诚是盐贩子出身，深知海运对元朝的重要性，所以，他起义后第一时间就切断了元朝的海运，抢夺运往大都的物资。

这下连接大都的海运和漕运全都没了，军队没有了粮食，商人没有了货物，皇帝没有了赏赐官僚的财富，元朝政权快速陷入了瘫痪。

可能很多人感到奇怪，1367年朱元璋开始北伐，简直是势如破竹，1368年元顺帝就逃跑了，中间一年时间都不到。曾经大杀四方的蒙古人，如今怎么就如此不堪一击？

一方面，蒙古贵族花天酒地舒服日子过惯了，早就失去了当年的锐气。另一方面，蒙古政权当时忙着内斗，根本没工夫搭理农民军。

元朝简直就是眼睁睁地看着朱元璋做大做强的。

在朱元璋快速发展的时候，元朝已经是各路军阀四起，而元顺帝就和最早的部落联盟的首领一样，无力对他们进行约束。

当时北方有两大军阀。一个是占据河北的扩廓帖木儿。如果你觉得这个名字太绕口，可以用他的另一个名字来称呼他——王保保。另一个是占据山西的孛罗帖木儿。他们两个是死对头，王保保拥护皇后和太子，属于后党，而孛罗帖木儿拥护的是元顺帝，属于帝党。

你会问皇后和皇帝难道不是一伙的，不是一家人吗？他们是一家人，但是也是死对头，因为皇后要逼皇帝让位于太子。

于是王保保和孛罗帖木儿忙着互掐，根本没功夫搭理朱元璋。他们也忙着打仗，爆发了元朝的大内战。

朱元璋一看你们这么忙，那我就忙自己的了，于是和陈友谅去打鄱阳湖大战，反正大家各打各的，互不干涉。

等到王保保打败了孛罗帖木儿，本来是后党胜利了，元顺帝一看形势不对，就先派人暗杀了孛罗帖木儿，接着封王保保为丞相，说以后国家大事咱俩商量。

王保保一看你给我这么大的官，感激涕零，说我再也不反对你了，倒戈后党开始拥护元顺帝。但是王保保很快又不满意了，想收拾陕西的军阀李思齐，趁机吞并他的地盘。

李思齐也是元朝的军阀。王保保就说根据皇帝的指示，让李思齐去打朱元璋。王保保的算盘打得很好，让李思齐和朱元璋开战，等他们拼个两败俱伤时，自己再去收拾残局。到那时自己有足够的实力，可以控制元顺帝，让他成为自己的傀儡。

李思齐也不傻，他召集关中的各路军阀，将这些分散的力量结合起来，自己做了盟主，要"清君侧"，干掉王保保。

而朱元璋听到他们又要打仗，那让他们先忙，我先去干掉张士诚。于是王保保和李思齐还没有打完，朱元璋已经拿到了张士诚的地盘，整个江南富庶之地全部收到了麾下。

元顺帝急得直跳脚，要王保保赶紧南下和朱元璋交战，但王保保根本不听。元顺帝火冒三丈，把王保保的官职一撸到底，王保保干脆明目张胆地搞起了割据。元顺帝一看王保保公然造反，这还得了，便下令各路元军讨伐王保保。

221

09 元朝的灭亡已经势不可挡

1367年,朱元璋发布了《奉天北伐讨元檄文》,一年后,元顺帝就逃跑了。

毛泽东在《沁园春·雪》中写道:"一代天骄,成吉思汗,只识弯弓射大雕。"这句话真没说错,铁木真是一个罕见的军事奇才,但是谈到治国和管理,真的是平淡无奇。只可以马上得天下,不可以马上治天下的道理,铁木真、窝阔台、忽必烈……都没有搞懂。铁木真只找丘处机学习了养生,完全没有想去理解华夏文明的精髓。元朝后期的君主,更是个个混吃等死,连赚钱都懒得去赚。

与此相反,五胡十六国时游牧民族的政权争着学习华夏文明,因为他们知道,只有这样才可以真正建立一个长治久安的帝国。

元朝这套以部落联盟为核心的管理体系终究不会长久。1368年,元朝被终结。

元顺帝出逃的时候,其他四大汗国怎么不来帮忙呢?因为他们还不如元朝坚挺,早就纷纷倒下了。

最早的窝阔台汗国,1309年就已经因为内斗而被瓜分,仅存在了五十八年;1346年,察合台汗国分裂;1335年,伊利汗国分崩离析;撑得最久的金帐汗国虽然名义上持续到1502年,但实际上从1310年就开始走向了衰亡,

第十四章 | 元朝：草原帝国的巅峰与衰落

三十年左右的时间丢掉了百分之八十的土地。

《奉天北伐讨元檄文》气势恢宏，对元朝的统治有一个总结：

> 自古帝王临御天下，皆中国居内以制夷狄，夷狄居外以奉中国，未闻以夷狄居中国而制天下也。自宋祚倾移，元以北狄入主中国，四海以内，罔不臣服，此岂人力，实乃天授。彼时君明臣良，足以纲维天下，然达人志士，尚有冠履倒置之叹。自是以后，元之臣子，不遵祖训，废坏纲常，有如大德废长立幼，泰定以臣弑君，天历以弟鸩兄，至于弟收兄妻，子烝父妾，上下相习，恬不为怪，其于父子君臣夫妇长幼之伦，渎乱甚矣。夫人君者，斯民之宗主；朝廷者，天下之根本；礼仪者，御世之大防。其所为如彼，岂可为训于天下后世哉！及其后嗣沉荒，失君臣之道，又加以宰相专权，宪台报怨，有司毒虐，于是人心离叛，天下兵起，使我中国之民，死者肝脑涂地，生者骨肉不相保，虽因人事所致，实天厌其德而弃之之时也。古云"胡虏无百年之运"，验之今日，信乎不谬！
>
> 当此之时，天运循环，中原气盛，亿兆之中，当降生圣人，驱除胡虏，恢复中华，立纲陈纪，救济斯民。今一纪于兹，未闻有治世安民者，徒使尔等战战兢兢，处于朝秦暮楚之地，诚可矜闵。方今河、洛、关、陕，虽有数雄，忘中国祖宗之姓，反就胡虏禽兽之名，以为美称，假元号以济私，恃有众以要君，凭陵跋扈，遥制朝权，此河洛之徒也；或众少力微，阻兵据险，贿诱名爵，志在养力，以俟衅隙，此关陕之人也。二者其始皆以捕妖人为名，乃得兵权。及妖人已灭，兵权已得，志骄气盈，无复尊主庇民之意，互相吞噬，反为生民之巨害，皆非华夏之主也。

予本淮右布衣，因天下大乱，为众所推，率师渡江，居金陵形式之地，得长江天堑之险，今十有三年。西抵巴蜀，东连沧海，南控闽越，湖湘汉沔，两淮徐邳，皆入版图，奄及南方，尽为我有。民稍安，食稍足，兵稍精，控弦执矢，目视我中原之民，久无所主，深用疚心。予恭承天命，罔敢自安，方欲遣兵北逐胡虏，拯生民于涂炭，复汉官之威仪。虑民人未知，反为我仇，絜家北走，陷溺犹深，故先谕告：兵至，民人勿避。予号令严肃，无秋毫之犯，归我者永安于中华，背我者自窜于塞外。盖我中国之民，天必命我中国之人以安之，夷狄何得而治哉！予恐中土久污膻腥，生民扰扰，故率群雄奋力廓清，志在逐胡虏，除暴乱，使民皆得其所，雪中国之耻，尔民其体之。

如蒙古、色目，虽非华夏族类，然同生天地之间，有能知礼义，愿为臣民者，与中夏之人抚养无异。故兹告谕，想宜知悉。

第十五章
明　朝　（一）

被朱元璋和读书人联手颠覆的明朝

税赋是王朝最主要的经济来源，它直接决定了一个王朝的兴亡。当一个朝代的税征收不上来，或者征收的税入不敷出，朝廷无法应付军队的开支与官员的俸禄时，离崩溃就不远了。

　　在我们通常的认知中，古代农民起义最大的原因是朝廷横征暴敛，苛政猛于虎。可是，中国大一统的王朝中，皇帝从小饱读诗书，都知道水能载舟亦能覆舟的道理，尤其读史书，知道暴秦二世而亡的教训，所以皇帝大都比较注意赋税的问题。

　　十税一都算高的，从汉到明，三十取一的税收才是常态。差不多百分之三点三的税率，老百姓怎么就活不下去了呢？要知道，老百姓但凡有口饭吃都不会去造反。王朝的运行体系到底是哪里出了问题？

第十五章 | 明朝（一）：被朱元璋和读书人联手颠覆的明朝

01 王朝的四大税赋

我们单纯来看赋税，会发现税收并不重。

支撑王朝运转并和老百姓密切相关的赋税是田赋、人丁税、徭役、盐铁税。

第一项是田赋。田赋是旧时政府对土地征收的税，是支撑王朝运转的主项目。汉朝就田赋三十税一。田赋最重的时候是十税一。

这个税收怎么看都是不重的。中世纪欧洲，教会要收取什一税，即生产总量的百分之十；加上领主征收的税，一般会达到百分之五十左右。

第二项是人丁税。丁指人口，人丁税即人口税。

人丁税根据朝代不同而不同，一般最早从七岁（秦朝）、最晚从二十三岁（汉朝）开始征收。人丁税的多少各个朝代的差别较大，一般相当于农业税收的十分之一到五分之一，我们很难得到一个具体缴税额。

汉朝规定一个青壮年每年需缴纳人丁税一百二十钱；晋朝每年纳绢三匹、绵三斤。我反复换算只能给出一个大概的数额，相当于现在每人一年缴纳三百至一千元。

第三项是徭役，是百姓的沉重负担，是苛政猛于虎的罪魁祸首。

现代国家要搞大基建，会出钱找工人来修路盖楼，这样一方面能沉积国家固定资产，另一方面能解决就业问题，工人拿到工资还能促进消费。

但是在古代，修路、盖衙门，包括运输军粮、修理河堤，都是无偿征调百姓来干活。碰到比较作的皇帝，老百姓就倒血霉了。最夸张的是在秦朝，秦朝全国人口约为一千万，服徭役（含兵役）的人数超过了两百万。要知道总人口里面还包含了老人、儿童、妇女，几乎成年男子中每两到三人就有一人在服役。

秦历两世而亡，修大运河的隋朝也快速崩溃，这给了中国历代统治者生动的教训。中国历代帝王从开始接受教育时就学习了"暴秦无道，二世而亡"的道理，一般都不敢乱来，稍微明事理的皇帝都是轻徭薄赋。

明朝的成年男子每年须在本县服一个月的无偿劳役，从事地方的土木工程、造桥修路、治理河渠、转输漕谷等劳动。如果不想去，就缴税来替代，按照比例换算，这个税率是十二分之一。

第四项是从春秋时齐国开始的盐铁税。官方垄断盐铁的经营，把税加在售卖价格里，让民众缴税了，又感觉不到缴税。其中和老百姓息息相关的是盐税，因为每个人每天几乎都要吃盐。

春秋时期，生产盐的商人必须将食盐卖给国家，再由国家统一销售。仅此一项，齐国就大发其财，成为春秋时期的第一个强国。因此盐铁专卖被各个王朝所采用。要么是国家统一经营，要么是在朝廷下发许可证后由朝廷认可的盐商进行销售，国家统一收税。

到唐朝末期，盐的税率上涨了十倍，导致私盐贩子层出不穷，而最大的盐贩子黄巢最终让唐朝国力大衰。在明清时期，盐税一般为百分之十五至百分之三十三，但因为盐价本身较低，正常情况下并不能对百姓的生活造成严重冲击。

综上所述，田赋、人丁税、徭役、盐铁税这四项税支撑着王朝的运转。按理来说，在多数大一统的王朝，这些税收都不算特别重，不至于让老百姓活不下去。

02 朱元璋与贪官的养成

一般来说，开国皇帝设计制度的时候都是想着对农民好一点，好让国家长治久安。然而初衷是好的，现实却往往相反。

朱元璋是明朝开国皇帝，对贪官污吏深恶痛绝，各项制度对官员苛刻，对百姓宽容。明朝对各级官吏的要求之严格，达到了历史的巅峰。但遗憾的是，正是因为朱元璋，明朝官员的贪腐也达到了历代王朝的巅峰。

历朝历代都有贪官，但也有清官，而有明一朝比较有名的清官几乎只有海瑞一人，因为在明朝官员做清官就是要做苦行僧。

明朝的县太爷年薪是各种银两、布帛、粮食，折算为粮食约为九十石大米。到了明朝中后期张居正改革，年薪折算成白银约为四十五两，按今天的生活标准来算大致相当于年薪一万五千元人民币，也就是说每个月挣一千二百元钱左右。注意，那个时候没有医保、社保，各种福利补贴通通没有，县太爷夫人又没有工作，县太爷一个人要养一大家子，只靠俸禄怎么活下来？

所以海瑞只有在他母亲六十岁生日的时候才能买两斤肉，平时很少进荤腥。按照明朝的赋税，理论上来说，如果普通农民不被贪官剥削，那农民的收入比县太爷高多了；然而，培养一个县太爷的成本要比农民高多了。一个人经过十到三十年寒窗苦读，没有产生任何经济收益，就为了当官。结果吃那么多苦，还凭借高超的能力和智商在至少十万人中脱颖而出，却找了个连普通农民的收入都不如的工作。如果不贪，谁还愿意当官呢？

朱元璋设计的制度让贪腐成了明朝官员的日常工作。

在唐朝、宋朝，要整顿吏治是可行的，毕竟王朝再怎么腐朽，读书人也是读圣贤书长大的，十个里面总有两三个信奉孔孟之道，是有理想、有追求的。尤其是宋朝，官员俸禄足够多，地方州县官员、县令每月二十贯，禄粟月三至五石，这还只是基本工资。而这基本工资就已经是明朝县令的五到十倍。不仅如此，正俸之外还有各种补贴，如茶、酒、厨料、薪、蒿、炭、盐诸物，喂马的草料及随身差役的衣粮、伙食费等均由政府出钱，数量也相当可观。

结果到了明朝可好，制度告诉所有官员：你们要奉公守法做青天大老爷，要吃一辈子苦。等于是牧羊人养了一只牧羊犬，连伙食都不给它吃，让它自己想办法。牧羊犬没吃的只能去吃羊。

于是，明朝自建立之初，官员的贪腐便成了常事，不贪腐才不正常，只要出一个清官，全天下都当他是怪物一样。清朝初期全面沿用了明朝的俸禄制度，事实上就是鼓励官员贪腐：没钱给你们发工资，你们自己去想办法。

明朝张居正实施的一条鞭法有很多积极意义，但也产生了一个额外效应，就是将贪腐从潜规则变成了明规则。

在一条鞭法之前，农民缴纳田赋是上缴各种杂七杂八的实物，有大米的缴大米，有布帛的缴布帛，没有一个统一的标准和规则。法令没有标准和规则最容易被别有用心之人钻空子，官员借此大发其财，用各种手段捞钱。比如农民缴纳的布帛和粮食质量有问题，就需要多缴纳；比如农民不给官员好处，官员就各种挑刺。

从张居正改革开始，所有的纳税大多直接折算成白银，别的东西不要，农民也需要到市场上把米卖了换成白银缴税，这样一来就把漏洞给堵死了，因为白银的成色是标准品，地方官没法挑毛病。

但是，很快明朝的官员就发现了新的漏洞。成千上万的老百姓交的都是碎银，各个地方总不能把全国的碎银都交到朝廷去，否则朝廷又得晕了，各级州县需要将碎银子熔炼后铸成标准的银锭即官银，再统一运往京城。

这样张居正是省事了，但是官员也找到新的发财门道。老百姓的碎银子纯度质量不一，熔炼铸锭的过程中一定会出现损耗。比如，某县收了一千两碎银，但是熔炼成大块银锭后就只剩下九百六十两了，四十两的差额地方官当然不会自己出钱补贴。地方官可以多征收一定比例的白银作为熔炼时的损耗，这就叫火耗银。

从科学的角度来说，多收的这部分损耗钱最多不会超过百分之二至百分之五，但是朝廷并没有给出标准。没有标准就必然发生贪腐，如同徭役，县太爷可以让百姓干一个月的活，也可以让他们干五个月的活，这都是县太爷说了算。

很快，贪腐形成竞争态势，谁的火耗银收得少谁就是傻。明朝官员开始变着法地多收火耗银。朝廷的税收本来是三十税一，但是短短几年的时间，部分县火耗银的收取已经超过了朝廷收取的部分。根据记录，正常一点的州县火耗银是每两银子收四成到五成，即多收百分之四十至百分之五十。但是到了后期，越来越多州县的火耗银超过了朝廷要求的数量，收到没边了。十税一直接变成了十税二或者更高。

明朝后期对火耗银的收取根本没人管。清朝初期康熙做过多次要求，但收效甚微。而康熙朝南征北战，从"三藩"到噶尔丹，正是用人之际，整顿火耗银的收取会动了大多数人的利益，所以康熙最后也不管了。于是火耗银成了地方官名正言顺的收入，远远超过了朝廷的收入。这样百姓的负担直线上升。但田赋造成的损失还是有限的，真正影响大的是人丁税和徭役。

03 人口之谜

在封建社会,让老百姓叫苦不迭的往往是徭役。国家统一的徭役是有限的,国家级的大工程为数不多,但是到了地方,做多少基建、搞多少建设,都是由地方官说了算。当腐败与贪污成为惯例时,徭役就成了地方官剥削百姓最有力的工具。本来正常情况是,老百姓一年服一个月徭役。现在可好,反正让老百姓服役不需要自己花钱,那就把老百姓往死里用。三月修桥、四月修衙门、六月修河堤、八月盖驿站……你说要耕田没时间服役,那就交钱,交了钱就可以不用来了。

而人丁税更是成为官员的明面收入。人丁税从汉朝开始成为各个朝代财政收入的重要来源,但人丁税也直接带来了一个严重后果,就是瞒报人口,并造成大量的流民和仆役。地是死的,瞒不过去,上级官员过来就能看到,但是人是活的,是可以流动的,所以人丁税的征收难度远远高于田赋。

朝廷也会搞人口普查,具体的做法是由州、县政府牵头,乡村的里长、保长等拿着朝廷的户籍档案一家家调研访谈,摸清楚一个家庭的人口、男女数量、年龄、身体状况。没记录在册的人口官府重新录入,已经死亡的人口官府移除户籍信息。

1381年,明朝做了第一次人口普查,统计出全国共一千零六十五万户,五千九百八十七万人。

可是，明朝总共持续了二百七十六年，人口最多时仅有七千万人，以后再没有增长。到了明末的天启年间人口只有五千一百六十五万人，还不如明初。这里面一看就知道水分太大了。清朝仅从雍正到乾隆的几十年间人口就达到了三亿以上。

要知道，除了明朝后期的战争，明朝相对来说是比较太平的，而且相对前面各朝代，农耕技术在不断发展，耕地面积在增加，统计的八百五十万顷土地理论上可以供养一亿八千万甚至更多的人口。

明朝的人口是一个谜。而根据后世各种历史学家的调查，明朝各州县瞒报了八千万到一亿的人口。因为明朝各州县的官员非常清楚，朝廷要统计人口，主要就是为了征收人丁税。如果一个县有四十万人，只给朝廷报二十万，相当于官员直接拿走了一半的人丁税。于是，明朝的人丁税朝廷拿走一小半，官员贪了一大半。

04 读书人的特权与利益集团

读书人寒窗苦读多年就为了当个县令每年拿稳定的年薪吗？当然不是。秀才是参加科举、步入仕途的敲门砖，是进入士大夫阶层的最低门槛，即使是底层的秀才也拥有一些特权。

随便列举几个基本特权。

第一，见官不拜。秀才在公堂之上不用下跪磕头，见到县官作揖就可以了。秀才还可以随时到衙门递名帖见县令，这也是普通人办不到的。

第二，免除徭役。做了秀才后，再不用给公家干活了。当官府去征壮丁时，秀才可以悠闲地看书喝茶，修堤坝、补路这些粗活根本不关他的事。

第三，免交粮、免除人丁税。秀才家里有田都是自个儿的，不用给国家交赋税。

第四，免刑。如果秀才作奸犯科了，大老爷可不能一怒之下打读书人的板子；如果要打板子，县太爷首先得去省里找上级官吏把秀才的功名革去。

明朝考取功名的难度为：举人相当于副教授，秀才相当于重点大学的学生。在朝廷制度的引导下，终于形成了以读书人为中心的巨大利益集团，即士绅集团。

要知道，根据朝廷的法令，享受特权的不是秀才、举人他们本人，而是他们的家族。如果某个村子里出了一个秀才，会发生什么？

一个村子里能够考取秀才的，本身就是家境比较富裕的群体，田产和人口在村子里是数一数二的。在得到功名后，这群人更是要利用制度将自己的利益最大化。比如，村子里有几户人家都将自己的田产挂到了秀才的名下，这样大家都不用交田赋了。当然，秀才不会白帮忙，国家的赋税是十两银子，秀才就收三两。于是秀才名下的耕地越来越多。

秀才不用交人丁税，不用服徭役，但是村子里其他人不管有多少地、有多少财产，都要交人丁税、服徭役。根据朝廷的法令，有一百亩地或者一亩地都没有的人，都需要每年上交五两银子的人丁税。

有钱人无所谓，但是没钱的人根本就交不起。如果交不起税，在明朝可不是开玩笑的，是要吃牢饭的。对于穷人来说，与其交不起税受惩罚，还不如成为秀才家的奴仆或者佃户，这样就不需要给国家和官府缴税，也不需要服徭役了。最终士绅的收益远远高于普通农户。他们对土地兼并推波助澜，更为残酷地剥削农民。

现在，我们来看实际的赋税情况。

假设有一个大村子，里边有两百户人家，一千个村民，假定每人五亩地，一共五千亩地，每亩地生产出来的粮食可以折算成十两银子，那么每个村民的年收入是五十两银子。根据国家的税法，理想状态下是：第一，田赋十税一，五千亩地每年上缴五千两银子；第二，每人每年上缴二两银子的人丁税，一共二千两；第三，每人每年有三十天的时间被县衙征调服劳役。最终，国家在这个村子里每年收税七千两银子。村民年收入五十两银子，缴税七两，结余四十三两。每年抽一个月打工，不说富贵，糊口至少没问题，所以在这种状态下，朝廷和老百姓相安无事。

但是，张大户家里有读书人，有钱有势，不断兼并乡民的土地。仅张大户就占了村里两千五百亩的土地，他们家有五百人，含佃户和仆役。而县令又恰好巧取豪夺，我们看最终发生了什么。

第一，田赋。张大户的两千五百亩土地不用缴税，朝廷实际只能收到两千五百两银子的田赋。县太爷要额外征收一倍的火耗银，就是额外有两千五百两银子落进了县太爷的荷包，十税一变成十税二，每个村民上缴十两银子。

第二，人丁税。村子里一千人，减去张大户家里的五百人，实际人丁应该是五百人，结果县太爷就给朝廷上报了二百五十人。朝廷在人丁税上就收到了五百两，县太爷自己收了五百两。

第三，徭役。原来村子里修堤坝，每个人干一个月。现在张大户家里的人不用干活，劳动力减掉了一半，只剩下五百人，结果需要每个人干两个月。而且县太爷有村民当劳力，不用白不用，让每个人每年干四个月的活。不仅要无偿劳动，还要自带干粮，出现了工伤县太爷也不管，村民自己负责。

这样一来，村民不仅连耕地的时间都没有了，还要累个半死，托关系找衙役说好话。衙役说,每个人给十两银子干一个月活就可以了。

村民不想交钱,衙役就让他们在大太阳下搬石头,动作慢点就往死里抽,最后不得不都交了。于是现在村民还是干一个月的活,只是额外要多交十两银子,衙役们收了五千两,大部分上交给了县太爷。

现在我们来算账:朝廷税收成了两千五百两田赋加上五百两人丁税,等于三千两银子,比原计划少了一半以上;县太爷赚了两千五百两火耗银加上五百两瞒报的人丁税,再加上五千两徭役减免,等于八千两银子;张大户挣得也不少,但是没有县太爷多,所以张大户发狠心让儿子去读书,一定要考取更高的功名。

现在我们也能看出来,朱元璋辛苦了一辈子,想压榨官员,最后却变成整个朝廷、所有百姓都在给读书人和官员打工。

05 被大家摧毁的王朝

以上都不是最可怕的,最可怕的是两百多年过去了,人口在不断增加,但朝廷统计的人口数量却没什么变化;而每年的乡试、会试在不断进行,开科取士不会停止,考取功名的人越来越多,一个人考取了功名就有一批人不再缴税,享受特权的人越来越多;国家要做的事情也越来越多,维护国家运转的机器不断增加,应付各项事务的开支不断增加,而税收却不变,皇帝再怎么省钱都不够花。

明朝除了官员和读书人,还有一群更大的蛀虫——皇室子孙。老朱家的子孙加官晋爵,不仅不事生产、不缴税,还需要朝廷供养。

第十五章 | 明朝（一）：被朱元璋和读书人联手颠覆的明朝

朱元璋对官员狠，但是对自己的子女都很宠爱。整个明朝共封了八十七位亲王、九百二十四位郡王，郡王之下的各级子孙更是几何级增长，多到数不胜数。而到了明朝后期，朱元璋的子孙后代多达一百多万人，每年消耗巨大，成为明朝最大的蛀虫。

这些宗藩的俸禄除了正常的财政支出，还有各种临时补贴，比如婚丧费、建造宫殿费、节假日补贴等，最后明朝几乎到了入不敷出的地步。万历年间，宗藩的开支已经占到了朝廷总开支的三分之一。

于是，除了田赋、人丁税等，朝廷开始征苛捐杂税，有练饷、辽饷，只要钱不够，就加饷。但是对于整个朝廷的官僚体系来说，三大受益集团——朱氏宗藩、官僚集团、以读书人为核心的士绅集团——占据了整个明朝财富的百分之八十以上，加饷却永远加不到他们头上。所以，明朝不是没钱，而是产出只有百分之二十的穷人根本无法供养整个明朝。

明朝的问题出在哪里很多官员心里门儿清，但是谁都不说话。他们自己享受了巨大的利益，是利益集团的一部分，为什么要动自己的利益呢？而且如果谁把这个问题指出来，就是和整个明朝利益集团为敌，不仅不能解决问题，自己首先就会被清理。

到了明朝后期，整个社会呈现出两极分化的状态：穷人食不果腹、卖儿鬻女却承担着朝廷所有的苛捐杂税；而有钱有势的读书人、饱食终日的朱氏宗藩却过着风花雪月的日子，完全不知民间疾苦，对朝廷的安全不用承担一点儿责任。

明朝末期，福王朱常洵倚仗父皇的宠爱富可敌国，在封地洛阳为所欲为，终日声色犬马，纵情歌舞。唯一能激发他兴趣的只有两件事：一是女人，二是吃喝。

此时恰逢农民起义如火如荼，百姓饱受战乱之苦，而人祸未平，天灾又至，致使民不聊生。但过惯了太平日子的朱常洵对这些毫不在意，该吃吃，该喝喝，好像这一切和他无关。1641年，农民起义军围困洛阳，守军建议朱常洵拿钱出来激励士气，抵抗农民起义军，结果福王充耳不闻，一毛不拔，最终被攻破洛阳的农民军煮成了肉汤。

　　明朝只是一个大一统王朝的缩影，它几乎将所有的恶政集于一身。以世袭爵位体系为代表的王公贵族、以官僚体系为代表的权力集团、以科举体系为代表的士绅集团最终成了朝廷的三大蛀虫，成为不可撼动的利益集团，盘根错节，颠覆了整个王朝。

第十六章

明　朝　（二）

南北榜案

南北榜促进了历史的进步，偶然中隐藏着必然，历史的每一次前进，都滴淌着鲜血。

第十六章 | 明朝（二）：南北榜案

01 五十万分之一的概率让朱元璋给碰上了

1397年，朱元璋六十九岁。这一年的二月，明朝一如既往地举行三年一次的科举会试，来自全国各地的考生齐聚南京参加考试。

朱元璋经过反复斟酌，选择了口碑、人品一向良好的翰林学士刘三吾为主考官。刘三吾当时已经八十五岁，朱元璋之所以信得过他，是因为刘三吾在元朝时曾管理过广西的教育，经验丰富，而且明朝的科举制度就是他制定的。他还是朱元璋的老部下，十分让人信得过。

三月，经过廷试，最终确定了五十一位进士。

放榜那天，人山人海，大家都想看看哪些人榜上有名。抬头一看，状元陈䢿，福建闽县人；榜眼尹昌隆，江西泰和人；探花刘仕谔，浙江山阴人。再往下一看，第四名南方人，第五名南方人，第六名南方人……人群开始攒动：今年南方考生这么厉害吗？

看榜的人想找找有几个上榜的北方人，结果越来越糟糕。第四十九名南方人，第五十名南方人，第五十一名南方人。看榜的人瞬间炸锅了，五十一名上榜的考生全是南方人，没有一个北方人，他们不相信北方考生这么差，一个上榜的都没有。于是开始有人开始喊：舞弊！舞弊！黑幕！黑幕！

短短六天，来南京赶考的所有考生都知道了这件事。北方考生又是气愤又是诧异，他们得出了一个结论：肯定是主考官刘三吾收钱了，因为他是南方人，这些南方人最爱抱团了。

他们组织起来联名上疏，跑到明朝礼部鸣冤告状，走上南京街头游行喊冤，甚至在路上拦住去上朝的官员告状。其中闹得最欢的就是朱元璋老家安徽的考生。

消息传到了朝廷，大臣们也是一脸震惊，先后有十多名监察御史上书要求彻查，事情很快就传到了朱元璋耳朵里。历年新科进士中，每年都是南方人占大头，但像今年这样全部是南方人中榜、北方人落榜的情况，还是第一次出现。这事确实发生了，但这事搁谁也不能信，太巧了。

朱元璋下令成立调查组，成员包括1394年的状元张信，以及刚被录取的状元陈䢿、榜眼尹昌隆、探花刘仕谔等十二人。

调查方法是每人从落榜的试卷里，拿出十张再审一遍。调查组从三月初十干到四月末，审了一百二十张试卷，最后得出结论：今年北方考生确实差，题答得很一般，被录取的五十一个考生都是真才实学，没有任何问题。

调查组详细向朱元璋解释了原因："评卷前所有卷子都是糊住名字的，还要专人再重新手抄一遍，就是怕有人认出笔迹舞弊，所以放榜前根本没有人知道谁是南方人谁是北方人，不存在行贿、受贿、地域歧视等问题。"调查组还怕朱元璋不信，专门把北方考生的卷子递给朱元璋看。

调查结果一出来，北方考生还是不满意，认为肯定是调查组故意把一些语句不通的卷子给皇上看了。于是北方考生又开始鸣冤控告，一些北方籍的官员也开始站出来说有可能是刘三吾让调查组故意给朱元璋看了成绩较差的试卷。

这事难住了朱元璋，处理不好的话，平不了民愤。五月，朱元璋将主考官刘三吾和副主考官白蹈信等人定为"蓝玉余党"，还扯出了十多年前刘三吾上书为胡惟庸鸣冤的旧账。结果这次科举会试的考官和调查组的共二十多人被凌迟或者流放。只有两个人被免罪，原因是他们复核试卷后，开出的名单上有北方考生。

朱元璋念及主考官刘三吾已经八十五岁高龄，而且也有一些功勋，所以没有处死他，改成了充军戍边，第二年刘三吾就被朱元璋的孙子叫回来复职了。

不知道大家有没有注意到，在这个由十二人组成的调查组中还有这一年刚被录取的状元、榜眼、探花。对状元、探花的处罚是流放，后来又被上疏说处罚太轻了，最终还是被朱元璋处死了。至于榜眼，他就是两个免罪的人之一。

这还不算完，到了六月份，朱元璋亲自主考，亲自阅卷，将全部的六十一个录取名额都给了北方考生。山东人韩克忠为状元，山东人王恕为榜眼，山西人焦胜为探花。

这个全是北方考生的叫北榜，前面全是南方考生的叫南榜，这就是明朝有名的南北榜事件。

02 我是天下的皇帝，我应该追求什么

看完故事，那么问题来了。第一，朱元璋为什么要大开杀戒？第二，朱元璋有必要再录取六十一名北方考生吗？至于到底是不是舞弊，相信大家都有自己的判断。

先说第一个问题，朱元璋作为皇帝，是明朝权力第一的人，所以他考虑的不是北方学子差不差的问题，也不是考官或者调查组的人冤不冤的问题，而是明朝统治稳不稳的问题。

万一大家认为主考官和调查组结党营私，那我明朝岂不是不稳了？注意，这里是大家认为，至于真相如何，朱元璋并不关注。万一北方学子寒了心，我以后还怎么管，全国上下都看着呢？再加上朱元璋本就疑心重，前面杀的人还少吗？胡惟庸案、李善长案、蓝玉案、郭桓案、空印案，前后杀了二十多万人。所以，朱元璋得处理，还得下狠手处理。

从另一个角度来说，朱元璋不傻，地理因素差距他知道，南北方文风差异他也知道。古代的科举虽然是全国统一考试，但做不到考试题目统一。南方与北方治学不一样，学生文风也不一样，南方出题人和北方出题人的风格也不一样，主考官的喜好也不一样。

不管这些人有没有结党的想法，无意之中就形成了偏向，结果就是对国家的政治结构造成影响，所以几个人就被砍头了。从概率上来说，朱元璋也不相信五十一个人里面，一个北方考生都没有。

根据一些人推算，如果当年有一千个考生参加考试，录取的全部都是南方考生的概率是五十万分之一。明朝一共两百七十六年，总共进行了八十九场科举考试，平均三年一次。按照上面的概率大概每七万五千年，会出现一次南榜。这五十万分之一的概率让朱元璋碰到了，他确实也不相信。

既然朱元璋觉得南榜有问题，可以再补录几个北方考生，或者重新进行考试，有必要把六十一个名额全给北方吗？

有必要，非常有必要。因为前面说了，朱元璋不是为了惩罚谁，而是为了巩固明朝统治，所以他必须好好地安抚一下北方考生。第一次录取的全是南方考生，那第二次就全录取北方考生，这下北方考生总该满意了吧。

虽然他知道北方学子的综合实力确实比南方学子差一截，但是皇帝不是正义的化身，不是来讨公平的。要是为了绝对正义，朱元璋有一百种方式查清楚这次科举考试究竟有没有徇私舞弊，实在不行把所有考生叫到广场上，把试卷摆在面前一个一个看，是不是有差距。

但朱元璋没有，为什么？其一，如果查出来确实是主考官和调查组的私心偏向，结果还是该砍的砍，然后重新录取北方考生。其二，如果查出来什么事没有，难道朱元璋去砍北方考生？说他们造谣诽谤？这只能继续寒了北方考生的心。你们南方厉害，我们北方垃圾，明朝就都是你们南方人的明朝！所以，朱元璋不想查，懒得查，这边砍两个，那边补录六十一个，什么都解决了。

接下来我们来看两个问题：一、明朝的南北方考生为什么差距这么大？二、朱元璋为什么要笼络北方考生？这一切都可以归因于北方不够稳定。

03 笼络北方人的心，是明朝初期的政治大事

1368年明朝建立，徐达、常遇春一直在北伐、西征。明朝虽然拿下了大都（今北京），元顺帝急急忙忙逃到漠北（今内蒙古锡林郭勒），但当时元朝还没有完全灭亡，漠北、辽东、西北、云南还有很多元朝军队。

宁夏、甘肃一带的王保保，有骑兵十万、步兵二十万，经常进犯兰州；辽东的北元太尉纳哈出拥兵二十万，1387年才被降服；云南的把匝剌瓦尔密，1381年才被歼灭。

逃到漠北的那部分元朝人马，建立北元，一直苟延残喘了两百多年，几乎跟明朝相始终。史书记载北元："引弓之士，不下百万众也，归附之部落，不下数千里也。"

朱元璋先后对北元发动十七次大规模攻击。1388年蓝玉率领十五万大军

狠狠收拾了北元一次，打得他们不再用"大元"国号。

在这次战争后，明朝仅安稳了九年，便发生了南北榜案。

北方地区有不少读书人还是效忠元朝，以元朝遗臣、遗老自居。南方人垄断了科举考试，反而引起了北方士人对元朝的怀念。虽然元朝的科举摆明了歧视汉人，但起码中选者一百人，蒙古、色目、汉人、南人都是二十五人，名额是固定的。

定都南京的朱元璋，忧心忡忡又敏感，因为就在南北榜案发生的这一年，山东、陕西两处已经出现起义队伍了。如果这事处理不好，北方人闹事的可能性很大。如何笼络北方读书人的心，是明朝初期的政治大事。

在读书人刘三吾和张信看来，这纯粹是一个考试公平的问题。而在朱元璋看来，这是一个对抗北元、安抚人心、安定北方的政治策略问题。所以，这事光砍几个官员不够，还得加倍补给北方学子，所以六十一个进士名额全部给了北方学子。

朱元璋想得还算周全，但是当时的南北教育差距是挡不住的，南方确实是甩北方一大截儿的。纵观朱元璋整个执政时期，一共有进士八百六十七人，而来自南方的足足有六百二十人。

南北榜的第二年，朱元璋就死了。建文帝即位后，南北差异更可怕，一共一百零六名进士，百分之八十以上都是南方人。朱棣执政期间，一共有一千八百一十九名进士，也是百分之八十以上都是南方人。

好在这种录取的都是南方学子的概论极小的极端事件，后面再没有出现过，也没有一个人再出来闹过。

1397年的南北榜是一个特例，虽然朱元璋以雷霆手段按下了这件事，但南北方文化失衡问题，仍然没有得到矫正，也难以矫正。

第十六章 | 明朝（二）：南北榜案

04 早在明朝以前，南方考生就吊打北方了

南北差异由来已久。

隋唐时期，北方作为当时的政治经济文化中心，是人才的主要来源地，有所谓"关西出将，关东出相"之说。

到了唐朝，科举及第人数六百多人，北方人占总数的百分之七十左右。后来安史之乱把北方祸害得一塌糊涂，天天打仗，北方学子顾不上科举考试，都忙着逃命。

北宋时期，北方在辽、西夏的侵扰下，经济凋敝，文教落后。而随着经济重心南移，南方一直稳定发展，考生学习环境好。再加上北方人擅长经术，而考试又偏向文学化的诗赋，所以南方考生就慢慢崛起了。

其实宋朝的时候，南北两方就开始较劲了。

北方以司马光为代表，他是山西夏县人。南方以欧阳修为代表，他是江西吉安人。司马光说，不同地区水平不一样，应该按地区分配名额录取。欧阳修说，哪有特殊化，就应该全国按一个标准来，谁考得好谁上。

到南宋的时候就更夸张了，因为南宋直接龟缩到南方去了。

有句话说，宋朝的进士是福建人的天下。宋朝福建进士共七千零四十三名，排名全国第一，比江浙地区多了两千多名。宋孝宗在位时期，连续四届的状元都是福建人，甚至在一次科举考试中状元、榜眼、探花全都是福

建人。

为什么福建人在宋朝科举中占据统治地位，梁启超是这么看的："无论什么时代，没有几分的经济独立，就无从讲起教育。孔子若要凿井而饮，耕田而食，哪里还有工夫去敦诗说礼……地方上越富庶，教育越振兴，人才自然越多。"

除了经济，比较少被提到的是宋朝福建的印刷出版业异常发达。全国最大的图书印刷、批发市场之一福建南平市建阳，被称为中国的出版中心。

建阳竹子多，松树多，自古就被称为竹海松涛，造纸发达，造墨业也发达，雕版印刷的木材也不缺。从造纸到雕刻，再到印刷，一条龙产业。

明嘉靖以前，朝廷出版发行的书两千四百一十二种，福建刊刻了四百七十九种，全国最多，其中三百六十七种都是出自建阳书坊。出版的书上自六经，下及训传，农桑医算，无所不包。也就是什么都印，学术书印，演义小说也印。现保存下来的明朝小说三分之二以上的刊本都是出于建阳书坊。

建阳所在的闽北地区，是连接福建和江南地区商贸货物的集散地，也是人口南迁的中转站。福建三面高山，东南临海，在明朝以前没什么战乱，是中原人民迁徙的理想目的地。在唐末五代的世家大族南迁后，闽北就成了当时福建的文化中心。

在这种环境下，福建学子看书就是唾手可得，学习风气也好，北方学子考不过也正常。但是到明朝的时候，福建学子就不太行了，浙江和江西上来了。到清朝的时候福建学子就更不行了。

福建科举进士数量减少最明显的就是泉州、莆田。明朝时，泉州出了五百九十二名进士，莆田出了五百三十七名进士，而到了清朝，泉州进士只有二百三十五名，莆田仅有六十六名。

这种情况的出现，是因为明清之际贸易开始兴盛，做生意赚钱太容易了，科举无用论突然流行起来了，大家都跑去经商了。

即使到现在福建也不算是一个学霸省份。

05 机会面前人人有份，还是考试面前人人平等

我们回到明朝科举考试的话题上来，朱元璋的子孙们害怕再次遇到南北榜这种事，开始重视地区差异。

明朝的第四位皇帝明仁宗执政期间，来自江西吉安的大学士杨士奇建议：科举考试分成南北两个区域分开录取，比例南六北四。

明仁宗觉得不错，正准备开展试点，结果人死了，南北分卷就没搞起来。最后还是他儿子明宣宗朱瞻基最终落实了南北分卷制度。这个制度之后又演变成了南、北、中卷制度，录取比例按南人百分之五十五，北人百分之三十五、中人百分之十。

明朝灭亡之后，清朝沿用了这个制度。康熙五十一年（1712年），南北卷制度被废除，实行分省录取制度，分为大、中、小省。清朝即使是分南北中卷，按省份录取，也不够完美。

明朝开始就有一种科举移民，假托亲属改籍贯，占用竞争较小地区的名额参加考试。清朝最有名的就是张謇，就是奉张之洞要求办大生纱厂的那个实业家。当年考秀才的时候，由于张家祖上三代没有人得过功名，是所谓的"冷籍"，按当地规矩需要多掏报考费。后来张謇在老师的安排下冒充旁边县一个人的孙子报名注籍，才考上了秀才。

回到前面司马光与欧阳修的争论，其实他们争的是：是机会面前人人有份，还是考试面前人人平等。但实际上可供分配的资源是有限的，根本没办法两全其美。

南北榜促进了历史的进步，偶然中隐藏着必然，历史的每一次前进，都滴淌着鲜血。

第十七章

明　朝　（三）

东林书院的崛起

东林书院的创始人顾宪成是明朝党争的高手，1594年因提名自己的亲信被免官，回乡后兴办了东林书院，自诩为君子，以听讲座为形式开始快速建立起圈子。顾宪成极具演讲才能，他到各地讲学，足迹遍布江南所有的富庶之地，每天圈粉无数。

第十七章 | 明朝（三）：东林书院的崛起

01 最富有的王朝，最贫穷的皇帝

崇祯元年（1628年），十七岁的朱由检登基成为明朝皇帝，年号崇祯。这位少年天子初登大位就以雷霆手段剿灭了以魏忠贤为首的阉党，并召回了在老家赋闲的袁崇焕，迫切地希望平定辽东。

正当他准备甩开膀子干一番大事业时，一瓢凉水当头浇了下来。兵变了，袁崇焕匆忙赶赴辽东。兵变的原因是朝廷长期没有发工资，一共欠下了三百二十七万两白银。可是皇帝也没有钱发工资。

崇祯元年的税收一共是三百二十六万两白银，即使把税收全部用来发工资也还欠一万两，但现实情况远没这么简单。因为扣除前一年的亏损，崇祯元年的实际收入只有两百万两白银。从此刻开始，"没钱"成了伴随朱由检一生的噩梦，到死也没有解决。他成了明朝最穷的人。兵变——没钱——加税——民变——没钱——加税……成了死循环。

一年后，袁崇焕杀掉毛文龙，朱由检在心中埋下了怨恨的种子。

关宁军（袁崇焕军队）边军的军饷标准是一两四钱每月，东江兵（毛文龙军队）一直是七钱每月，仅仅是关宁军的一半。而朱由检还跟毛文龙商量着继续裁减，从一百万两减到二十四万两。省的这笔钱对朱由检来说太珍贵了。东江士兵对朱由检来说，性价比很高。

因为朱由检缺钱，给东江兵的军饷也少，所以他默许毛文龙通过做生意给军队"找点钱"。干掉毛文龙后，袁崇焕提出增加东江兵的军饷，纳入正规编制，朱由检几乎崩溃。

努力十多年，全国形势却完全没有好转，朱由检越来越穷，靠变卖金银器皿挣一些钱，连大殿上的铜壶也卖掉来维持朝廷日常开支。

万般无奈之下，心高气傲的朱由检张口向大臣们借钱，大臣们却纷纷喊穷，不愿意借钱给他。最后老丈人周奎碍于面子不得不捐出两千两，据说这两千两他都舍不得，还是周皇后给的。其他大臣更不愿意，往往只认捐几十两。

1644年，起义军攻破城门，朱由检走投无路。这位才三十三岁的天子已经被折磨得头发花白，最终在煤山（今北京景山）自缢，只有太监王承恩陪他共赴黄泉。

朱由检留下绝笔："诸臣误朕也，国君死社稷，二百七十七年之天下，一旦弃之，皆为奸臣所误，以至于此。"第二天，所有的大臣已经穿戴整齐，在金銮殿迎接他们的新主人。

几年后已是清朝天下，清廷为了安抚民心，为崇祯皇帝办了三天丧事，追赠庙号怀宗。大太监曹化淳出人意料地从老家天津赶到北京，上疏请求妥善处理崇祯皇帝的坟墓修建工作，顺治皇帝同意了曹化淳的请求，并直接放权让他负责办理。

而此时已投降清朝的大臣跳出来说，当年开门迎接闯王的就是此贼，他是卖国乱臣，请清朝皇帝马上杀了这个狗奴才。然而1644年曹化淳早已退休，在天津养老已六年。顺治皇帝也是个明白人，就此事做出批示：曹化淳无端抱屈，心迹已明，不必剖陈，该部知道。即便如此，曹化淳在后来还是背了数百年的黑锅。

朱由检自缢，江南与北京却完全是两个世界。这里富甲一方，堆金积

第十七章 | 明朝（三）：东林书院的崛起

玉，积累的财富达到了历史顶峰！这里莺歌燕舞，花红柳绿，歌舞升平，秦淮八艳的美名让无数文人雅士前来一睹芳容。

此时东林党代表钱谦益迎娶了比他小三十六岁的柳如是，一年之后钱谦益跪在滂沱大雨中迎接清军的到来。此时东林书院刻着的字显得多么讽刺："风声雨声读书声声声入耳，家事国事天下事事事关心！"

朱由检再昏庸无能，也站着死了；东林党再君子，却跪着求生。

此时，江南大部分地区的城镇正在飞速发展。根据记录，江苏王江泾镇七千余户居民全部在搞纺织业，家家生活美满；盛泽镇在明初还只是个有五六十户的小村子，到了崇祯时期已经是拥有五万人口的纺织业大镇。纺织业兴盛到什么程度？工人都不够用了，招工难成了工厂的大问题。"骄惰成风，非酒食不能劝""夏必加下点心，冬必与早粥"，不给好吃好喝地伺候着，我才不去做打工人。

江南高速发展的手工业做出的产品换来了欧洲诸国和日本一船又一船的白银。在朱由检恨不得变卖后宫嫔妃首饰的时候，明朝成了中国古代较为富有的朝代，吸纳了全球百分之五十左右的白银。而此时的北方生灵涂炭，灾荒正在大流行。树皮草根都吃完了，饥饿的父母养不活儿女，只好将他们抛在野外，甚至易子而食。

此时的辽东，满身枪伤箭疤的士兵领不到军饷，还在浴血奋战。而这一切统统和江南没有关系。当然，他们不知道，几年后等待他们的是清朝的屠刀。

王朝之痒

02 全球白银涌入明朝

大多数王朝到了末期,土地兼并都非常严重,国家到了崩溃的边缘,皇帝无法扭转整个王朝的颓势。土地兼并的直接后果就是王朝收不上来税,国家没钱了,军队的军饷也没了,国家必然崩溃。

这是大一统王朝的共性,但是明朝的个性也非常鲜明,因为明朝崩溃之时地理大发现已经进入尾声。无论主动还是被动,明朝已经是全球化的一员了。1644年,崇祯在煤山自缢时英国东印度公司已经成立且经营了四十四年。此时全球的白银正潮水般涌入明朝,明朝成了全球最富有的国家。

我们以1644年这个时间节点往前追溯来看明末的全球化。

中国本地银矿较少,据《天工开物》记载,明朝一半以上的白银产自云南。但即使在云南,每年产白银也就是十万两,全年帝国产银不过也就十八万两,即九吨。

1504年,西班牙探险队发现了南美洲的阿兹特克帝国与印加帝国,此时中国正是明孝宗的中兴时期,距离明朝的崩溃还有一百四十年。在1504—1644年这一百四十年的时间里,西班牙从南美洲劫掠了一亿千克的白银。而据考证,多数学者所认可的资料是有百分之四十至百分之五十的白银进入了明朝。欧洲用白银来购买明朝的丝绸、茶叶与瓷器,而这些几乎是欧洲认可的奢侈品。

第十七章 | 明朝（三）：东林书院的崛起

同时在日本，16世纪最大的石见银矿被发现，在17世纪达到开采高峰，这些白银大约有百分之四十至百分之六十流入了明朝。根据记录，从隆庆到崇祯年间至少有约四千五百万千克白银从海外流入明朝。

在那个时期，欧洲疯狂地往明朝输送白银。万历年间曾有一艘葡萄牙商船在驶往澳门的途中沉没于东南亚海域，1985年沉船被发现时打捞者看到船上居然装了整整一万千克白银。

同时，我们要知道，白银一旦流入明朝就很难流出去，因为欧洲从明朝买的东西很多，但是明朝几乎不从欧洲买东西。只进不出，明朝的白银数量在全球无可匹敌。

1581年，张居正推广一条鞭法，将所有的徭役和田赋全部折算成白银，所有人全部用白银缴税。有多少亩地就缴纳多少赋税，全部折算成白银。这一次应该是真正将白银作为了官方货币。

张居正的改革有一个根本隐患，就是中央政府没有发行货币的能力。朝廷既不产银，也不铸造银币，相当于将金融管理拱手交了出去。

明朝的白银全靠欧洲和日本送过来，交给明朝的贸易商人，而明朝的贸易商人白银在手，就相当于掌控了明朝的金融秩序。张居正死后，万历皇帝带头，对张居正进行了清算，人亡政息。一条鞭法基本上搞不下去了，考成法也搞不下去了，但是白银作为统一货币却保留了下来。

这一时期，英国伊丽莎白女王颁发私掠许可证，开启了国营海盗的业务。英国开始疯狂劫掠西班牙满载白银的商船，英国和西班牙的海战爆发。

西班牙仗着钱多，海战开始时尚能和英国相持，但是西班牙本国的工商业不被重视，早已经凋零，需要不断地从欧洲其他国家购买军舰和装备。作为一切都靠买的暴发户，西班牙越打越穷，英国越打越富。

西班牙开始走下坡路。慢慢地，西班牙的白银要么被英国抢走，要么用来购买军火，财富越来越少，海军力量被不断削弱，再也无力从明朝购买奢侈品了。

自此，来自欧洲的白银开始慢慢减少。失去了白银流入的渠道，于是整个明朝出现了银荒。

西班牙发动了五次对英国的远征，全部以失败告终。1639年的唐斯海战彻底宣告了西班牙霸权时代的终结。此时是崇祯十二年。

03 白银去哪儿了

外部的白银来源没有了，但是即使不算明朝自身产的银，也有四千五百万千克的白银流入了明朝。四千五百万千克白银是九亿两。朱由检时期的财政收入大约是每年三百万两，仅为流入白银的百分之零点三！

其实海外贸易和明朝的税收基本上没有关系。江南的瓷器、丝绸、茶叶挣了再多钱也成不了朱由检的税收。要藏富于民，这是东林党说的。

东林党的主张是什么？历史资料显示是廉正奉公，振兴吏治，开放言路，革除朝野积弊，反对权贵贪赃枉法。其实他们说了什么并不重要，关键是看做了什么。东林党人最核心的主张是减免税收，当然这个减免的税收是工商税，东林党认为土地税该缴多少就缴多少。他们知道土地兼并产生的后果，反正皇帝也收不上来多少。

东林党高攀龙在《上罢商税揭》中说"矿税流祸四海"；东林党李三才在《请停矿税疏》中说"自矿税繁兴，万民失业"；东林党叶向高更是不断地上奏折，《请止抗税疏》《再请止矿税疏》……

第十七章 | 明朝（三）：东林书院的崛起

我们先看一下明朝的税赋，就知道重不重。

先看田赋，确切来说明朝的赋税不高。《天工开物》与其他文件的记载基本是一致的，明朝的农业税收是三十取一，为百分之三点三左右。后来万历皇帝与内阁大臣考虑减轻国用以减少百姓负担，将农业税收降到了百分之一点五。

但即使是百分之一点五的税收仍然快让老百姓崩溃了，因为土地兼并已经非常严重。百分之一点五的税收让地主过得非常惬意，佃户百分之五十左右的租子却一分都不能少。朝廷和老百姓穷得要死，地主富得流油。

再说工商税，明朝最大的问题就是用管理农业国家的政策来管理一个商业帝国。明朝收上来的商业税从来没有超过财政收入的百分之十，也就是说朱由检征收来的三百万两白银真正来源于江南富商的税收、从全球流入的九亿两白银中拿到手里的不过三十万两，剩下的二百七十万两是农户用粮食折算的白银。

为什么收不上来工商税？明朝中期之前，国家的税收一直以田赋为主，但到了万历年间，面对江南工商业的兴起，政府开征了工商税。这一举动损害了士绅集团的利益，而此时的江南商人要么用钱买土地，要么花钱勾结官员，剩下的钱全部埋进地窖藏了起来。当然他们还有一个重要的事情，就是读书、科考，江南士绅集团几乎垄断了明朝的士大夫阶层。

东林党本身来自江南的工商阶层，如东林党骨干高攀龙、李三才，他们的家族都和商业有关，剩下的东林党成员也早已和江南财阀的利益高度捆绑。所以东林党自然要求不与民争利，而这个"民"从来不是代表普通百姓，而是代表了江南财阀。

04 东林书院崛起，明朝崩溃

东林书院的创始人顾宪成是明朝的党争高手，1594年因提名自己的亲信被免官，回乡后兴办了东林书院，自诩为君子，以听讲座为形式开始快速建立起圈子。顾宪成极具演讲才能，他到各地讲学，足迹遍布江南所有的富庶之地，每天圈粉无数。

东林书院的第一次大会就形成了书院讲学的高潮，八年之后讲学越来越频繁，形成相当大的一个人脉网络，一环连扣一环。很快很多江南富商都以东林书院为纽带联系起来，形成一个庞大的利益集团。

这个集团拥有强大的经济实力，又因其既讲学又议政，吸引了大批官员加入，形成庞大的关系网。他们通过讲学会等方式，让其处于道德的制高点。

他们竭力反对皇帝派遣矿监、税使到各地进行收税，江南工商业兴盛却主张重视农业，要求惠商恤民并罢除商业赋税；他们一方面让国家的财政枯竭，一方面又要求国家垦荒屯田、兴修水利；他们还要求言论自由，惩治奸党。至于什么是奸党呢？和他们意见不一致的就是奸党。

当有人提出和满人议和时，他们站在道德的制高点上痛斥投降派，一个比一个伟大、光荣、正确。而当闯王攻破城门，年轻皇帝自缢殉国，清军的铁蹄踏入京城时，他们速易官服，跪得一个比一个快，然后向清帝诬告：是阉党害死了朱由检。

他们争国本、争正嫡、争权势，就是不给明朝和黎民百姓好好办一件事！从东林书院崛起开始，朱由检就已经不再是皇帝，而是明朝妥妥的背锅侠。

对东林党人怎么评价呢？由于东林党人垄断了那个时期受教育的权利，成为集知识、权贵于一身的利益集团。查不到东林党人对国家的贡献，他们却已被知识分子洗白和赞誉，而说得最多的就是几个党魁不贪污。

九亿两白银的流入，国家每年征税却不到百分之零点三，剩下的白银去了哪里？他们贪不贪污还有什么关系？无论怎么洗白东林党，都有一些不变的事实：无论朱由检多么糊涂，他为朝廷殚精竭虑，不近女色，穷得揭不开锅；无论东林党多么正直，他们依红偎翠，富甲一方。

05 为什么明朝值得尊重

我们读历史，不要去听历史人物说了什么，也无须去揣测他们想了什么，关键要看他们做了什么。

1644 年，崇祯帝朱由检自缢殉国，这是他的悲剧，但他也终于得以解脱。这样的结果给中原王朝的终结画上了一个相对完美的句号。他优柔寡断也好，糊涂昏庸也好，但是这种负责任的态度、勇于承担后果的勇气，已经可以完胜绝大多数人。

明朝终其一朝共延续二百七十六年，不和亲、不赔款、不割地、不纳贡，天子守国门，君王死社稷。这就是明朝，从收复燕云十六州驱除鞑虏的朱元璋开始，到以死殉国的朱由检结束。这都是无可争辩的事实，他们做到了。

1644年，李自成攻下京城。第二天朱由检尸骨未寒，明朝的百官已经穿戴整齐走上了金銮殿。他们波澜不惊，认为新的打工生涯已经开始，然而等待他们的是农民军的铁拳和夹棍。

刘宗敏专门发明和制作了五千具夹棍伺候。"木皆生棱，用钉相连，以夹人无不骨碎。凡拷夹百官……夹打炮烙，备极惨毒，不死不休。"

明朝崩溃的前夕，在朱由检的苦苦哀求下，明朝富裕的百官捐款尚不足两万两白银。但在农民军的拷掠之下，他们终于将深埋在地窖中的白银全部拿了出来。一毛不拔的周奎宁愿挨打也不出钱，被皮鞭抽得皮开肉绽，被夹棍伺候得几乎脑浆迸裂，哀号惨叫彻夜不休，最后实在受不了折磨，将自己的窖藏白银全部交出，一共有三百万两之巨。

一个月的时间，李自成在京城拿到了七千万两白银，撤离北京之时，运送财宝的车辆络绎不绝。

数年之后，清朝不会忘记明朝是如何灭亡的。

清朝平定江南后，江南税案即拉开帷幕。其中的奏销案[1]祸及乡绅士子多达一万三千五百多人。这些人有的被杀头，有的坐牢，最后清朝红了眼，牵连士绅也跟着遭殃，乡村社会的精英惨遭屠宰……才子金圣叹也因此牵连其中，财产充公，家属发配满洲。

明朝的"资本家"积蓄了几辈子的白银终究从地窖中被翻出来，用银车源源不断地送进了京城。很多人因为这些案件还丢掉了自己的性命。他

---

[1] 顺治十八年（1661年），清廷将上年奏销有未完钱粮的江南苏州、松江、常州、镇江四府并溧阳一县的官绅士子全部黜革，史称"奏销案"。

们有无数次的机会避免这样的结局并改写明朝的历史，但都被他们冷漠地拒绝了。这个时候的清廷毫不手软，因为孤独殉国的崇祯时时刻刻都在提醒他们：今日你对他们手软，明日他们就送你走上黄泉路。

不知道此时明朝的"资本家"是否会想：就在几年前，曾有人真心地想守护这个王朝的安危，尽管他资质平平、先天不足，但他已经付出了自己的全部努力。是谁冷漠地拒绝了他？是谁觉得自己和这个朝廷毫无关系？

最终，唯有农民军的夹棍和清廷的屠刀教会了他们做人。

第十八章

清　朝

向权贵宣战，朕就是这样的汉子

古代王朝的崩溃是一种必然，他们无法逃脱历史周期律，总结起来就两点：

第一，土地、财富的兼并一般出现在王朝建立后一百五十年左右，在朝廷不干预的情况下，百分之五左右的富人会兼并百分之九十五的土地。

第二，王公贵族、官僚体系、士绅阶层三大利益集团不断膨胀，特权阶层越来越多，并左右了整个国家的政令。

最终，面对游牧民族的入侵和自然灾害，国家左支右绌，没有足够的财政收入去解决问题。皇帝要改革，就是要动整个利益集团的蛋糕；不改革，就必须不停地征税。但是再怎么征税也只能在百分之五的财富领域里敲骨吸髓，剩下的百分之九十五的财富谁也动不了。

01 被百姓忌恨的皇帝

如果我是清朝的一个农民,家里有六口人,爷孙三代人,在顺治、康熙朝吃苦耐劳,小心筹谋,到雍正朝刚攒了三代的钱买了三十亩土地,眉开眼笑,以为即将实现阶层跨越——从贫农到中农。突然县太爷说:"现在朝廷改革,以后摊丁入亩。"

什么是摊丁入亩?比如,原来我家有六口人,每人每年要给朝廷缴纳三两银子的人丁税,一年要缴纳十八两银子,不管家里有多少地,都是缴纳十八两银子。现在摊丁入亩,不收人丁税了,全部合并到田赋里。说白了现在的税收就是资产税,谁的财产多谁缴的税就多,无地的农民不用缴税了。但是对应的,原来一亩地按照十税一的标准,一年缴三两银子,现在就要缴纳四两五钱银子。

更要命的是,以后官府修桥补路等徭役也不针对人丁来了,而是针对资产来——谁的地多,谁相应地被摊派的徭役就多。我原来每年给县衙干一个月活或者折算二两银子交上去就不用干活了,现在我有三十亩地,相当于要折算八两银子交上去。

我心里那个恨啊。合着我勤劳致富你就奖懒罚勤,我刚买地你就收拾我,你不是昏君谁是昏君?这对我也太不公平了。隔壁的张大户这五十年不断地买其他村民的土地,原来都是一亩地三两银子的税收,占了五十年的便宜，合着到我这里就活该我吃亏？

但是我再怎么恨皇帝也就三十亩地，隔壁的张大户恨不得把皇帝千刀万剐。张大户家里六百亩地，占了村里一大半的地，现在摊丁入亩加上徭役，张大户一年要损失几千两白银，恨不得吐血。

皇帝这一招真狠，原来缴人丁税时，人是活的，每次衙门来调查人口时张大户就让家里的人躲起来。现在可好，不缴人丁税了，就看你有多少地。地是死的，逃不掉。

张大户现在每天早上就往县衙跑，和县太爷商量怎么抗税，怎么糊弄过去。终于，县太爷告诉他，没事，隔壁乡李员外家的儿子在康熙朝就在朝廷里当礼部侍郎。三个村六千亩地都是李员外的，李员外悄悄告诉县太爷，朝廷的这个新政策长不了。

政策刚一发布，朝廷里的官员各个都在咒骂，听说八阿哥正在联系关外的王爷，要搞八王议政，推翻雍正帝的新政。我听到了这个消息天天盼着这皇帝早点倒台。不仅仅是我，张大户和李员外，还有王村的王秀才也在天天骂皇帝，说皇帝狼心狗肺，杀兄屠弟，简直不是人。

王秀才前年才考取的功名，十五年寒窗苦读，不容易啊。考取了秀才就有了特权，不用纳粮，不用服徭役，每年看大家为官府修坝补路，累得半死，自己家里人却可以在梨花、海棠树下悠闲地喝茶，心里甭提多高兴了，自豪感油然而生。

可是现在都变了，朝廷的新政策是一体当差，一体纳粮。以后富人和穷人一样，该缴税缴税，该服役服役，别想跑。县衙已经通知了，下个月就要去黄河修堤坝，不想去就交银子。这简直是千古奇谈，毁了读书人的尊严。

王秀才日日夜夜对皇帝咒骂，说皇帝这么干就是逆天而为，就是和天下读书人为敌。

自古以来，皇帝从来不敢得罪读书人，否则就会背上千古骂名。王秀才不仅每天骂皇帝，还逢人就说皇帝的坏话，他告诉身边的穷人，这个皇帝昏庸嗜杀，当年就是他把自己的老爹给杀死的，本来皇位不是传给他的，是给他十四弟的。他当了皇帝，为了掩盖自己的罪行，杀功臣、杀兄弟。他猜疑心还极重，不满意谁就杀谁，真是千古暴君。

旁边的农民懂什么，他连字都不认识，官府的告示都读不懂，也不知道皇帝的新政到底是什么，听王秀才这么一说，也觉得皇帝坏，跟着王秀才一起骂。看到这种情形，王秀才心里乐开了花，好歹心里平衡了些。

但是这还不够，一定不能让皇帝的新政继续推行，王秀才联系其他读书人商量对策。还有两个月就要省考了，大家都不考试，当天抬着孔圣人的牌位去游街，控诉皇帝的暴行。

02 改革有多难

民间很多人骂雍正帝是狗皇帝，雍正帝知道吗？他当然知道。中华文明向来注重教育，连古代普通人家，只要解决了温饱，就要给孩子请私塾老师。皇帝受到的教育自然更不用说了，一定是最顶格的。古代的各个王朝，除了昏庸无能的宋徽宗、不务正业的明武宗等，多数皇帝都将历史读得通透。他们知道喜欢玩乐的皇帝都会被人指责为昏君，但是历史上的改革家多数也落不到好名声、好下场。

商鞅改革成功，成就了大秦，但自己落了个车裂的下场；张居正死后人亡政息，家产被抄，家里人被活活饿死；汉武帝想法最多，打击豪强，征收财产税，但后来在历代皇帝的教育中被视为反面人物，是穷兵黩武的代表人物。

这些改革还是有一些成效的，但多数时候改革会失败，因为新的政令往往会有较多的漏洞被各级官吏所利用。皇帝忧国忧民，下面的官吏大发横财，所以王安石变法失败了，下场凄惨，而支持他变革的皇帝赵顼年仅三十八岁便死了。

中国古代的变法除了少数是创新型的变革或政治制度的塑造，多数实质上就是财产的重新分配。抑制贫富分化、打击权贵是改革的重要内容。

什么是权贵？皇帝身边的人几乎全是权贵。在清朝，权贵要么是长期拥有特权的八旗，要么是各级官僚。书写皇帝功过的读书人、传颂皇帝功业的士绅阶层也被列在权贵范围之内。打击权贵就是和自己周边的所有人为敌，不仅落不到好，而且是高风险的活儿。在中国历史上，从来没有绝对的权力，你能干掉别人，别人也有机会干掉你。

打击权贵在客观上必然有利于穷人。皇帝得到了什么？中国古代民众的识字率最高不超过百分之十五。从官府到乡村的基层士绅，层层传递信息，导致信息变形，再加上可怜的识字率，皇帝究竟想做什么，底层没几个人知道。况且，就算对穷人有利，他们不读书、不识字，也没办法在历史上留下记录。穷人离皇帝太远了。

权贵阶层不仅是皇帝的帮手，更是皇帝巩固权力的纽带，是自己真正的"朋友圈"。底层人民离自己十万八千里，为了他们得罪所有人，至于吗？普天之下，莫非王土。大千世界值得享受的东西太多了，干吗得罪身边所有人，不做个荒淫无道的皇帝就已经很好了。

乾隆帝是装糊涂的高手，即位后很快便废掉了雍正帝的许多改革措施，君臣和睦，其乐融融。他甚至告诉臣子，你拿了什么好东西别忘记和朕分享。

乾隆帝因有"十全武功"[1]而自称"十全老人",终年八十九岁,不仅被奉为明君,而且一生潇洒。而雍正帝离世时年仅五十八岁,在位十三年,居然是被累死的。

雍正年间现在查明的奏折一共四万一千六百份,其中汉文奏折三万五千份,满文奏折六千六百份。如果四万一千六百份奏章在十三年内获得审批,雍正帝没有假期,每天都要工作,每天必须审批大约十份奏章。

除了奏章之外,还有大量由六部和各省送来的政务文件。这些文件可不仅仅是看了就行了,而是每一份文件都要认真看并写下回复,有些回复多达一千字。

雍正帝在位十三年,亲笔写了一千多万字的批文,平均下来就是每天坚持写二千四百多字,并且一天都不能休息。关键问题是,这只是雍正帝的日常工作之一,他每天还要上朝、接见各地的官员。雍正帝曾说过:"朕每日办理政务,日朝至暮,精神倍出,身体从不困乏,倘稍闲片刻,便觉体中不舒畅。朕之勤于政事,实出于衷心之自然,非勉强为之也。"雍正帝对待工作的态度已经秒杀了百分之九十九的普通人,要搁别人早跑后宫醉生梦死去了。

崇祯帝救不了明朝是一种必然,明朝的皇子登上皇位可以说一帆风顺。明朝的皇子和王爷很少出深宫,对这个世界的运行规律根本就不了解。底层百姓的真实生活状态、官员的手段和潜规则他们一无所知,既没有城府也没有手段,只能依靠从读过的历史书中学到的粗浅道理来治国。

---

[1] 所谓的"十全武功",按照乾隆自己说的是:"十功者,平准噶尔二,定回部一,打金川为二,靖台湾为一,降缅甸、安南各一,即今之受廓尔喀降,合为十。"

但雍正帝截然不同，他登基时是四十五岁，正值壮年。他经历的"九子夺嫡"[1]的残酷性不亚于凶险的战争，在成为皇帝前他已经绕过了无数的雷，迈过了无数的坑，经历的考验数不胜数。

雍正帝登基前多次随从巡幸、外出代办政务，足迹遍布中国主要地区。他了解各地经济物产、山川水利、民间风俗、宗教信仰，考察地方行政和吏治，锻炼了处理某些政事的能力，获得了从政的真正经验。这些事情让雍正帝成为一个不好糊弄的皇帝。

03 雍正帝的对策

清朝入关后继承了明朝的诸多恶政，只经历了顺治和康熙两朝清朝就已经千疮百孔。雍正帝继位时国库存银不到八百万两，中央和地方长期亏空，仅户部一处就亏空了二百五十万两白银。

清朝没有钱吗？当然不是，但钱都进了官吏的口袋。雍正帝非常清楚，正是因为康熙帝的仁善导致了这一局面。康熙帝在位时的最后十年，仅户部就一共查明有一百二十名官员贪污，但康熙帝仅仅是让他们补上亏空，而没有逮捕入狱，这样的举措自然让官员有恃无恐。对贪腐，康熙帝的批语是："做大官者，须要得体，宽严和中，平安无事方好。若一味大破情面整理一番，恐其多事，而得罪者广。须留心斟酌。"

---

[1] 九子夺嫡，是指清朝康熙皇帝的儿子们争夺皇位的历史事件，有九位皇子直接参与了皇位的争夺过程。

第十八章 | 清朝：向权贵宣战，朕就是这样的汉子

面对这种情况，雍正帝在即位之日就说："朕在藩邸四十余年，凡臣下之结党怀奸，夤缘请托，欺罔蒙蔽，阳奉阴违，假公济私，面从背非，种种恶劣之习，皆朕之深知灼见可以屈指而数者，较之古来以藩王而入承大统，如汉文帝辈，朕之见闻更过之。"

大白话就是，你们贪污腐败有什么手段，我都一清二楚，别想糊弄我。从一开始雍正帝就打算向整个权贵宣战。事实上，历史学界对雍正帝的公正评价是，至少为清朝续命百年有余。

雍正帝是个非常通透的人。他很清楚，如果和朱元璋一样，仅仅是对贪官进行严惩根本没用，甚至会适得其反，最后会使官员和明朝官员一样，直接明面上贪污。

贪污的根本原因就是不合理的官吏薪酬制度。清朝继承了明朝的官吏薪酬制度，县令的工资远没有普通农夫的收入高，根本没办法养一家子人。这样的制度事实上就是逼着官员去贪污——自己想办法养活自己，朝廷不管你们。

所以雍正帝即位后做的第一件事就是给予官吏养廉银。养廉银源于地方税赋，通常为薪水的十倍到一百倍。

当然了，高薪未必养廉，两者没有必然的联系，但不合理的低薪一定会带来贪污。雍正帝的养廉银至少是创造了整顿吏制、防治贪腐的基础条件。

在养廉银的基础上，雍正帝加大监管力度，对贪官进行"一条龙服务"。他经常派能臣干吏到各府州县去查库银和亏空情况，一旦查出贪污，先抄家把钱拿回来，然后再治罪。很多贪腐的官员被查出后觉得反正没路走了，畏罪自杀想保住贪污的款项，给儿孙留下财产。对不起，雍正帝说死了也不行，子孙也一样得还这笔钱。雍正帝追究到底的政策，一时间让官员们人人自危，惶恐不安。

273

雍正帝抄家和株连式的追究及时遏制住了清朝贪污的风气，此项工作可以说是雍正帝能够进行后续改革的关键和基础。

雍正帝惩治贪腐是将模糊的、不确定的制度做到了透明和公开，将潜规则打破了。在康熙朝，因为贪污成风，火耗银便成了官员们的明面收入。

但是要收多少火耗银是个模糊的问题，而官员最喜欢的就是模糊，因为这样就可以由地方官自己做决定。有人收百分之五十的火耗银，就有人敢收一倍的火耗银，最终的结果是劣币驱逐良币。为民着想的官吏挣得少，胆大心黑的官吏挣得多。谁挣得多，谁就给上级官员进贡得多，升职的机会就大。在这种风气下，最后朝廷本来只要收三两银子的税赋，官员却收到了九两。

雍正帝长期在地方出差，对这些猫腻清楚得很，早已深恶痛绝，登基后不到一年就雷霆般地进行了整改。方法就是，通过钦差大臣不断地明察暗访，查清各地上报收缴的火耗银，再将他们中饱私囊的火耗银变成法定正税，并且全部上缴中央。

现在就算收到一百两也全部是朝廷的，地方官一点儿好处也没有。要是敢趁机捞钱，一旦被发现了就等着杀头抄家吧。

火耗银归公在极大程度上减轻了人民的额外负担，对整顿吏治、减少贪污有决定性的作用。

04 向权贵宣战

接下来的事情才是雍正帝扔下的重磅炸弹，雍正帝直接向权贵宣战了：

第一，士绅"一体纳粮，一体当差"；第二，摊丁入亩。

士绅"一体纳粮，一体当差"，是指官员、地主也必须缴纳赋税。这意味着废除了官员、地主免税的特权。摊丁入亩就是将丁银摊入田赋征收，废除了以前的人丁税，所以对无地的农民来说是有好处的。前面说过，瞒报的人丁税是各地官员的一大笔收入，现在皇帝把这笔收入直接取消了。

这两项政策一出，雍正帝几乎是站到了整个朝廷的对立面。

作为皇帝或者政治家，光有想法是不够的，还要有手段，但光有手段也是不够的，还需要有班底。雍正帝不是宋神宗，他不急于求成。摊丁入亩先在直隶试点，一体当差先在河南试点，然后在全国推行。

果然，新政刚推行下去，全国就一片反对的声音。不反对这玩意儿是不可能的，想顺利推行下去不现实。

河南巡抚田文镜督办黄河工程，根据"一体当差"的政策，他要求黄河周边的县乡每十亩地征调一名民夫。结果根本没人搭理，士绅该干吗干吗，宁愿把家搬到黄河上游都不派人来修堤坝。不仅如此，所有的读书人还群起而攻之，将田文镜的酷吏形象描绘得栩栩如生。

按照朝廷官员的说法，雍正帝这样干就是动摇国本。要知道，士绅阶层在明清时期对社会影响非常大。士指的是通过科举获得功名而有入仕可能的进士、举人等群体，绅则指的是正在做官或已离任的官僚群体。他们依靠不当差、不纳粮等特权横行乡里，和官府形成铁板一块，是连接民间和官府的一股重要力量。

现在推进士绅阶层当差，只要河南本地的官员睁一只眼闭一只眼，那么田文镜的政策就执行不下去。而且很快就发生了读书人罢考事件，在当地学政张廷璐的支持下，秀才们抬着孔圣人的牌位游行，控诉新政的"倒行逆施"。

不仅如此，朝廷官员和地方士绅形成联动，地方士绅给田文镜使绊子，朝廷里一百多个官员对田文镜联名弹劾。此时的田文镜无人不怨、无人不恨，很快就陷入四面楚歌、寸步难行的境地。因为根据清朝的官员制度，田文镜的权限是有限的，比如田文镜就罢免不了张廷璐，更何况张廷璐还是大臣张廷玉的弟弟。

但是很可惜，雍正帝最喜欢的就是孤臣，最恨的就是结党。因为他太清楚了，要想做老好人，左右逢源、闷声发大财真的太容易了，而要做实事必然会得罪人。雍正帝是手腕铁血、意志力坚定的政治家，他安抚田文镜，让他放心大胆去办事，出了事他给顶着。

谁碰到这样的上司都会感动。田文镜说："臣目中唯知有皇帝，臣意中亦唯知有皇帝，君臣大义如父子天性，间不容发。"然后雍正帝把带头罢考和抵抗新政的王逊判斩立决，范瑚则绞监候，河南学政张廷璐被革职，道员陈时夏革职留任。雍正帝甚至明确表态："再有罢考，河南停止科考。"

任何改革都是改革派与既得利益者的搏斗，更是意志力的较量。在改革之初，很多人都会心存侥幸，对改革者的决心不断地进行试探，如果改革者一旦软弱或者退让，必然是无功而返。

在雍正帝的雷霆手段下，考生乖乖回到了考场，士绅要么出工，要么出钱，黄河堤岸得以保全，百姓免遭大灾。雍正帝成功在河南推动"一体当差"之后，随即在全国开始推进。

第十八章 | 清朝：向权贵宣战，朕就是这样的汉子

05 了不起的雍正帝

雍正帝经过十三年的励精图治，使吏治和财政收入得到了全面的改善，在乾隆帝登基的那年，国库储银已经达到了六千万两。

当然，我在这里写雍正帝改革并不是说他彻底改变了清朝的命运，他并没有这样的能力，他的改革也仅仅是缓解了历史周期律的矛盾，并不能改变土地兼并的最终结果。如摊丁入亩的政策，事实上增加的赋税最终都变成了佃农的负担。而且，对于世袭制的古代王朝而言，最终的结果必然是人亡政息。雍正帝的努力就是给乾隆帝留下了一个可以肆意挥霍的大好局面，到了嘉庆帝即位时又是一个烂摊子。

我们看到，雍正帝在历史上留下的是残暴、刚愎自用的名声。但随着社会的发展，人们对雍正帝的评价开始逆转，多数人开始从底层逻辑及更深的角度来看雍正帝，他代表了一种朴素的青天梦。

对于普通百姓来说，怕的就是天灾没人管、地方官盘剥、苛捐杂税、徭役沉重，能够解决这些问题的皇帝才是好皇帝。

而雍正帝以坚韧的意志力敢于冒天下之大不韪，得罪全天下的读书人，即使背负骂名也要全力推进改革，一定程度上让老百姓的生活得到了改善。从这一点上来说，我们就可以评价雍正帝是"了不起的雍正帝"。

第十九章

启 示（一）

中国为什么没有走向资本主义

有人说：如果没有大一统，中国的商业发展就不会一直受到限制；如果没有中央集权，中国就会发展成资本主义。

　　这里有一个普遍的认知，就是从古代开始，中西方基因不同，中国一直是以农耕文明为主，而以欧洲为代表的西方社会一直是以商业文明为主。西方社会在商业禀赋上一直领先于中国。

　　这种认知属实吗？

第十九章 | 启示（一）：中国为什么没有走向资本主义

01 中国古代的商业技术

先从大家都熟悉的丝绸之路说起吧。

在几千年的时间里，中华文明领跑全球，那个时代"中国制造"代表了奢侈品。中国造纸术在8世纪传入阿拉伯，没过多久造纸术便在撒马尔罕和巴格达兴起，后又经阿拉伯半岛传到欧洲，让读书、写字变得普及，在一定程度上影响了全球文明的进程。这个暂且不说，我们就谈普通消费品。丝绸、茶叶、陶瓷等产品是西方世界在19世纪前认可的奢侈品，是典型的"中国制造"。你觉得这些东西没技术含量？我们就单说陶瓷，从中国传入欧洲近两千年，长期以来欧洲只有贵族和皇室才能拥有中国的瓷器。

17世纪，法国太阳王路易十四建造奢华的宫殿，里面放满了来自中国的青花瓷。最疯狂的是，萨克森公国的国王奥古斯都二世曾用六百名近卫骑兵去换一百五十个大型龙纹瓷缸。18世纪青花瓷的价格和等重量的白银差不多。

那么问题来了，这么挣钱的生意为什么欧洲人不自己做，非要从中国进口？中国能烧出陶瓷来，欧洲人也可以，但是19世纪前欧洲人的陶瓷技术水平仍然很低，在胎质、釉质上无法和中国相比。欧洲如果想做出堪比中国的瓷器，就如同用13世纪的冶炼技术造今天的军舰。

首先，烧制瓷器温度在一千二百摄氏度至一千三百摄氏度。瓷器的烧制不但要有超高的温度，还需要稳定的还原气流，简单地说就是必须保证窑内有一定的氧气进入。中国人早在秦汉时期就已经知道这个道理，因而发明了窑炉。

在浙江上虞、江西吴城出土的龙窑遗址中，窑膛修长且有一定坡度，以此来保证火焰可以由升焰变为平焰。这样的设计一方面可以保证窑内有持续不断的氧气进入，另一方面还可以精确地控制空气的流量。

古代西方之所以不能生产瓷器，是因为他们没有这样的冶炼技术，只会烧玻璃，而烧玻璃的温度六百摄氏度至七百摄氏度就可以了。一直到18世纪，德国人经过了三万多次实验才掌握了烧窑的技术。

烧窑技术只是其中一项。中国陶瓷的原材料是瓷石，这种瓷石由花岗岩长期风化而成，主要成分是硅酸盐类矿物质。再加上独特的上釉技术——浸釉、刷釉、喷釉、荡釉，欧洲人只能干瞪眼。

在清朝之前，在铸钢冶铁、农业纺织、工程水利、天文算数、艺术文化、军事技术等方面，中国都一直领先世界。欧洲商业发展在近代超过中国，是因为中国在明朝中后期闭关锁国，将资本主义萌芽扼杀在摇篮里；当西方大致完成工业革命后，中国在技术层面开始真正落后于西方。

02 中国的资本主义为什么发展不起来

中国通过丝绸之路源源不断地向西方世界输送陶瓷、茶叶、丝绸、技术，但是在19世纪前，西方能在技术方面给中国什么？没有。在几千年的时间里，他们只给中国带来了玉米、胡萝卜、甘薯这些农作物品种。

美国刚独立的时候被英国全面封锁，来找中国做生意。美国人在中国购买的瓷器和丝绸回国就瞬间卖空，总统华盛顿都要先预订，否则就抢不到。但是美国能卖给中国什么？美国在几十年的时间里卖给中国的货物是人参、皮革、毛衣、胡椒、棉花……这些东西卖出的速度极慢。可以说，如果美国到中国来卖货需要七个月甚至更长的时间，装了中国货回去卖只需要七分钟。

中国制造直接影响了世界，阿拉伯人靠卖中国产品就能在经济实力上碾压欧洲；意大利的城邦共和国因为地理环境优越，作为中国商品的分销商，成为欧洲中世纪最繁华的地区。还有一个最关键的问题——欧洲的人口太少了，再加上没有什么有技术含量的东西能产出，另外他们几乎没有钱，消费能力太弱了。中国如果与欧洲做国际贸易，规模都没法扩大，因为需求量太有限了。

为什么中国明末的资本主义发展不起来，而英国能发展起来。

因为中西方在人口规模上有巨大差异。17世纪英国人口一千万，明朝人口两亿左右。如果英国是明朝的殖民地，有它没它一个样，对明朝完全没有影响；但是如果明朝是英国的殖民地，英国的市场则会蓬勃发展，因为一下子有了超越自己本土二十倍的市场。

19世纪初期，英国分别打败西班牙和荷兰，开始了疯狂的海外扩张，而对英国贡献最大的殖民地是有着一亿六千万人口的印度。再加上全球市场，摆在英国资本家面前的问题是生产力跟不上市场的需求，所有的工厂开足马力做纺织品都不够全球消费。于是英国在两个方面开始努力：一是疯狂地对内剥削，要求工人每天工作十六个小时以上，同时丧心病狂地雇佣童工，导致很多童工被剥削致死；二是生产力不足就加速技术革新，最终爆发工业革命。

当然，到了这个时候，英国仍然没办法打开中国市场，因为他们做的东西在中国市场不受欢迎。直到最后，他们选择了在印度种鸦片。

但是对于中国来说，面临的环境完全不同。欧洲市场对中国来说太小

283

了，而且当时西班牙在南美洲抢劫了海量的白银，一船一船地运到中国来买东西，中国没费什么劲儿，大量白银就流入了中国。

两国市场有着非常大的差异。资本家开个工厂，赚了钱，发现还有市场，于是资本家就将利润再次投入工厂，扩大产能，赚钱再投入，最终资本不断增密，产生了资本主义。

如果资本家开个工厂，雇用了十个人，市场上只需要十个人做出来的商品，再多生产也没用，会产能过剩。于是工厂的利润不会用于再生产，资本家只能拿着这个钱去买土地，从一定程度上加速了土地兼并；或者是将赚到的利润白银藏起来，埋进地窖，资本始终无法进行循环。

商业或者说经济发展的根本在于循环。国内经济的发展即内循环，需要本国更多的人就业，参与到经济大循环中。而国际贸易的发展需要国内外双方都能创造价值，国际贸易才能循环。

03 古代的"资本家"为什么没有动力出海

除了市场规模无法持续增长阻碍了明朝资本主义的发展，还有什么影响了它，让它发展不起来？无论是晋朝的贵族共和，还是宋朝的士大夫共治天下，为什么都没有形成一个强大的资本主义政权？

在笔者看来，一个国家想要积累资本有三条途径：第一，对外抢劫；第二，对内缓慢积累；第三，出卖国家主权换取资本积累。

可第一条途径中国就碰到了难题。当时明朝正处于相对鼎盛的时期，没有动力去抢。

而且明朝还积极拓展海外贸易，招徕各国贸易，让"中国制造"和"西方制造"流通更为容易，更让明朝没有远航的决心。

欧洲从罗马帝国崩溃后就进入了中世纪，那个时候欧洲是蛮荒时代。隔壁的阿拉伯人通过买卖"中国制造"的二道贩子比欧洲人有钱得多，在中世纪时，乌尔班教皇说："中东是流着奶和蜜的土地。"教皇号召一波又一波的欧洲农民到耶路撒冷去抢劫。

同样的，马可波罗把中国描述得和天堂一样，到处是黄金，遍地是白银。欧洲人看着从中国远道而来的"中国制造"，精美绝伦的丝绸和巧夺天工的陶瓷，欧洲人当然相信中国就像天堂一样。

欧洲一开始什么都没有，且不说"中国制造"，东南亚过来的香料他们都视若珍宝，当然让他们有强烈的野心出去抢劫，这才有了航海技术的发展。最终，他们在南美发现了黄金、白银，在印度发现了财富的秘密。甩开阿拉伯这个二道贩子直接和中国做生意，这是驱动欧洲资本家不断冒风险出去抢劫的强大动力。

04 中国人英勇无畏的民族底色

所有的西方国家都是通过"外卷"启动了资本主义。英国实在找不到中国需要的东西，最终给中国送来了鸦片。美国也是一样，通过鸦片完成了资本的原始积累，开启了工业化进程。

然而我们从 18 世纪开始就失去了优势。有时候我们不得不相信"多难兴邦"。如在南北朝时期，南朝相对太平，士族纵情享乐，北朝长期处于战乱之中，结果北朝在不断的斗争和融合中吸收了新鲜血液，清洗掉了原来的士族阶层，最终均田令广为执行，形成强大动力，以摧枯拉朽之势攻灭了陈，开启了绚丽多彩的隋唐巅峰时期。

而长期分裂的欧洲，在长期的战争之中始终处于高压状态，导致技术上的不断迭代，最终开启了工业革命，领先世界。而中国也不会想到，那个载着棉花和铅块到中国来求爷爷告奶奶卖货的美利坚，最终通过贩卖鸦片毒害中国人民挖掘到了第一桶金，从此一发不可收。

中国能够崛起是因为中华民族的血脉中就写着天下，虽然谁都不会永远强大，但挨打要立正，有错就要认，沉寂注定是短暂的。

从农民阶级的太平天国运动，到抵抗派的"师夷长技以制夷"，到改革派的洋务运动，再到革命派的辛亥革命，中国人民几乎把所有能想到的救国之路全部探索了一遍，最终以千万英雄之热血浇筑了中华人民共和国，带领中国人民再次走向了伟大复兴的道路。

勇者愤怒，抽刀向更强者；怯者愤怒，抽刀向更弱者。

中国是一个对胜利有着无限渴望的国家，有一群永不屈服的英雄。当然，很多人会说中国不也有玉皇大帝和太上老君吗？可你见过有哪个民族会把宗教中的"神"写入通俗小说中，并且塑造一个张口就喊"玉帝老儿"的英雄？有哪个民族的传统神话如中国这样具有叛逆精神，写满了对命运的抗争？

中国没有走向资本主义是中国长期作为全球巅峰的必然，这是中国的幸运，也可以说是中国的国运。但国运从来都不是天上掉下来的，都是用牺牲和鲜血换来的。

论牺牲与付出，从来没有一个民族像中华民族一样付出过如此大的代价和伤亡，而他们在1840年的牺牲与付出已经毫无疑问地铸就了中国人英勇无畏的民族底色。

第二十章
启 示（二）

大英帝国与强汉盛唐

在中国古代历史上,强汉和盛唐是勇于开拓进取的王朝,只可惜当时的科技还没有达到质变,并不能支撑一个王朝的无限发展,以致在李隆基时期已经到了发展的极限。

第二十章 | 启示（二）：大英帝国与强汉盛唐

◯ 01 奇葩的英国农民起义

英国数千年历史中很少有农民起义。即便抢走农民的土地、焚烧他们的房屋，英国农民也不会反抗，而是请愿。

英国历史上规模最大的农民起义是瓦特·泰勒农民起义。起义军一路北上攻克了重镇坎特伯雷，这里不仅是英国南部重要的政治、文化、经济中心，也是坎特伯雷大主教区。在那里，起义军处死了坎特伯雷大主教，焚毁了大量封建官僚的文件，烧毁了一座宫殿，将大量的财富和粮食分散或贱卖给其他农民。但英国农民起义的原因和目的是，国王要我们交四便士的人头税，我们真的没钱交，我们要向国王请愿取消人头税。

1381年，数十万农民起义军包围伦敦塔，英国国王查理二世只有几百名卫兵，上天无路，入地无门。于是查理二世说要和起义军谈判，起义军领袖瓦特·泰勒开心得不得了，赶紧跑了过去，然后就被国王的卫兵给杀了。另外一个跑过去谈判的起义领袖约翰·鲍尔被抓了起来，受尽酷刑而死。随后国王对农民讲话，讲话内容主要分三点：第一，马上就要收庄稼了，大家回去收庄稼吧，否则田荒了怎么办；第二，我给所有人自由敕书，你们杀我的卫兵、抢我的财产，我宽恕你们的罪行；第三，你们的请愿我知道了，我会郑重考虑的。

农民起义军一听，国王讲得太好了，十几万人立马退散。随后国王对失去组织的农民起义军进行了疯狂的报复……这就是英国历史上记载的规模最大的农民起义。每次我读到这一段历史都觉得很奇葩。这就好比闯王李自成已经打下了北京城，刀都架在崇祯帝的脖子上了，崇祯帝高呼一声："朕错了，朕现在才知道你们负担太重，税赋太多，朕明天就开会讨论方案降低赋税。"李自成一听，太好了，马上刀一丢跪倒："陛下万岁万岁万万岁，陛下果然勤政爱民。"然后对自己的几十万大军一挥手："大家散了吧，赶紧回家种地去。"

从农民起义的经过和结果来看，英国国王有这样一群顺民，简直是活在蜜罐子里。

02 19世纪的英国

欧洲三大工人运动都是在德国、法国、英国的盛世时期爆发的，即19世纪三四十年代，此时的欧洲已经完成了工业革命和全球殖民扩张，攀登到了历史的巅峰，但是普通人民的生活状态还不如中世纪。技术和经济的发展对人民生活的改善几乎没有起到作用。

德国爆发了西里西亚纺织工人起义，他们拿起武器与德国政府展开了激战；法国爆发了里昂工人起义，他们拿起武器与法国政府展开了激战；而英国还是传统，发动宪章运动，联合签名向国王请愿……

19世纪，英国的工业总产值已经占到了世界总量的百分之三十四，钢铁产量占到了世界总产量的百分之五十，英国商品畅销全球，英国有了"世界工厂"的美誉。在英国的殖民掠夺下，来自世界各地的原材料被源源不断地运往英国，然后往返的船队再把英国的工业品运往世界其他地区。英国在世界范围内建立了以本土为中心的贸易和航运体系，贸易总量占到了全球的一半以上；英国控制的疆域达到了三千三百五十万平方千米以上，控制的人口达到了三亿八千万。

03 贞观之治

我们再来看看比大英帝国早一千年的盛唐气象。

唐朝实行的是均田制，人人有地种，全国上下一心，这是经济好转的根本原因。到了贞观八年（634 年），牛马遍野，百姓丰衣足食，夜不闭户，道不拾遗，全国上下出现一片欣欣向荣的升平景象。

那么老百姓有多少地可以种呢？十八岁以上男丁每人受口分田八十亩，永业田二十亩。老男、残疾受口分田四十亩，寡妻妾受口分田三十亩。这些人如果为户主，每人受永业田二十亩，口分田三十亩。

那一千年后的英国在干什么？英国在搞圈地运动，在抢老百姓的土地。

公元 632 年，当唐太宗亲自审查复核死刑案件时，卷宗中有近四百名死囚，他担心有冤情便进行询问。唐太宗挨个与死囚交谈，死囚都说自己犯了死罪，死有余辜，量刑公平，不冤枉。唐太宗听后很受感动，因为死刑都是秋后处决，于是他对这些死囚说："我和你们立一个君子之约，现在是冬天，我放你们回去过春节，与家人好好团聚，来年秋收之后咱们再在这里集合。"近四百名死囚感激涕零，高高兴兴回家了。第二年秋后，这些死囚都回到了大理寺监狱，没有一个逃跑或藏匿的。

而一千年后的英国盛世呢？监狱里人满为患，因为工人活不下去，但是又不敢造反，就只能铤而走险去抢劫，最后英国政府实在没有办法安置那么多囚犯，只能整船整船地将囚犯运送到澳大利亚。从1788年开始，先后有十六万五千名英国囚犯被运到了澳大利亚，使得澳大利亚成为一个被囚犯开发的国家。

贞观四年（630年），一斗米的价格是四五钱，百姓外出的时候都十分安心，就连房门都不需要紧闭，甚至出远门都不用自己准备干粮。

唐朝时也有天灾人祸。遇上天灾人祸，除了快速制定救灾措施，发放救济物资，李世民还亲临救灾现场指挥部署。史书记载："贞观十一年七月一日……洛水暴涨，漂六百余家。……十三日，诏曰：'暴雨为灾……诸司供进，悉令减省。凡所力役，量事停废。遭水之家，赐帛有差。'……九月黄河泛滥……太宗幸白马坂以观之。"

贞观七年（633年），河北发生蝗灾，李世民亲临救灾现场安排救灾措施，当着所有官员的面生吃蝗虫。李世民说："人以谷为命，而汝食之，是害于百姓。百姓有过，在予一人，尔其有灵，但当蚀我心，无害百姓。"

唐初，关中连年灾荒，唐太宗即开仓赈济灾民，又准百姓就食他州，并且拿出御府金帛，为灾民赎回卖出子女，使灾民得以度过荒年。

我们再来看看英国的情况。1845年，爱尔兰[1]粮食歉收。马铃薯是19世纪爱尔兰人赖以维持生计的唯一农作物，而作为地主的英国人却只关心谷物和牲畜的出口。最终一百余万爱尔兰人死于饥荒，而整个英国政府无动于衷，没有采取任何措施。

作为普通人，你是愿意活在唐朝的盛世，还是愿意活在大英帝国的盛

---

[1] 此时爱尔兰地区属于大英帝国，直到20世纪才独立。

世？而且不要忘了，大英帝国在这个时候已经完成了工业革命，生产能力远超唐朝。

唐朝用自己优秀的文化征服了全球，将自己先进的科技、物产、思想、制度传递到了世界其他国家和地区。数万通过考核的人来到唐朝，他们死心塌地追随中华文明，谦逊地学习中国的文化。

唐朝不仅是中国人的骄傲，更应该是人类的骄傲。而英国的盛世呢？通过做海盗、贩卖人口、贩毒、发动战争，将枪炮与掠夺"赠送"给世界，给全球人民带来了无尽的痛苦，造成了无穷无尽的灾难！这就是中国人与盎格鲁-撒克逊人的差别。

04 汉武帝挣钱

我不是说中国古代制度有多好，但是对比英国强盛时期平民的生存状态，无论是强汉还是盛唐，都比工业革命前后的英国强太多。

英国依靠疯狂剥削工人阶级和童工最终成为全球超级大国。汉武帝远征匈奴，奠定不世伟业靠的是什么？他打仗的钱是怎么来的——向诸侯销售白鹿币、白金币；向富豪征收资产税；取消盐商的暴利，盐铁税国营。这里我还要说，正是因为国营，汉朝的冶铁工业领先全球一千年，铁制品广泛用于农耕，老百姓都用得起。此外，汉武帝还统一国家货币政策，由国家发行货币。以上就是汉武帝挣钱的方法。

我额外说一点，我们评价历史的标准是什么？我写王安石，很多人说写得不对，因为王安石打击了富商。简直好笑，王安石打击富商和老百姓有什么关系，有任何文献记载老百姓的生活因此得到改善了吗？有相关的记录吗？我从来不认为改革派一定好，保守派一定坏，这不是评价标准，这样的认知才是王安石改革后形成党争的根本原因。

　　西方世界的人可以不知道，但作为一个中国人，居然还不知道我们的评价标准是什么，我们的评价标准肯定是代表人民群众的根本利益啊。

第二十一章
启 示（三）

同样是大航海，为什么明朝赚不到钱

从 1405 年开始，郑和七次下西洋，最远到达东非和红海。不久之后，欧洲人航海越过他们认为的地理上的尽头——非洲博哈多尔角，揭开了地理大发现的序幕。随后的四百年中，中国逐渐保守和僵化，而西方却开始崛起。同样是航海，为什么结果迥然不同？这一章我们从商业模式和文明基因的维度聊聊这个话题。

你千万别以为郑和不懂做生意，明朝远航只是为了政治宣传，其实郑和前两次下西洋都是挣钱的，但是后来商业模式为什么维持不下去？为什么会亏钱？

第二十一章 | 启示（三）：同样是大航海，为什么明朝赚不到钱

01 明朝将一手好牌打得稀烂吗

1405年—1433年，明朝派遣郑和进行了七次海上远航，因为船队航行至加里曼丹岛（世界第三大岛，中国史籍称为"婆利""勃泥""婆罗"等）以西洋面，所以也叫作郑和七次下西洋。

郑和船队访问了三十多个国家和地区，包括爪哇、苏门答腊、苏禄、彭亨、真腊、古里、暹罗、榜葛剌、阿丹、天方、左法尔等地，最远到达东非、红海。这是中国古代规模最大、船只和海员最多、时间最久的远洋航行。

但是，在郑和最后一次航行一年之后，即1434年，葡萄牙人首次越过了欧洲人认为的地理上的最南方，就是非洲的博哈多尔角，揭开了地理大发现的序幕。之后欧洲快速完成了资本积累，全球进入了殖民时代，而欧洲也成了随后数百年世界的中心。

此时，如果论国力，明朝是在欧洲之上的，仅在探索时期的航船，明朝的排水量吨位与载重量均是哥伦布时期的十倍以上。在航海技术上，郑和使用海道针经（指南针）导航，再结合过洋牵星术的天文导航，这在当时是最先进的航海导航技术。明朝的船队，一次性出航人员多达两万七千多名，是哥伦布船队的二十倍以上。

但是，西方的地理大发现，为欧洲带来了海量的财富与资本，让欧洲

诸国在之后的三百年成为列强，而中国却缓慢地从世界之巅衰落，最终导致四百年后全球文明被西方世界所主导。

也正因如此，明朝的七次下西洋，一直为后世所诟病。同样是航海，明朝的国力如此雄厚，却把一手好牌打得稀烂，航海劳师动众，却并未对整个明朝带来实质性的、经济上的成果。

02 郑和下西洋的商业模式的核心产品是什么

很多人认为郑和下西洋是没有经济目标的，纯属是为了摆阔，甚至认为下西洋的目的是朱棣为了巩固自己的权位而寻找建文帝，这么说就太小看古代中国了。

中国古代的皇帝从小就会受到理财教育，任何一个王朝都不可能不算经济账，都知道要充盈国库，尤其是朱棣这样生于战乱年代的皇帝。

而根据明朝历史的记录，郑和七次下西洋是有明确的经济目标的，但是最终的结果却是不挣钱，到第三次之后就一直亏损，最终项目停止。但是对应的是，欧洲的大航海带来了大量的财富。我们不禁要问，为什么同样是航海，欧洲赚到了钱，而明朝就挣不到钱？

我们从以下角度来解读中华文明曾经的困局和几百年后的崛起。

首先，西方的航海有着明确的目标，即获得他们认为的中国三大件皇家奢侈品——瓷器、丝绸、茶叶，还有东南亚的香料。在地理大发现之前，这些贸易路线全部被阿拉伯人垄断，阿拉伯人成了一级代理商，意大利的港口城市成了二级代理商。虽然仅仅是二级代理商，但威尼斯、比萨、热那亚这些城市已然成了欧洲最富庶的城市。而这些货物到了欧洲,价格已经翻了几倍,利润的大头全部被代理商挣走了。欧洲人想夺回通商路线,但又打不赢阿拉伯人,十字军东征几乎全部铩羽而归,只能出海去寻求新的路线。

1784 年,美国专门打造了"中国皇后号"轮船去中国做远洋贸易,从中国进口的瓷器、茶叶、牙雕等,在美国成了畅销品,但美国的羊毛、铅块、毛皮在中国市场根本卖不动,西洋参是唯一能够拿得出手勉强卖一卖的货物。

郑和下西洋能够带什么货物回来是一个很大的难题。

初期,郑和下西洋其实是盈利的,因为明朝找到了主要产品——胡椒。胡椒在苏门答腊当地的采购价格是每斤白银 0.01 两,而运回明朝的时候售价暴涨到每斤 0.2 两,足足有二十倍的差价,即便是将运费、成本全部刨去,这样的利润也是非常可观的。所以,明朝在初期的航海行动中是盈利的。

但是,因为郑和下西洋运输量极大,一次航海就带回了大量胡椒,导致胡椒的价格马上直线下降。第二次航海带回的胡椒,其价格直接下降到了 0.1 两每斤。到第五次后,明朝干脆直接拿胡椒当俸禄发给明朝官员了,但官员们还不想要。

这里还有个很重要的原因。对于欧洲人来说,他们需要的是香料,因为欧洲农业水平落后,加上地理环境的限制,无法生产香料,香料到了欧洲,一磅胡椒的价格等同于一头猪。而在明朝时,中国的农业耕作水平领先全球,再加上气候的多样性,可以生产香料,中国生产的花椒、辣椒、藤椒等调味品不输给胡椒,所以,胡椒并非是不可替换的必需品。加上郑和船队的载重量极大,带回来的胡椒一直到 1471 年才用完。

明朝中期,我们已经学会自己种植胡椒了,这就让胡椒的价格越来越低。《金瓶梅》描写的是宋代故事,但其实是明朝的市井生活。小说中李瓶儿在嫁给西门庆前有八十斤胡椒、三四十斤沉香、两百斤白蜡、两罐子水银，而这些东西总共加起来也就卖了三百八十两白银。所以胡椒在明朝虽然值钱，但根本不是什么了不起的东西了。

主要产品胡椒没有了，下西洋还怎么挣钱？在消费品领域，史书记载的除了胡椒，郑和还能带回来的就是苏木。苏木是一味草药，具有活血化瘀、消肿止痛的功效。一看就知道，效用相同的东西中国也有不少，要指望苏木挣钱，那是不可能的。

03 常规的贸易，为什么明朝赚不到钱

在七次下西洋的过程中，郑和还通过贸易带来了大量的金银珠宝，这些是通过以物易物的形式得到的。史书记载，柬埔寨用黄金交换中国的青瓷盘碗和纻丝绫绢；爪哇百姓用铜钱交换青瓷、麝香、销金物饰和纻丝、烧珠；锡兰国用宝石珍珠交换麝香、纻丝、色绢、青瓷、樟脑；阿曼半岛的祖法儿国王用乳香、血竭、芦荟、没药、安息香、苏合油、木别子交换纻丝和瓷器。

但是这样的生意干了两次也干不下去了，因为体量太小了。

这三十多个国家比欧洲好不到哪里去，有好多国家还不如欧洲，即便是当地有钱的土著，他们总共才有多少黄金和珠宝？第一次还能换不少财物，到第二次、第三次就做不下去了。最后郑和就只能带土特产回来，比如大象和长颈鹿，尤其是长颈鹿，被认为是麒麟，在当时深受喜爱。但这不是生活必需品，最多当个吉祥物，根本就没有什么市场需求，就算当时建个明朝动

物园，十几头也就够了，结果"商业模式"还是不可持续。

到了第七次下西洋，这个生意已经亏得一塌糊涂，明朝共计花费了六百万两白银，最终被叫停了，只有民间贸易还在继续。

要知道，阿拉伯世界早就向中国购买茶叶、瓷器、丝绸，但量一直不大，对中国历代的整体财政收入影响不大。一直到16世纪，欧洲人灭亡了阿兹特克帝国（存在于14—16世纪的墨西哥国家），在南美洲发现了海量的黄金和白银，中国和西方世界的贸易量才开始大增。但此时，明朝已经开始走向衰落，民间资本快速发展，而朝廷却并没有从国际贸易中得到红利，最终商富而国衰。

04 为什么欧洲的商业模式就可持续

为什么欧洲的商业模式能持续下去？

首先，人口问题。14世纪整个欧洲的人口约为七千五百万。黑死病致使人口少了三分之一，只剩下五千万。到地理大发现前夜，英国人口不足四百万，西班牙人口不足五百万。要知道，明朝巅峰时期人口至少有一亿五千万。

这样的人口体量，海外贸易对彼此的重要性是完全不同的。很简单，一个便利店一天挣一百万是巨额财富，但要是一个商业巨头一天挣一百万，或许直接就破产了。举一个例子，英国殖民了印度，市场扩大了十倍，而如果是印度殖民了英国，市场或许仅能扩大十分之一。而这样的海外贸易体量，对欧洲来说是可以持续开展下去的，并保持贸易的动力。

其次，欧洲人做生意不需要本钱，直接开抢。

说欧洲的武力强盛，那1405年的明朝和东南亚、中东、非洲各国比起来，谁的武力强盛？郑和每次航行的人员数量是在两万以上。到锡兰、爪哇这些地方的时候，如果真的要抢劫，灭一国绝对不费吹灰之力。有时候数万军队到东南亚的小港口，武力值和当地对比简直是天壤之别，可是所到之处，明朝都是平等互利地进行交易。而如果西班牙的船队到一些实力较弱的地方，会心平气和地做生意吗？或许他们不但会抢走当地人的货，连人都要掳走去做奴隶。或者说，如果郑和和西班牙人一样，能挣不到钱吗？一船拉五万奴隶回去卖，至少成本能收回来吧。在所有史料的记录中，中国历朝历代的外贸和抢劫完全不搭边，因为中华文明就没有侵略基因。

05 近代中华文明在扩张性上为什么不如西方文明

中华文明是生命力最强且全球唯一延续了五千年的文明，但是为什么在开拓性上落后于西方世界？在世界性的几大文明中，为什么中华文明趋向于保守？

中国的传统文明源于农耕文明的儒家思想和大一统秩序，与农业耕作所形成的家庭关系和社会关系密切相关。中国古代为了保护农业文明，耕作需要依靠集体的力量抵御自然灾害的冲击，因此逐步形成了集体主义观念，以及"仁义礼智信"等传统价值观。所谓"仁"就是要克制自己，为他人服务，为集体服务。

在全球七大奇迹中，中国的万里长城很明显有别于其他奇迹，这是防御游牧民族南下的防御型工程。而为了适应农耕文明的发展，古代中国在河堤与水坝的修建技术和质量上远胜于其他国家，甚至领先千余年之久，数量上更是处于领先地位。

正因如此，传统的中华文明传播相对来说是比较慢的，且需要适于耕种的地理环境。所谓慢，是因为到一个地方就需要建立秩序，需要开垦。从三国时期开始对南方进行有效开发，因受制于古代的技术，经过五百余年，一直到唐朝中晚期，才让南方从泽国变成沃野。

同时，中华文明一直是建设者而非劫掠者，以都护府的管理模式和屯军开荒等形式对新开拓的土地进行建设，速度较慢，而且受限于古代的运输与技术，导致文明的拓展一直无法加速。西方世界洗劫美洲、非洲、东南亚等地，这在中华文明是难以想象的。按照中华文明的思路，西班牙如果拿下了南美洲，所派遣过去的军队就应该和当地人一起开矿、耕种。

西方文明的扩张为什么快？其一是劫掠的基因。欧洲文明的起源北欧海盗到一个地方就直接抢东西，这当然快。其二是宣传方式。儒家文明基于农耕模式，而宗教只需要一张嘴一本书就可以搞宣传。儒家文明排斥战争，而宗教刚刚相反，越是战乱，人民越需要安慰剂，宗教的作用也就越大。中华文明是建立秩序，西方文明是毁灭秩序，盖楼再快，还能有拆房子快？

第二十二章
启 示（四）

中国这两项成就，决定了全人类的文明进程

造纸术和印刷术最大的意义是让知识变得廉价与普及，真正地让知识的广泛传播成为可能，彻底地改写了全球的历史和人类文明的进程。同样，火药与指南针更是翻天覆地地改写了文明的方向。

第二十二章 | 启示（四）：中国这两项成就，决定了全人类的文明进程

01 欧洲为什么任由教会摆布

公元 392 年，风雨飘摇中的罗马帝国为了缓和阶级矛盾，统一共识，将基督教定为国教。

从此之后，整个欧洲匍匐在上帝的脚下，《圣经》成了欧洲的最高"宪法"。公元 476 年，西罗马帝国因为蛮族的入侵而崩溃，欧洲从此进入了长达千年的黑暗的中世纪。其实从基督教成为罗马国教的时候，欧洲就已经开始进入愚昧的时期。这一时期，科技的发展几乎完全停滞，因为科学和《圣经》是矛盾的。不仅科技没有发展，科学家的任何科学研究敢违背《圣经》，要么去坐牢，要么被烧死。

大学起源于 11 世纪，但是当时的大学和今天的大学有着天壤之别。那时候的大学都是神学院，是为教会培养圣职人员用的。这些大学早期开设文学、法学、医学、神学四个学科，文学、法学、神学都是服务于教会的，而医学让人不敢恭维，不管病人是什么症状，老西医永远都是三板斧：放血、催吐、灌肠。

这一时期，上帝的权威神圣不可挑战，世俗的王权都必须要靠边站。国王最多把平民给杀了，要死也就死一次，而且国王不可能在每个平民脖子上都架一把刀；但如果有人对上帝不忠诚，一旦末日审判来临，他就会被打入地狱，永生永世在地狱中受苦。所以，欧洲人最怕的就是上帝，时时刻刻表

明自己对上帝的虔诚。

那上帝要让大家做什么呢？怎么做才能表示对上帝的忠诚呢？上帝的指示是怎样传达给大家的呢？这时，负责"传达"上帝旨意的教会拥有着至高无上的权力。教会代表了上帝，上帝是什么想法，有什么指示，都由教会传达给欧洲人民。在教会面前，国王都要瑟瑟发抖，因为如果教会觉得国王不听话，随时可以开除国王的教籍。德国国王亨利四世因为对教皇不尊重，直接被教皇开除教籍，成了异教徒。亨利四世傻了眼，顶风冒雪来到卡诺莎城堡，痛哭流涕地向教皇跪了三天承认错误，才让教皇收回成命。

可以说，在中世纪，教皇就是上帝，上帝就是教皇。教皇的权力远远大于国王。教皇乌尔班二世让整个欧洲连续发动了九次对穆斯林世界的进攻，可以说任何一个国王都不可能有这样的权力。

教会没钱了，就发赎罪券。比如有人杀人放火，教会就会说你这是要下地狱的啊，你来买我的赎罪卷，买了赎罪券，上帝就会宽恕你的罪行，你还可以去天堂。

教会看谁不顺眼，就说谁是异端。1480—1780年的女巫审判，席卷欧洲三百年。无辜冤死的女性多得难以统计。

教皇的权力，可比古代中国皇帝的权力大多了，而且在长达一千年的时间里，从来没有人敢反对或怀疑。教皇能够强势近一千年，有一个很大的原因，就是当时欧洲不识字的人居多。

第二十二章 | 启示（四）：中国这两项成就，决定了全人类的文明进程

☙ 02 欧洲人一辈子的积蓄买不起一本书

欧洲不识字的人居多，教会垄断了知识。为什么教会能垄断知识呢？因为知识太贵了。在中世纪，一本书的价格比现在的一套房子还贵得多。你要能有一百本书，你就是妥妥的富豪、大贵族。

当时欧洲的纸有两种，一种叫莎草纸，一种叫羊皮纸。

莎草纸是把埃及的特产莎草切割成长条，然后捶打后铺开来，挤压水分后黏合在一起，干燥后形成的人工编织物。前后要忙活十天左右才能完工，你可以把它理解为小的草席。莎草当时只有埃及才有，需要从埃及运输到欧洲。一旦地中海爆发战争，想找都找不到。而且莎草纸适合在埃及的干燥气候下保存，欧洲的天气动不动就下雨，且非常潮湿，莎草纸很容易就散架了。莎草纸还不能折叠，一折叠就散架了，这就使得莎草纸不能装订，只能一张一张地放着。

即使是这样，莎草纸在欧洲也是宝贝。A4纸大小的莎草纸，根据历史学家的估算，其价格相当于当时欧洲农民四天的产出，也就是说欧洲农民干一个月才能买七张莎草纸。

当然，欧洲还有羊皮纸，羊皮纸比莎草纸好多了，可以装订，可以折叠，容易保存，但是价格也更为昂贵。

一只羊可以出二十多张羊皮纸，但制作羊皮纸不止废羊，其工艺往往比

羊的成本还要大。被屠户剥下的羊皮要在纯净水中浸泡二十四小时左右，待清洗干净后，便进入脱毛环节，这需要专业的制作师和专业的技能。让羊皮自然腐烂，毛发脱落，这需要一个月到几个月的时间。当然，也可以手工脱毛，用石灰和水的混合液体浸泡羊皮三天到十天。等到腐蚀毛发后，师傅们会将它们捞出来，放在一种特质的刮板上，然后再用两头带木柄的月牙刀反复刮擦，直到粉红色的表皮露出后，再将整理好的羊皮用淡水冲洗两天左右，这才完成了基本工作。然后还要拉皮、风干、捶打、缝合，基本上一个月都出不了几张纸。

所以，别看教皇有钱，有时候也用不起羊皮纸，教会用的纸大部分还是莎草纸。但是《圣经》一共一千七百二十五页，还没有算附录什么的，也就是说欧洲农民要干十八年才能买到一本莎草纸做的《圣经》。当然，如果用羊皮纸，三百头羊才能提供制作一本《圣经》需要的羊皮纸。欧洲人可以说，我工作了十八年还买不起一本书。

03 教会是怎样垄断知识的

其实，欧洲人干了十八年也不一定能买得起《圣经》，因为十八年的产出只是够买做书的纸，接下来就要抄录。但是谁给你抄？欧洲只有百分之一的识字率，这个识字率还包括很大一部分只认识自己名字的人。能够识字的人，非富即贵，谁给你抄书？

如果你雇用一名弓箭手工作一天要十个铜币，而雇用一名中世纪的抄写员至少需要五十倍的价格。

雇到抄写员后，抄写员需要在如此贵重的纸张上抄写，自然不敢大意。制作一本完整的《圣经》一般需要两年时间，抄写员常年伏案复写，光是描绘书本上的装饰字母就要花掉好几个小时。而抄写员极为稀少，也极为金贵，一天工作八个小时已经仁至义尽了。一名抄写员平均每天抄写二至四页。而且莎草纸是没有任何辅助线的，抄写员通过用针扎出小孔及用尺子制造划痕来规范排版。

于是，你雇用一名万里挑一的抄写员，花了两年才基本抄完一本《圣经》，那么欧洲人可以说，我干了两百年还买不起一本书。

这就完全造成了知识的垄断，教会就代表了上帝。欧洲人对此深信不疑，教会说什么就是什么，因为他们从来没见过《圣经》。其实也不知道上帝到底是什么，只知道如果不听教会的，一旦末日审判来临，自己就要永远地坠入地狱。

处于权力最顶端的教会巴不得欧洲人越蠢越好，什么都不懂，他们才好操控民意。而当时的欧洲，生产力极度低下，人民认知水平几乎没有，普通人能种田填饱肚子就不错了，哪里还有什么心思去学知识。

04 中国的造纸术，究竟有多伟大

早在欧洲进入中世纪之前，西汉就已经发明了造纸术。到了东汉，经过蔡伦改进的造纸术推行开来。事实上，蔡伦改进的不仅仅是造纸术，更是知识的高效传播方式。

中国造纸术有三个特点。第一，价格低廉，要比欧洲的纸的成本低。第二，可规模化。蔡伦改进的造纸术，可以成批、大量地造纸，而且草木均可作为原料，全球大部分地区都可以就地取材。第三，耐用。蔡伦纸可以随便折叠、装订，不惧怕潮湿的天气，易于保存。可以说中国造纸术让知识的传播有了翻天覆地的变化。

蔡伦的造纸术没有那么简单，一千年后欧洲和中东都没有搞出来，用的还是又贵又难用的莎草纸。可惜中国人天生低调，如果是一些特别会宣传的国家，会将这种技术包装成"高级植物纤维造纸术"。

蔡伦的造纸术用今天的科学术语应该这样解释：植物纤维原料经机械、化学加工后得到纯的、分散的植物纤维，与水配成浆液，使其流经多孔模具帘面，滤去水后，纤维在帘面形成湿的薄层，干燥后获得具有一定强度的由纤维素靠氢键缔合而交结成的纤维薄片，具有书写、印刷和包装等用途。

蔡伦经过至少数千次的实践才改进了造纸术，而且两千多年后的今天，现代科技的造纸工业依然是这个原理。注意，中国的造纸术是纤维薄片，欧洲的莎草纸是人工编织物。

事实上，蔡伦大约是1世纪改进的造纸术，而直到12世纪欧洲人也没有发明这样批量生产的造纸术，最终还是由中国传入。中国的造纸术是怎么被欧洲学会的？这就不得不提起一场战争——公元751年的怛罗斯之战。

这是代表东西方文明的两个大帝国——唐朝和阿拉伯帝国的第一次正式交锋，也是唐朝盛世的一个转折点，从此大唐的扩张达到极限，开始趋向保守，因为农耕文明的技术已经不能支撑帝国的版图再扩大。

当时唐朝的边境已经扩张到了阿富汗，毗邻阿拉伯世界。名将高仙芝的军队是由两万多唐军和四万多当地胡人部落组成的联军，而阿拉伯帝国的军队包括了五万本国士兵和五万雇佣军。此时唐朝军队距离帝国的中心万里之遥，在后勤补给上严重不足，高仙芝的千里奔袭战术被敌军提前知晓，双方

第二十二章 | 启示（四）：中国这两项成就，决定了全人类的文明进程

打成了胶着状态。战斗胶着中，唐朝军队中的西域部落突然反戈一击，唐军士兵死伤无数，也有很多士兵被俘，其中就有两名造纸工匠。于是，从公元751年开始，阿拉伯世界掌握了造纸术。正是从这一时期开始，阿拉伯的历史文献开始大量地用普通的纸张书写。

阿拉伯世界当时是中西方文化的桥梁，欧洲在与阿拉伯世界的交流中，逐渐掌握了造纸术。

1276年，意大利半岛中部的蒙地法诺地区建起了欧洲第一家生产麻纸的造纸厂。不久后，欧洲人开始改良造纸技术。直至17世纪，欧洲的造纸技术还只能达到中国宋代的水平。为了解决欧洲纸张质量低劣的问题，法国财政大臣杜尔阁曾希望利用驻北京的耶稣会教士刺探中国的造纸技术。直到乾隆年间，供职于清廷的法国画师、耶稣会教士蒋友仁才将中国的造纸技术画成图寄回了巴黎，中国先进的造纸技术才在欧洲广泛传播开来。

05 中国的印刷术与欧洲教皇神权

13世纪，欧洲终于有了造纸技术，可以批量地、廉价地制造纸张。但是，仅仅有纸张还是不够的，因为抄书才是最昂贵的工作。

中国唐朝中期已经出现雕版印刷术，唐朝后期已普遍使用。不用抄了，直接印刷就可以了，效率翻倍提升。原来要抄上两小时的字，现在只需要轻轻一刷。早期印刷活动主要在民间进行，多用于印刷佛像、经咒、发愿文及历书等。唐朝初期，玄奘曾用回锋纸印普贤像，施给僧尼信众。

被英国人抢走的"王阶本"《金刚经》，现陈列于大英博物馆，是现存

最早的标有年代的雕版印刷品。这卷印品雕刻精美，刀法纯熟，图文浑朴凝重，印刷的墨色也浓厚匀称，清晰鲜明，刊刻技术已达到较高水平。这个时候，是9世纪前后，此时欧洲人还在熬夜抄书。

在公元1000年前后，北宋毕昇发明了活字印刷术，先制成单字的阳文反文字模，然后按照稿件把单字挑选出来，排列在字盘内，涂墨印刷，印完后再将字模拆出，留待下次排印时再次使用。这样一来，印刷的效率提升了几十倍。

1221年，成吉思汗攻占波斯，把中原文化带到了波斯。从这以后，波斯逐渐成为东西方文化交流的通道。正是在这一年，伊尔汗国在波斯的首都塔布里兹用雕版印刷术印刷、发行过一种纸币。纸币是仿照元朝的至元宝钞用汉字和阿拉伯文两种文字印的，这显然是中国的印刷术。至此，中国的印刷术开始在全球广泛传播。

欧洲学者曾经讲过，欧洲雕版书籍几乎在一切方面都和中国的模式完全相像。"我们只能认为，欧洲雕版书的印刷方法也一定是严格按照中国的样品复制的，把这些样品书带到欧洲来的是早期去过中国的人，只是他们的姓名没有能够流传到今天而已。"

14世纪末，德国的纽伦堡已能够印出宗教版画，意大利的威尼斯也成了一个印刷圣像的中心。那些来过中国并且看到过中国雕版印刷的欧洲人，在中国居留期间，直接从中国印刷者那里学会了这项与欧洲传统迥异的技术。15世纪，古腾堡在中国的印刷技术上再次做了改良，创造了古腾堡印刷术，西方世界终于全面掌握了快速排版印刷。

有了纸，有了印刷术，西方社会发生了翻天覆地的变化，知识再也不是教会的专利。

第二十三章
启 示（五）

中国近代科技落后的真相

我们的科技曾经长期领先于其他国家，中国制造的丝绸、瓷器等产品，欧洲人偷学了上千年都没能学会。但就在这两百多年间，究竟发生了什么，才让中国科技大幅落后，为什么现代科学没有出现在中国？

第二十三章 | 启示（五）：中国近代科技落后的真相

01 清政府的军事技术比英国落后了二百二十年

1840 年，面对英国人的"坚船利炮"，清政府完全没有还手之力。英国人仅用不到两万人的部队就打败了四亿人口的清朝。

清朝的落后几乎是全方位的，最直接体现在军事技术上。用 1620 年的武器和已完成了第一次工业革命的大英帝国交战，清朝在技术上整整落后了二百二十年。

看一下数据，我们就知道这个仗没法打。

在枪械上，清军使用的还是明朝引进的"佛郎机""鸟铳"等以西方火器样式制作的武器；每分钟装弹一至二发，最大射程为一百米。即使是鸟铳，在清军中的普及率也不到三成。而此时的英国已经装备了最先进的布伦士威克式前装滑膛击发枪，作为制式武器普遍装备，每分钟装弹三至四发，射程在二百米以上。也就是说英军可以站在二百米外拿清军当靶子打。

清朝冶铁技术也远远落后于英国，铸炮采用的还是泥模，而英国采用的是铁模。在火炮技术上，清军的火炮不仅精度极差，而且炮弹口径偏小，几乎无法有效破坏英国的军舰。射程只有英军的一半，射速只有英军的十分之一。而且更要命的是，清朝的炮没有炮架，大炮无法旋转和调整角度，射击范围非常有限。直接的后果就是清朝的炮台几乎是瘫痪的，英国军队可以放心射击，而清朝军队根本打不到英军。

在军舰上，英国当时的一级战列舰按照标准装载有一百门大炮，但英国还没有使出全力，派过来最强大的也只是三级战列舰，每舰装有七十四门大炮。当时蒸汽船已经开始进入军事范畴，第一次鸦片战争中英军的四十艘军舰中已有十五艘铁甲蒸汽舰船。英军的海战技术非常娴熟，除四十艘战斗军舰外，还有医院船、测量船、运输船共六十余艘。

清朝此时的水师拥有八百九十艘舰船，看起来在数量上远超英军，可一个能打的都没有。清军最大的舰船载炮数量只有十多门，射程更是有限，载员不过一百多人。这样的舰队别说和英国比，连四百年前的郑和船队都不如。

英国人的军舰航速是十五节，清朝的军舰速度大约是九节，追不上也跑不过。

这样一对比，别说当时清朝调动了二十万军队，就算有百万军队也还是打不过。1841年，道光皇帝调遣广西精兵增援宁波，两个月后等士兵到达浙江时英国已经快到天津了。这样的战争，其结果是没有悬念的。

02 为什么现代科学没有出现在中国

我们的科技曾经长期领先于其他国家，中国制造的丝绸、瓷器等产品，欧洲人偷学了上千年都没能学会。但就在这两百多年间，究竟发生了什么，才让中国科技大幅落后，为什么现代科学没有出现在中国？

对此，很多学者都有深入的研究，其中研究最多的是英国学者李约瑟。他编写了十五卷《中国科学技术史》，并提出了知名的李约瑟难题——尽管

第二十三章 | 启示（五）：中国近代科技落后的真相

中国古代科技长期领先，并对世界做出重要贡献，但为什么现代科学和工业革命没有在近代中国发生？

这个问题让很多科学家和历史学家、哲学家着迷，而其中被西方世界广泛接受的一种观点是：中国在古代只有技术，没有科学。他们认为中国一直提倡实用主义，缺乏理论与体系，某种技术出现后不能得到深入挖掘，或者说只知其然而不知其所以然。如四大发明出现在中国，但仅仅停留在初步应用阶段，而不能进行深度挖掘，形成理论体系，进行更广泛的应用。

爱因斯坦在 1953 年做出的结论被广泛接受。他认为西方科学的发展是以两个伟大的成就为基础：希腊哲学家发明形式逻辑体系；通过科学实验找出因果关系，最后形成理论体系。

爱因斯坦说，我们可以知道古代中国是不具备"形式逻辑体系和因果关系的理论体系"这两个基础的，古代中国没有产生近现代科学，因为中国古代的一切技术只能归结为经验技术，而非科学技术。他认为东方是功利主义的，能用就行；而西方专注于研究世界的本源。

那么这个观点究竟对不对呢？中国在近代科学落后的真正原因究竟是什么？我们在分析这两个问题时可以带着两个现代的问题去思考：高铁技术最早诞生于日本，并且日本的高铁技术曾经大幅度领先于全球，但为什么在三十年后高铁技术的巅峰却出现在中国？我们现在为了芯片的发展投入了大量的人力、物力，并把它作为科技发展的重要课题，但为什么目前我们还没有得到真正的突破？

王朝之痒

✑ 03 清朝丝绸工业被日本全面超越

我们先看一段历史。

中国丝绸技术在全球闻名，丝绸是西方世界的重要奢侈品，与中国瓷器并列，也是古代中国"出口创汇"的重要产品。在汉朝，丝绸就成了罗马帝国的硬通货。从汉朝开始，丝绸沿着丝绸之路被卖到罗马，沿途各个中亚国家幸运地成了分销商。丝绸到罗马时价格已经一飞冲天，一磅丝绸几乎需要等量的黄金交换，罗马每年购买丝绸花掉的黄金高达十三万千克。

东罗马帝国的皇帝查士丁尼一世曾开出高价，聘人从中国偷蚕卵，最后有僧人将蚕卵放在空心手杖中带回，从而奠定了拜占庭纺织业的基础。但即便有了蚕丝，他们对于中国神秘的织丝技术还是无法掌握，他们无法生产出中国那样精美绝伦的丝织品，高端丝绸仍只能继续从中国进口。

到了清朝晚期，中国的丝绸业开始全面落后于日本，为什么呢？19世纪前，日本的丝纺工业技术全都是照抄我们的，手摇缫丝机由古代中国最早发明，公元195年也就是汉朝后期开始传入日本，被日本广泛采用。宋朝手摇缫丝机发展为手脚并用的脚踏缫丝机，同样被日本学习和推广。

但是，1870年之后日本开始全面西化，从法国引入了金属制成的直缫机，缫丝效率直接提升了二十倍以上。直缫机在全国推广后，日本的生丝产量开始飞速增长，纺织品成为国家主要的财政来源。1909年，日本在丝绸的生产和出口上首次超过中国,成为全球第一丝绸大国。为什么日本抓住了这个机会,中国却失去了?

其实,就在日本大规模引入法国缫丝机的同一时间,中国也引入了缫丝机。广东南海出现了大量的机械缫丝厂,这些工厂收购了大量蚕茧,在新机器的帮助下缫丝的效率和产能飞速提升。机器生产的丝绸无论在成本还是在质量上都远胜于传统的手工产品。而缫丝厂开始大量收购蚕茧,高速生产,导致本地的手工业者没活可干,失去了生活来源。最后,丝织业者迁怒于工厂缫丝业,出现了大规模的捣毁缫丝机器的行为。

官员对这种现代工厂非常反感,海南有个知县认为:"以十一家殷商之攘利而失数万家贫户之资生,我国家民为邦本,非同外裔上下征利之邦,自应永远勒停,以安民业。"他命令当地所有的缫丝工厂停业。

这样的事情不仅在海南出现,在江浙等地同样广泛发生。最极端的例子是在江浙,手工业行会锦纶行的手织工人聚众几千人捣毁了裕昌厚丝厂,还杀死三名丝厂工人。衙门一致认为西洋机械属奇淫技巧,机器与民争利,造成手工业者的失业,大量的丝厂资本家最后不得不迁厂或停业。中国错失了丝绸业升级的机会。

04 汉朝科技领先全球

在汉朝,我们有什么科技成果呢?

西汉时期已经开始使用丝絮和麻造纸,这是造纸业的开始。东汉蔡伦改进了造纸术,形成了现代意义上的纸,推动了全球文化的发展。汉朝时期冶铁技术大规模运用，脱碳炼钢法、熟铁热渗碳成钢、百炼钢等技术都是从汉朝开始成熟。在农业上，农具的改进和发明导致农业的繁荣，各种农具广泛使用金属，铁器开始全面普及。军事上，炼钢技术的出现让汉朝的武器有了质的飞跃，正是因为装备这些精良的武器，汉军才能击溃匈奴。

天文学家制定出中国第一部较完整的历书《太初历》，开始以正月为岁首，中国的农业生产和这部历法息息相关。它明确指出气候的变化，根据不同的节气来指导农业生产。在宇宙的观察上，西汉关于太阳黑子的记录被世界公认为是有关太阳黑子的最早记录，一直到约一千多年后伽利略才用望远镜观测到太阳黑子。

在工程上，这个时期还出现了蒸馏法、水力磨坊、现代马轭和肚带的原型，出现了漆器、用于冶金的往复式活塞风箱、独轮车、水车和吊桥。造船已经采用了防水隔舱、多重桅和船尾舵，并且开始使用罗盘。

汉朝水利得到全面发展，相继建成了龙首渠、白渠、六辅渠等大型水利工程，形成了引渭渠系、引泾渠系、引洛渠系三大渠系，周边地区此后很少发生水灾。

汉朝医学得到长足发展，出现了华佗、张仲景等传统医学名医，血液循环原理也被发现，这比欧洲早了近一千年。

在机械上，很多机械原理被广泛应用，例如轴承、曲轴连杆、转动变直线运动的装置等，比欧洲早了约五百年。

那科学理论呢？

《九章算术》成书约在东汉时期，是张苍、耿寿昌修订完成的数学专著。它最早提到了分数的运算问题，也首先记录了盈不足等问题。书中《方程》一章还在世界数学史上首先解释了负数及其加减的运算法则，是当时世界上最先进的应用数学著作。它的出现标志着中国古代数学已经形成了一套完整的体系，并广泛应用于解决人们在生产生活中遇到的问题。

可以说，通过东西方文化交流，《九章算术》提升了全球的数学水平，其中今有术、衰分术及其应用方法，构成了包括今天正反比例、比例分配、复比例、连锁比例在内的整套比例理论。西方直到15世纪末才形成类似的全套方法。其中双设法问题提出了盈不足、盈适足和不足适足、两盈和两不足三种类型的盈亏问题，以及若干可以通过两次假设化为盈不足问题的一般问题的解法。这也是处于世界领先地位的成果，传到西方后影响极大。

其中一次方程组问题采用分离系数的方法表示线性方程组，为今天的矩阵。解线性方程组时使用的直除法与矩阵的初等变换一致。这是世界上最早的完整的线性方程组的解法。在西方，直到17世纪才由莱布尼茨提出完整的线性方程的解法法则。

其间，汉朝还引进和使用了负数，并提出了正负术（正负数的加减法则），与现今代数中法则完全相同。解线性方程组时实际还施行了正负数的乘除法。这是世界数学史上的一项重大成就，第一次突破了正数的范围，扩展了数系。7世纪印度的婆罗摩笈多才提出负数概念。

无论是在实践还是理论上，汉朝科技都领先全球一千年。

05 市场才是技术的动力

为什么汉朝科技能快速发展，而清朝几乎拒绝一切创新？因为汉朝是一个雄心万丈的拓展型帝国，是一个无比自信的朝代；而清朝是一个抱残守缺的保守型帝国。

汉武帝的心中装着天下，他的追求永无止境，他需要不断地开拓新技术让汉朝有更强的竞争力，走向世界，面对的是全球市场。而乾隆帝心中只想着稳定和他的皇权，讨厌任何革新对现实造成的冲击。他时刻用警惕的眼光看着九州，只想保留自己的一亩三分地。

其实工人抵制缫丝机的故事不只在中国出现过，英国也曾出现过。凯伊和哈格里夫斯的发明同样遭到过抵制。凯伊发明飞梭时遭到了英国手工纺织工会工人的唾骂，甚至被人追杀，最后逃亡法国，在穷困潦倒中死去。

发明珍妮纺织机的哈格里夫斯也没好到哪里去。在珍妮纺织机发明之前，由于"纱荒"，纺纱工人的棉纱供不应求，价格不断提升。哈格里夫斯发明珍妮纺纱机后，纺布厂的效率飞速提升，不仅导致纺纱工人失业，还使得棉纱收购价格下跌。于是哈格里夫斯被赶出了家乡，机器被捣毁，连房子都被人烧了。

在相当长的历史时期里，机器的发明者都不被认可，因为机器的使用必然带来劳动效率的提升，而劳动效率的提升必然干掉很多就业岗位。为什么清政府反对缫丝机？19世纪，清朝非常严重的问题是人口爆炸后的人口过剩，大量的人走西口、下南洋、闯关东……对保守的农业型清政府来说，最怕的就是这些人没事干。

凯伊和哈格里夫斯被工人反对，却得到英国政府高度认可，因为英国要创新技术，要面对全球的竞争。英国对工业发明进行了强有力的保护与奖励。

其实不仅仅是清朝，英国也发生了人口爆炸与过剩。英国的方法是让他们去澳大利亚、北美或南非，和当地人抢资源；清朝从来没有考虑过这些问题。乾隆帝放眼望去，目光所至皆是四海升平。可对于欧洲来说，国家之间的商业竞争一直非常激烈。英国政府为了保持工业的优势，开始了圈地运动，直接将农民从土地上赶走。一是霸占了农民的土地用来养羊，二是强迫农民进工厂做廉价劳动力，成为纺织工人。高效生产出的剩余产品，英国将其销往了欧洲各地，同时英国开始在全球发展殖民地，不断扩大自己的市场。

1588年，英国呢绒出口占全部出口商品总额的百分之七十八。终于，在格拉沃利讷海战中，英国打败了西班牙的无敌舰队，成为海上霸主。珍妮纺纱机问世时正是英国纺织业面对印度棉布强大竞争的时候。

1757年，英国开始侵占印度，当英国踏上印度，才发现印度人高超的纺织技术。棉纺织品成了工艺品，精良的平纹细布、色泽多样的印花棉布让他们眼花缭乱。

英国开始大量从印度进口棉纺织品，印度棉布的实用、舒适、色彩斑斓和浓厚的异国情调让英国消费者为之倾倒。英国人越来越喜欢轻便又舒适的棉布。英国征服了印度，可是万万没想到却让自己的毛纺织业受到了致命的冲击。

这个时候，重返全球纺织业中心成了英国国策。为此英国政府采取各项优惠和奖励政策对棉纺织技术发明创造者进行奖励。骡机、水力织布机接连被发明出来，纱线变得柔软、精细又结实，效率几十倍地提升。到了18世纪，蒸汽机开始广泛用于纺织厂并成为标配，英国率先实现机械化生产。

正是从这一刻开始，英国成为全球资本主义超级大国。此时英国不仅不再限制印度棉纺织品的进口，反而将棉纺织品全力向印度倾销。英国输往印度的棉布数量增加了六十二倍，印度纺织业全面崩溃，著名的纺织业城市达卡（现为孟加拉国首都）的人口从原来的十五万人锐减到三万人。

为什么工业革命在英国完成？因为英国政府为技术提供了无限的市场，

市场需要技术不断进行突破和发展。而清朝是一个内向型政府，需要的是稳定，清朝最怕的就是技术创新让他们的政权不稳定。

其实任何科学的发展都是以技术为前提进行突破，人类历史上最早带来技术突破的都是劳动人民的生产经验。有了技术才会有理论的沉淀。当理论不能发挥实际作用时，生产实践也会止步不前，科学的提炼则更需要相当长的时间。

英国的殖民全球化政策需要不断地鼓励技术的发展与创新，让自己的产品更具备竞争力去抢夺全球市场。

06 未来科技的关键

为什么高铁技术最早出现在日本，而现在中国却早已超越了日本？因为技术不断升级的前提条件是有市场，需要不断地被应用，在应用中不断地积累经验才能不断突破。中国在高铁方面积攒的经验和需要面对的技术问题比日本高出数倍，问题解决了，技术就进步了，中国高铁技术自然而然就更强了。

我们用这样的方式去思考，为什么火药被中国人发明，但却在欧洲得到广泛发展？其实火器在中国有两个蓬勃发展的时期，一个是宋朝，一个是明朝后期。宋朝已经广泛将火药用于战争，当时的火球以硝、硫、木炭及其他药料为核心，外面用多层纸或布包裹，然后涂上沥青、松脂或黄蜡用以防潮、防水，并有引信发火。使用时用人力或抛石车投掷到敌营，对于城垒或车船非常有杀伤力。火球只是火器的雏形，后来有很多更为先进的火器被制造出来。

但从明朝中后期到 1840 年两百余年的时间里，中国的火器没有丝毫突破。

清朝既没有外出航海的动力，也没有开发武器的动力。对于一个人口爆炸的盛世来说，更加不会有提升劳动效率的想法。清朝无论是在航海、军事，还是冶铁技术上，都没有任何技术革新的需求。

而此时的欧洲却是烽烟四起，打了两百多年的仗，从来就没有消停过，各个国家当然投入巨大资金不停地优化自己的冶铁和火药制造技术。

科学的发展首先需要有广泛的市场。当然，这个理论是在第二次工业革命之前，而第二次工业革命之后才带来了西方整体理论知识的大飞跃，从此理论才走在了技术的前面。

遗憾的是，清朝——一个完全内向型的保守王朝，并没有为中国的技术人员提供足够广阔的市场，甚至在技术满足农业社会的需求后，开始惧怕技术的发展带来的改变，让技术最终无法转变为科学的突破。

第二十四章
启 示 （六）

中华文明延续五千年的地理密码

自中华文明产生以来,差不多有百分之九十以上的时间领先于全球其他文明,有一个重要原因,那就是中华文明从来没有中断过。

第二十四章 | 启示（六）：中华文明延续五千年的地理密码

01 中华文明从未中断

今天，我们翻开约两千五百年前的诸子百家的学说和论著，虽然读着可能感到生涩，但依然可以看懂，很多名句到现在依然奉为经典。比如说《诗经》，收录了西周初年至春秋时期的诗歌。虽然到现在已经过去了两千年，我们依然可以欣赏这些诗歌。

中华文明是一部完整的、记录翔实的历史著作，且一直延续，从未中断。

今天即使穿越到汉朝，我们依然可以和汉武帝讨论平定匈奴的策略；穿越回宋朝，我们依然可以和王安石讨论怎么变法。因为大家都能听懂对方要表达的意思。

而这些仅仅在中国才会发生。

四大文明古国是古埃及、古巴比伦、古印度，还有一个是中国。注意，是中国而不是古中国，因为中国的文化一直延续至今。

所谓文化的延续，最基本的要求就是文字延续、历史延续。而古印度是已经消失的文明，今天发现的古印度最早的文字记录，印度人根本看不懂，甚至破译不了。古印度文明在文字与语言的构成上，和今天的印度截然不同。

再如其他文明，征服者不断，语言、文字不断演变，往往一种文明延续几百年就此消失。历史动辄中断，记录时常缺失。

02 文明延续的基础

什么地理位置是好的地理位置？要能孕育文明。

四大文明的发源地，其在地理方面的共同条件有以下三点。

（1）有河流，这样能灌溉庄稼形成农耕文化。黄河、底格里斯河、幼发拉底河、尼罗河、恒河是形成四大文明的基础。（2）地处温带，而非寒带或热带。（3）拥有地势平坦的大平原。只有大平原才能有沃野千里、密集的人口，才能形成规模效应。人们可以相互协作来修筑水利工程，提高粮食产量，粮食产量的不断提升产生分工，最后可以供养官僚、技术人员、手工艺者、艺术家等。以上是文明产生的条件。

在全球地形图上一眼看过去，即使没有国境线，中国的轮廓也清晰可见，山川河流赫然目前。最引人注目的就是中北部一大片平坦的平原，这里就是中华文明的基础——华北平原。华北平原地势平坦、河湖众多、交通便利、千里沃野，是中华文明的腹地。

平原是文明的基础，但光有平原还远远不够。平原形成农业文明，但平原也会带来灾难，非常容易成为四战之地，敌人可以一马平川地从四面八方进行攻击。在古代，平原地带的农耕文明最怕的就是游牧民族。因为游牧民族永远都不会消失，剿灭一个还有一个，层出不穷，除非农耕文明拓展到全球每个角落。但问题是，400毫米等降水量线以北，古代技术无法进行有效农耕，必然产生游牧民族。一旦发生天灾，游牧民族必然南下劫掠。

而游牧民族的骑兵对农耕文明来说，无疑是一股具有摧毁性的力量。马对于游牧民族来说，是常见的生产工具；而对于农耕文明来说，不打仗，马的用处就不大。有了马，游牧民族的机动性获得了极大的加强。

而平原农耕文明最惧怕的就是蛮族随时过来抢劫。农耕文明需要大平原，但大平原上的步兵面对游牧民族的骑兵，将是灾难。因为广袤的平原，游牧民族可以一马平川，任意抢劫。

由此可见，对生活在广阔平原上的中华文明来说，能延续几千年，是多么伟大的奇迹。

03 中华文明的特殊之处

奇迹的出现也缘于中华文明在地理上的特殊之处。

华北平原是孕育中华文明的中心，这里开阔，且位于黄河中下游，土地肥沃，可以利用地势建立各种水坝与工程。

能够防御外敌的文明才能长治久安，而中华文明刚开始已经有了两个优势：东边为开阔的太平洋；南边是丘陵、山地，而且湖北等地区在古代文明中长期作为泽国；更远一点的东南亚被横断山脉、喜马拉雅山和茂密的森林所阻断，也不可能形成威胁。能够威胁中华文明的只有两个方向：一是北面的草原文明，二是西面的异国文明，如马其顿、罗马等。

我们先谈北边。古代中华文明得天独厚的优势，就是层峦叠嶂的山脉将华北平原和游牧民族隔开了。游牧民族根本没有办法骑马翻山过来。这两座山叫燕山和太行山，而从雄才伟略的秦始皇开始，将长城连为整体，加强了这一保障，成为抵御游牧民族的天堑。

只需要拿下燕云十六州，中原王朝就可数百年长治久安，游牧民族只能望墙兴叹。人过得来，马也过不来。没有马，游牧民族就是完全没有战斗力的散兵游勇。

这里，我们必须要说的是，长城是中华民族的伟大创举，因为长城之北的地区因气候问题无法拓展农耕文明，只要气候恶劣，游牧民族必然南下抢劫。

匈奴、东胡、突厥、回鹘、蒙古、契丹、女真、鞑靼、鲜卑、羌、党项、乌苏、柔然……游牧民族层出不穷，万里长城是真正的千年大计。

宋朝的国防之所以弱，是因为没有燕云十六州，百里平川无险可守，金人可以骑着马直接跑到都城开封。

但是，仅仅了解了华北平原还不够，华北平原、关中平原、汉中平原这三个地区，构建了中华文明的基本盘。

从秦始皇开始，一统河山成为中华儿女永恒之梦，那为什么能统一的一定是秦？在战国七雄中，六国几乎都处于华北平原，都可以快速地攻打其他国家；而自己同样也无险可守，敌人可以从四面八方攻打自己。只有秦是例外，因为秦地处关中平原。

关中平原是绝对的宝地。经渭河、泾河、洛河冲积成平原，地势平坦，土壤肥沃，气候温暖，灌溉农业自古著名，号称八百里秦川。

而最重要的是，关中平原的北面是黄土高原，背靠六盘山，南面是秦岭，东面还有中条山。六国要攻打秦国，只有一条路，就是潼关，拿不下潼关，就没办法进入关中平原。而其他国家如魏国就惨了，地处大平原，敌人可以从四面八方进攻。

除此之外，秦国成为诸侯，最早是为周王养马的。封地在陇西地区，陇西盛产良马，而陇西再往北，就是中华文明的核心马场——河套地区。此地到汉代时，也是汉武帝发展畜牧业的最重要地区。

所以，关中平原不仅物产丰富，而且易守难攻，同时盛产良马，这就是大秦崛起的基础！

我们再延伸来问，为什么刘邦一定能打败项羽？这就需要我们再了解一下汉中平原。

刘邦被封在汉中地区，进而徐图天下。汉中，北面可通过陈仓，即今天的宝鸡进入关中平原；南面可通过剑门进入四川盆地，是连接陕西和四川的枢纽。所以诸葛亮北伐，必须要以汉中平原为跳板进攻关中平原。

刘邦定都汉中地区的南郑而没有选择巴、蜀，是因为秦代巴、蜀才刚刚开发，汉中物产比巴、蜀更加丰富。同时，汉中北依秦岭，南靠巴山，是防守的最佳战略要地。在汉中，进可攻，退可守，并且随时可以北上夺取关中地区，再从关中地区西出函谷关，进而逐鹿中原。

综上所述，华北平原、关中平原、汉中平原构成了中华文明的基本版图，也是最有战略价值的三个地区。这三个地区群山环绕，易守难攻，是中原农耕文明和草原文明的天然屏障。

04 中华文明版图的确立

但这些还不够。雄才大略的汉武帝奠定了中华民族的基本版图，拿下了河西走廊，设定了武威郡、张掖郡、酒泉郡、敦煌郡。

河西走廊是中原王朝通向西方各国的唯一陆上通道，将中华文明与世界文明进行了有效连接。这样，就避免了中华文明的孤立，但连接世界的同时，也可能带来敌人。此时的中华文明在保有燕云十六州、三大平原的基础上，唯一可能的敌人就是来自西面。

而西面的文明要进入中国，唯一能走的陆路就是瓦罕走廊，就是今天阿富汗地区到中国的狭长通道。北边是天山山脉，南边是昆仑山脉，这是唯一的陆路。

通过瓦罕走廊之后，就是面积达三十三万平方千米的塔克拉玛干沙漠，要经历千难万险，才可以进入河西走廊。而狭长的河西走廊易守难攻，有汉武帝设置的武威、张掖、酒泉、敦煌、金城五郡前后相互呼应，可以随时增援。除非西部的敌人可以连拔五郡，才有机会进入关中平原，进而威胁中华文明。

可以说从汉武帝时代开始，中华文明的版图就已经具备了极高的安全性。从汉武帝开始，中华文明成了一个世界性帝国。

沿着河西走廊打通了中华文明到世界的通道，中华文明不会孤立，从此欧亚非文明成了一个整体。而河西走廊五郡的设立让中华文明获得了安全保障，我们可以与世界交流，而其他文明几乎没有机会对我们形成威胁。

不仅如此，汉朝击败匈奴，拿下了河套地区，可以放牧养马，可以农耕。在这里，可以让农耕文明获得极强的机动性。汉武帝还设置了西域都护府，新疆从此开始成为中华的一部分。

有了秦始皇、汉武帝打下的基础，中华文明的版图开始确定。

公元640年，李世民进一步巩固了西北，击败随突厥反唐的高昌麴氏王朝，在高昌设置西州，又改可汗浮屠城为庭州。同年在高昌设安西都护府。

随后，雄心万丈的大唐将疆域直接推进至阿姆河（今土库曼斯坦的纳巴德地区）附近，完全稳定了整个西北。新疆成了中华文明通向中亚和西方的枢纽，也将在未来成为亚洲的中心。

明朝在西藏地区设立了乌思藏都司、朵甘都司等军政机构，西藏地区正式成为中华文明的一部分。

明朝这一成就意味着什么？青藏高原是整个亚洲的水塔，亚洲的七大主要河流——恒河、湄公河（中国境内称澜沧江）、印度河、萨尔温江（中国境内称怒江）和伊洛瓦底江（中国境内称独龙江）全部来自青藏高原。西藏有多么重要？如果敌对势力拿下这里，相当于掐住了长江等重要的水流。

这些，就是中华文明能够延续五千年的部分原因。